PAGODA
TOEFL

순다예, 파고다교육그룹 언어교육연구소 | 저

70+
Writing

PAGODA Books

PAGODA
TOEFL
70+ Writing

초판   1쇄 발행 2014년   3월 12일
개정판 1쇄 발행 2022년   11월   4일

지 은 이 | 손다예, 파고다교육그룹 언어교육연구소
펴 낸 이 | 박경실
펴 낸 곳 | Wit&Wisdom 도서출판 위트앤위즈덤
임프린트 | **PAGODA Books**
출판등록 | 2005년 5월 27일 제 300-2005-90호
주   소 | 06614 서울특별시 서초구 강남대로 419, 19층(서초동, 파고다타워)
전   화 | (02) 6940-4070
팩   스 | (02) 536-0660
홈페이지 | www.pagodabook.com

저작권자 | ⓒ 2022 손다예, 파고다아카데미

ISBN 978-89-6281-890-1 (14740)

도서출판 위트앤위즈덤   www.pagodabook.com
파고다 어학원   www.pagoda21.com
파고다 인강   www.pagodastar.com
테스트 클리닉   www.testclinic.com

2019년 8월
New iBT TOEFL®의 시작!

2019년 5월 22일, TOEFL 주관사인 미국 ETS(Educational Testing Service)는 iBT TOEFL® 시험 시간이 기존보다 30분 단축되며, 이에 따라 Writing을 제외한 3가지 시험 영역이 다음과 같이 변경된다고 발표했다. 새로 바뀐 iBT TOEFL® 시험은 2019년 8월 3일 정기 시험부터 시행되고 있다.

- 총 시험 시간 기존 약 3시간 30분 ⋯▶ 약 3시간으로 단축
- 시험 점수는 각 영역당 30점씩 총 120점 만점으로 기존과 변함없음

시험 영역	2019년 8월 1일 이전	2019년 8월 1일 이후
Reading	지문 3~4개 각 지문당 12~14문제 시험 시간 60~80분	지문 3~4개 각 지문당 10문제 시험 시간 54~72분
Listening	대화 2~3개, 각 5문제 강의 4~6개, 각 6문제 시험 시간 60~90분	대화 2~3개, 각 5문제 강의 3~4개, 각 6문제 시험 시간 41~57분
Speaking	6개 과제 독립형 과제 2개 통합형 과제 4개 시험 시간 20분	4개 과제 독립형 과제 1개 통합형 과제 3개 시험 시간 17분
Writing	*변함없음 2개 과제 시험 시간 50분	

목차

I Basic Skills 18

II Integrated Task 60

이 책의 구성과 특징

▶▶ New TOEFL 변경 사항 및 최신 출제 유형 완벽 반영!
2019년 8월부터 변경된 새로운 토플 시험을 반영, iBT TOEFL® 70점 이상을 목표로 하는 학습자를 위해 최근 iBT TOEFL®의 출제 경향을 완벽하게 반영한 문제와 주제를 골고루 다루고 있습니다.

▶▶ Basic Skills로 시험에 꼭 필요한 기초 문법 다지기!
Reading, Listening, Writing 세 개의 언어 능력을 종합적으로 평가하는 iBT TOEFL® Writing에서 지문 이해도를 높이고 작문 실력을 향상시키기 위해 반드시 알아 두어야 하는 기초 핵심 문법을 정리했습니다.

▶▶ TOEFL Writing 시험 입문자를 위한 문제 유형별 공략법 및 맞춤 예시 답변 제공!
iBT TOEFL® Writing의 2가지 문제 유형을 효율적으로 공략하기 위한 파고다 토플 스타 강사 저자의 점진적 단계별 전략과 더불어, 입문자의 눈높이에 맞는 각 유형별 답변 전개 방법 및 예시 답변을 통해 입문자도 목표 점수에 쉽게 도달할 수 있도록 구성했습니다.

▶▶ 2회분의 Actual Test로 실전 완벽 대비!
실제 시험과 동일하게 구성된 2회분의 Actual Test를 수록해 실전에 철저하게 대비할 수 있도록 구성했습니다.

▶▶ 온라인 모의고사 체험 인증번호 제공!
PC에서 실제 시험과 유사한 형태로 모의 테스트를 볼 수 있는 시험 구현 시스템을 제공합니다. 본 교재에 수록되어 있는 Actual Test 2회분(Test 1, 2)과 동일한 내용을 실제 iBT TOEFL® 시험을 보듯 온라인상에서 풀어 보실 수 있습니다.
▶ 온라인 모의고사 체험 인증번호는 앞표지 안쪽에서 확인하세요.

▶▶ 그룹 스터디와 독학에 유용한 단어 시험지 생성기 제공!
자동 단어 시험지 생성기를 통해 교재를 학습하면서 외운 단어 실력을 테스트해 볼 수 있습니다.
▶ 사용 방법: 파고다북스 홈페이지(www.pagodabook.com)에 로그인한 후 상단 메뉴의 [모의테스트] 클릭 > 모의테스트 메뉴에서 [단어 시험] 클릭 > TOEFL - PAGODA TOEFL 70+ Writing 개정판을 고른 후 원하는 문제 수를 입력하고 문제 유형 선택 > '단어 시험지 생성'을 누르고 별도의 브라우저 창으로 뜬 단어 시험지를 PDF로 내려받거나 인쇄

▶▶ 무료 MP3 다운로드 및 바로듣기 서비스 제공
파고다북스 홈페이지(www.pagodabook.com)에서 교재 MP3 다운로드 및 스트리밍 방식의 바로듣기 서비스를 제공해 드리고 있습니다.

↓ MP3 자료 바로가기

▶ 이용 방법: 파고다북스 홈페이지(www. pagodabook.com)에서 해당 도서 검색 > 도서 상세 페이지의 '도서 자료실' 코너에 등록된 MP3 자료 다운로드 (로그인 필요) 또는 바로듣기

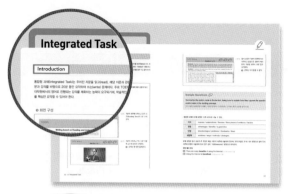

Introduction, Learning Strategies & FAQ

각각의 문제 유형과 효과적인 단계별 학습 전략을 살펴보고, 수험자가 궁금해하는 TOEFL Writing 시험에 대한 질의응답을 담았습니다. 각 Lesson에서는 예시 문제 학습을 통해 하나의 답변을 만들기 위한 노트테이킹부터 답변 작성까지 단계별로 학습합니다.

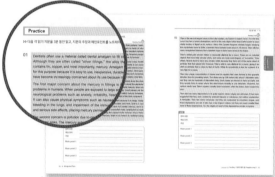

Check-up / Practice

앞에서 배운 학습 전략을 적용하여, 비교적 쉬운 단계에서 어려운 단계로의 점진적 연습 문제를 풀어 보며 해당 문제 유형을 집중 공략합니다.

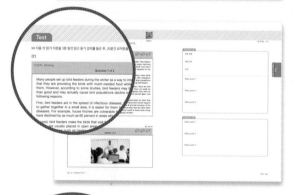

Test

실전과 유사한 유형과 난이도로 구성된 연습 문제를 풀며 iBT TOEFL® 실전 감각을 익힙니다.

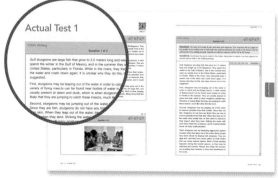

Actual Test

실제 시험과 동일하게 구성된 2회분의 Actual Test를 통해 실전에 대비합니다. 본 교재의 Actual Test는 온라인 모의고사로도 함께 제공되어 iBT TOEFL®과 유사한 환경에서 실제처럼 연습해 볼 수 있습니다.

4주 완성 학습 플랜

DAY 1	DAY 2	DAY 3	DAY 4	DAY 5
I Basic Skills				
Lesson 01 주어 • 핵심 문법 • Practice	Lesson 02 동사와 시제 • 핵심 문법 • Practice	Lesson 03 문장의 형식 • 핵심 문법 • Practice	Lesson 04 연결사 • 핵심 문법 • Practice	Lesson 01 Reading • 문제 유형 및 전략 • Practice

DAY 6	DAY 7	DAY 8	DAY 9	DAY 10
II Integrated Task				
Lesson 02 Listening • 문제 유형 및 전략 • Practice	Lesson 03 Writing • 문제 유형 및 전략 • Practice	Lesson Review • 문제 & 답변 다시 보기 • Template 암기	Test • 문제 풀이	Test Review • 문제 & 답변 다시 보기

DAY 11	DAY 12	DAY 13	DAY 14	DAY 15
III Independent Task				
Lesson 01 서론과 결론 적기 • 문제 유형 및 전략 • Practice	Lesson 02 브레인스토밍 (Brainstorming)과 주제별 필수 표현 다지기 • 표현 및 단어 암기 • Practice	Lesson 03 본론 적기 • 문제 유형 및 전략 • Practice	Lesson Review • 문제 & 답변 다시 보기 • Template 암기	Test • 문제 풀이

DAY 16	DAY 17	DAY 18	DAY 19	DAY 20
IV Actual Test				
Test Review • 문제 & 답변 다시 보기	Actual Test 1 • 문제 풀이	Actual Test 1 Review • 문제 & 답변 다시 보기	Actual Test 2 • 문제 풀이	Actual Test 2 Review • 문제 & 답변 다시 보기

iBT TOEFL® 개요

1. iBT TOEFL® 이란?

TOEFL은 영어 사용 국가로 유학을 가고자 하는 외국인들의 영어 능력을 평가하기 위해 개발된 시험이다. TOEFL 시험 출제 기관인 ETS는 이러한 TOEFL 본연의 목적에 맞게 문제의 변별력을 더욱 높이고자 PBT(Paper-Based Test), CBT(Computer-Based Test)에 이어 차세대 시험인 인터넷 기반의 iBT(Internet-Based Test)를 2005년 9월부터 시행하고 있다. ETS에서 연간 30~40회 정도로 지정한 날짜에 등록함으로써 치르게 되는 이 시험은 Reading, Listening, Speaking, Writing 총 4개 영역으로 구성되며 총 시험 시간은 약 3시간이다. 각 영역별 점수는 30점으로 총점 120점을 만점으로 하며 성적은 시험 시행 약 10일 후에 온라인에서 확인할 수 있다.

2. iBT TOEFL®의 특징

1) 영어 사용 국가로 유학 시 필요한 언어 능력을 평가한다.

각 시험 영역은 실제 학업이나 캠퍼스 생활에 반드시 필요한 언어 능력을 측정한다. 평가되는 언어 능력에는 자신의 의견 및 선호도 전달하기, 강의 요약하기, 에세이 작성하기, 학술적인 주제의 글을 읽고 내용 이해하기 등이 포함되며, 각 영역에 걸쳐 고르게 평가된다.

2) Reading, Listening, Speaking, Writing 전 영역의 통합적인 영어 능력(Integrated Skill)을 평가한다.

시험이 4개 영역으로 분류되어 있기는 하지만 Speaking과 Writing 영역에서는 [Listening + Speaking], [Reading + Listening + Speaking], [Reading + Listening + Writing]과 같은 형태로 학습자가 둘 또는 세 개의 언어 영역을 통합해서 사용할 수 있는지를 평가한다.

3) Reading 지문 및 Listening 스크립트가 길다.

Reading 지문은 700단어 내외로 A4용지 약 1.5장 분량이며, Listening은 3~4분가량의 대화와 6~8분가량의 강의로 구성된다.

4) 전 영역에서 노트 필기(Note-taking)를 할 수 있다.

긴 지문을 읽거나 강의를 들으면서 핵심 사항을 간략하게 적어 두었다가 문제를 풀 때 참고할 수 있다. 노트 필기한 종이는 시험 후 수거 및 폐기된다.

5) 선형적(Linear) 방식으로 평가된다.

응시자가 시험을 보는 과정에서 실력에 따라 문제의 난이도가 조정되어 출제되는 CAT(Computer Adaptive Test) 방식이 아니라, 정해진 문제가 모든 응시자에게 동일하게 제시되는 선형적인 방식으로 평가된다.

6) 시험 응시일이 제한된다.

시험은 주로 토요일과 일요일에만 시행되며, 시험에 재응시할 경우, 시험 응시일 3일 후부터 재응시 가능하다.

7) Performance Feedback이 주어진다.

온라인 및 우편으로 발송된 성적표에는 수치화된 점수뿐 아니라 각 영역별로 수험자의 과제 수행 정도를 나타내는 표도
제공된다.

3. iBT TOEFL®의 구성

시험 영역	Reading, Listening, Speaking, Writing
시험 시간	약 3시간
시험 횟수	연 30~40회(날짜는 ETS에서 지정)
총점	0~120점
영역별 점수	각 영역별 0~30점
성적 확인	응시일로부터 10일 후 온라인에서 성적 확인 가능

시험 영역	문제 구성	시간
Reading	● 독해 지문 3~4개, 총 30~40문제가 출제된다. ● 각 지문 길이 700단어 내외, 지문당 10문제로 이루어져 있다. ● 지문 3개가 출제될 경우 54분, 4개가 출제될 경우 72분이 주어진다.	54분~72분
Listening	● 대화(Conversation) 2~3개(각 5문제씩)와 강의(Lecture) 3~4개(각 6문제씩)가 출제된다. ● 듣기 5개가 출제될 경우 41분, 7개가 출제될 경우 57분이 주어진다.	41분~57분
Break		10분
Speaking	● 독립형 과제(Independent Task) 1개, 통합형 과제(Integrated Task) 3개 총 4개 문제가 출제된다.	17분
Writing	● 통합형 과제(Integrated Task) 1개(20분), 독립형 과제(Independent Task) 1개(30분) 총 2개 문제가 출제된다.	50분

4. iBT TOEFL®의 점수

1) 영역별 점수

Reading	0~30	Listening	0~30
Speaking	0~30	Writing	0~30

2) iBT, CBT, PBT 간 점수 비교

iBT	CBT	PBT	iBT	CBT	PBT
120	300	677	81~82	217	553
120	297	673	79~80	213	550
119	293	670	77~78	210	547
118	290	667	76	207	540~543
117	287	660~663	74~75	203	537
116	283	657	72~73	200	533
114~115	280	650~653	71	197	527~530
113	277	647	69~70	193	523
111~112	273	640~643	68	190	520
110	270	637	66~67	187	517
109	267	630~033	65	183	513
106~108	263	623~627	64	180	507~510
105	260	617~620	62~63	177	503
103~104	257	613	61	173	500
101~102	253	607~610	59~60	170	497
100	250	600~603	58	167	493
98~99	247	597	57	163	487~490
96~97	243	590~593	56	160	483
94~95	240	587	54~55	157	480
92~93	237	580~583	53	153	477
90~91	233	577	52	150	470~473
88~89	230	570~573	51	147	467
86~87	227	567	49~50	143	463
84~85	223	563	-	-	-
83	220	557~560	0	0	310

5. 시험 등록 및 응시 절차

1) 시험 등록

온라인과 전화로 시험 응시일과 각 지역의 시험장을 확인하여 최대 6개월 전부터 시험 등록을 할 수 있으며, 일반 접수는 시험 희망 응시일 7일 전까지 가능하다.

❶ 온라인 등록

ETS 토플 등록 사이트(https://www.ets.org/mytoefl)에 들어가 화면 지시에 따라 등록한다. 비용은 신용카드로 지불하게 되므로 American Express, Master Card, VISA 등 국제적으로 통용되는 신용카드를 미리 준비해 둔다. 시험을 등록하기 위해서는 회원 가입이 선행되어야 한다.

❷ 전화 등록

한국 프로메트릭 콜센터(00-798-14-203-0248)에 09:00~18:00 사이에 전화를 걸어 등록한다.

2) 추가 등록

시험 희망 응시일 3일(주말 및 공휴일을 제외한 업무일 기준) 전까지 US $40의 추가 비용으로 등록 가능하다.

3) 등록 비용

2022년 현재 US $220(가격 변동이 있을 수 있음)

4) 시험 취소와 변경

ETS 토플 등록 사이트나 한국 프로메트릭(00-798-14-203-0248)으로 전화해서 시험을 취소하거나 응시 날짜를 변경할 수 있다. 등록 취소와 날짜 변경은 시험 날짜 4일(주말 및 공휴일을 제외한 업무일 기준) 전까지 해야 한다. 날짜를 변경하려면 등록 번호와 등록 시 사용했던 성명이 필요하며 비용은 US $60이다.

5) 시험 당일 소지품

❶ 사진이 포함된 신분증(주민등록증, 운전면허증, 여권 중 하나)

❷ 시험 등록 번호(Registration Number)

6) 시험 절차

❶ 사무실에서 신분증과 등록 번호를 통해 등록을 확인한다.

❷ 기밀 서약서(Confidentiality Statement)를 작성한 후 서명한다.

❸ 소지품 검사, 사진 촬영, 음성 녹음 및 최종 신분 확인을 하고 연필과 연습장(Scratch Paper)을 제공받는다.

❹ 감독관의 지시에 따라 시험실에 입실하여 지정된 개인 부스로 이동하여 시험을 시작한다.

❺ Reading과 Listening 영역이 끝난 후 10분간의 휴식이 주어진다.

❻ 시험 진행에 문제가 있을 경우 손을 들어 감독관의 지시에 따르도록 한다.

❼ Writing 영역 답안 작성까지 모두 마치면 화면 종료 메시지를 확인한 후에 신분증을 챙겨 퇴실한다.

7) 성적 확인

응시일로부터 약 4~8일 후부터 온라인으로 점수 확인이 가능하며 성적 공개 후 약 2~3일 이후에 우편 통지서도 발송된다.

6. 실제 시험 화면 구성

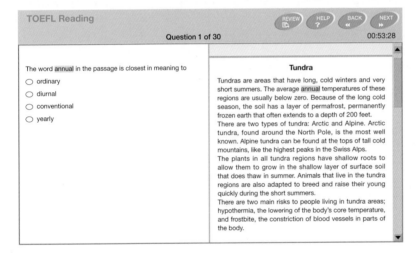

전체 Direction

시험 전체 구성에 대한 설명

Reading 영역 화면

지문은 오른쪽에, 문제는 왼쪽에 제시됨

Listening 영역 화면

수험자가 대화나 강의를 듣는 동안 사진이 제시됨

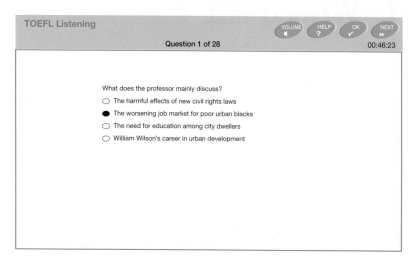

Listening 영역 화면

듣기가 끝난 후 문제 화면이 등장함

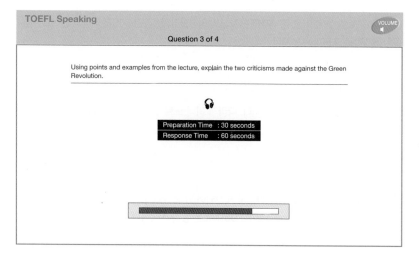

Speaking 영역 화면

문제가 주어진 후, 답변을 준비하는 시간과 말하는 시간을 알려 줌

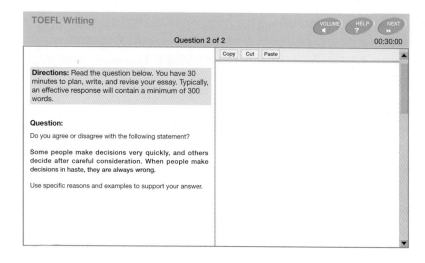

Writing 영역 화면

왼쪽에 문제가 주어지고 오른쪽에 답을 직접 타이핑할 수 있는 공간이 주어짐

복사(Copy), 자르기(Cut), 붙여넣기(Paste) 버튼이 위쪽에 위치함

iBT TOEFL® Writing 개요

1. Writing 영역의 특징

Writing 영역의 특징으로 먼저 2개의 문제가 출제된다는 점을 들 수 있고, 단순히 주어진 주제에 대해 글을 쓰는 아주 기본적인 글쓰기에서 끝나는 것이 아니라, 실제 학업 상황에서 빈번하게 경험하게 되는 읽기, 듣기, 그리고 쓰기가 접목된 통합형 과제(Integrated Task)가 등장한다는 점을 그 특징으로 들 수 있다.

1) Writing 영역은 2개의 문제로 구성된다.

첫 번째인 통합형 과제(Integrated Task)는 주어진 지문(Reading Passage)을 3분간 읽고, 약 2~3분가량의 강의자(Lecturer; Speaker)의 강의(Lecture)를 듣고 난 후, 강의자가 지문에 대해 어떤 주장을 하는지 150~225자의 단어(Words)로 20분 동안 요약(Summary)하여 글쓰기를 하는 문제다.

두 번째 독립형 과제(Independent Task)는 주어진 문제에 대한 자신의 의견을 30분 동안 300자 이상의 단어로 서론-본론-결론의 형식을 갖춘 짧은 에세이로 표현하는 문제다.

2) 노트 필기(Note-taking)가 가능하다.

읽고, 듣고, 쓰는 문제에서 노트 필기는 매우 핵심적인 기술이다. 따라서 미리 노트 필기의 기술을 배우고 반복 연습해두어야 한다.

3) Typing만 가능하다.

수험자가 답안을 작성할 때 컴퓨터를 통한 Typing만 가능하도록 제한되어 있다. (Handwriting 불가) 미리 충분한 속도의 영타가 가능하도록 연습해야 한다. 단, Brainstorming이나 Outline은 종이에 작성할 수 있다.

4) 각 문제에 대한 평가 기준이 다르다.

Writing 영역의 핵심적인 특징 중 하나는 두 문제가 각각 다른 평가 기준(Scoring Rubric)을 가지고 있다는 점인데, 고득점을 받기 위해서는 이 평가 기준을 반드시 유념해서 답안을 작성해야 한다. 간단히 말해서 통합형 과제의 평가 기준은 내용적인 측면에서 더 많은 강조를 두지만, 독립형 과제의 경우 내용적인 측면과 함께 Essay라는 형식적인 측면에도 신경을 써야 한다는 것이다.

❶ 1차 채점: 문법 오류(Fragment-error / Run on-error) 검사

❷ 2차 채점: 내용 적절성 검토
- 통합형 과제
  : 주어진 정보에 대한 정확한 파악 & 핵심 내용 전달 & Listening내용의 구체화 & Paraphrasing
- 독립형 과제
  : 주어진 과제에 대한 정확한 분석 & 타당한 근거 제시 & 논리적 전개 & Paraphrasing

2. Writing 영역의 문제 유형

ETS가 제시하고 있는 Writing 영역의 문제 유형은 구체적으로 다음과 같다.

1) 통합형 과제(Integrated Task)

읽기와 듣기를 기반으로 요약의 글을 완성하는 문제 유형으로서 작문 능력뿐 아니라 독해력과 청취력도 요구된다.

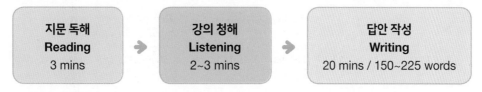

2) 독립형 과제(Independent Task)

주어진 문제에 대해 자신의 의견이나 생각을 서론-본론-결론의 논리적인 형식을 갖춰 답(Answer), 이유(Reasons), 그리고 이유에 대한 구체적인 근거(Details)를 들어 충분히 설명하여 답안을 작성하는 문제 유형이다. 따라서 문장을 완성하는 능력뿐 아니라 Academic Essay의 구조를 익혀 그 틀에 맞게 글을 구성하는 능력이 요구된다.

I
Basic Skills

01 주어

'단어(word)'가 모여 '구(phrase)'를 이루고, 구가 모여 '절(clause)'을 이룬다. 기본적인 단어의 역할을 알면 구와 절을 구분할 수 있고, 궁극적으로는 문장을 만들기가 수월해진다. 문장을 구사하는 것은 에세이를 쓸 때 기본적으로 갖춰야 할 능력이기 때문에 기초 문법을 활용하여 쉽게 쓰는 것에 익숙해져야 한다. 우리가 문장을 쓸 때 필요로 하는 여러 문장 요소 가운데, 가장 필수적인 요소이자 제일 많이 헷갈려 하는 문법 중 하나인 주어를 먼저 알아보도록 하자.

◎ 1. 주어의 역할

주어란 행동이나 상태를 표현하는 동사의 주체가 되는 말로, 「주어 + 동사」 순으로 이루어진 보통의 영어 문장에서 없어서는 안 될 필수 문장 요소이다. 영어와는 다르게 한국어는 문맥에 따라 주어를 생략하여 동사로만 말하는 경우가 많은데, 이러한 습관은 특히 영어 문장을 쓸 때 실수를 유발할 수 있다. 단순하게 한국어를 영어로 직역하게 되면 잘못된 문장을 쓸 수 있기 때문에 작문할 때 꼭 유의하도록 하자.

한국어로 말할 때	영어로 쓸 때
Q: 뭐 먹어? 의문사 + 서술어 ⋯▸ 주어(너)가 생략됨 **A:** 아침 먹어. 목적어 + 서술어 ⋯▸ 주어(나)가 생략됨 ※ 구어체에선 동사(먹어)까지 생략하는 경우도 있다.	**Q:** What are **you** eating? 너는 무엇을 먹는 중이니? 의문사 + 동사 + **주어** **A:** **I** am having breakfast. 나는 아침을 먹는 중이야. **주어** + 동사 + 목적어

📢 Writing Tip

사소하지만 짚고 넘어가야 하는 영어 문장을 쓸 때 자주 하는 실수

- 문장 첫 단어의 시작 알파벳은 무조건 대문자로 쓴다.
- 문장 중간에 오는 고유명사 외에는 대문자를 사용하지 않는다.
- 평서문 문장이 끝나면 온점(.)을 반드시 찍는다.
- I(나는)는 항상 대문자로 적는다.

2. 주어 자리에 쓸 수 있는 명사 역할을 하는 단위(chunk)

문장의 주어 자리에는 명사(구), 대명사, 동명사(구), to부정사(구), 명사절과 같은 명사 역할을 하는 단위를 사용해야 한다.

❗ 동사, 형용사, 부사, 분사, 전치사는 문장의 주어 역할을 할 수 없다.

(1) 명사(구)

명사는 사람, 사물 등의 이름을 나타내는 단어이다.

TOEFL Writing에서 주어 자리에 많이 쓰는 명사

people 사람들 (person의 복수형)	citizens 시민들	adults 어른들
parents 부모	children 아이들 (child의 복수형)	experts 전문가들
employers 고용주들	workers 직원들	coworkers 직장 동료들
professors 교수들	teachers 교사들	students 학생들

Ex **Children** should learn how to respect others. 아이들은 다른 사람들을 존중하는 방법을 배워야 한다.

Ex Most **experts** are successful in their fields. 대부분의 전문가들은 자신의 분야에서 성공한 이들이다.

(2) 대명사

대명사는 말 그대로 명사를 대신한다는 뜻으로, 여러 가지로 구분되어 있다.(ex. 인칭대명사, 지시대명사, 부정대명사, 재귀대명사, 관계대명사 등)

1) 주격 인칭대명사(I/You/He/She/It/We/They)

인칭대명사는 인칭, 수, 격에 따라 형태가 다르다. 그중 주어 자리에 쓰이는 주격 인칭대명사는 사람을 지칭하는 대명사이다.

Ex Catherine and I went to the movies. **We** had fun.
Catherine과 나는 영화를 보러 갔다. 우리는 좋은 시간을 보냈다.

Ex Students want to study abroad, so **they** study hard.
학생들은 해외에서 공부하길 원하므로, 그들은 열심히 공부한다.

TIP TOEFL Writing에서 객관적이고 직관적인 글을 쓰기 위해서는 주격 인칭대명사를 많이 사용하지 않도록 한다. 대명사를 써야 할 때는 지칭하는 명사와의 수 일치에 유의하도록 한다.

2) 주격 인칭대명사 It과 그 외 주어로서의 쓰임

주어 자리에 오는 It은 인칭대명사뿐만 아니라 다양한 역할을 한다.

① 인칭대명사 It

단수의 사물 명사를 지칭할 때 쓰는 대명사로, '그것은'으로 해석한다.

Ex People often drink coffee, and **it** is harmful for their health.
사람들은 종종 커피를 마시고, 그것은 그들의 건강에 해롭다.

Ex My sister's school has just introduced a new regulation, and **it** is about students' hair length.
내 여동생의 학교가 막 새로운 규제를 시작했고, 그것은 학생들의 머리 길이에 관한 것이다.

② 비인칭주어 It

문맥에 따라 주어를 생략할 수 있는 한국어와는 다르게, 영어에서 주어는 필수이다. 이 때문에 특별한 것을 지칭하지 않아도 주어 자리를 채우기 위해 사용하는 주어가 있는데, 이를 비인칭주어 It이라 한다. 날씨, 온도, 거리, 시간, 요일, 날짜 등을 나타낼 때 쓰며, 따로 해석은 하지 않는다.

Ex **It** is too hot to walk outside. It이 나타내는 것: 날씨
밖에서 걷기에는 너무 덥다.

Ex **It's** almost ten o'clock. It이 나타내는 것: 시간
거의 10시 정각이다.

③ 가주어 It

to부정사나 that절이 주어 역할을 할 때 문장이 길어져 문장 구조가 복잡해 보이는데, 이를 막고자 주어 자리에 가주어 It을 대신 쓰고, 진주어(to부정사나 that절)를 문장 뒤로 보낸다. It은 '가짜 주어'이기에 해석하지 않는다.

Ex To build schools is practical.

→ **It** is practical to build schools. 학교를 짓는 것은 실용적이다.
가주어 It(해석 X)　　　　진주어 to부정사(해석 O)

Ex That Nazca Lines were created between 500 BCE and 500 CE is amazing.

→ **It** is amazing that Nazca Lines were created between 500 BCE and 500 CE.
가주어 It(해석 X)　　　　　　　　진주어 that절(해석 O)
나스카 지상화가 기원전 500년에서 기원후 500년 사이에 만들어진 것은 놀랍다.

📢 Writing Tip

유도부사 There

우리말 '예시가 있다.'를 「주어 + 동사」 순인 영어로 옮기면, 'An example is.'라고 쓰게 된다.

문법적으로 틀린 문장은 아니지만, 읽거나 말하기에 어색한 문장이 된다. 이럴 때 There이라는 유도부사를 활용하여 주어와 동사의 자리를 바꿔줌으로써 자연스러운 문장을 만들 수 있다.

주로 be동사와 함께 「There + be동사 + 주어」의 형태로 '주어가 있다[존재하다]'라는 뜻을 가져 존재 유무를 나타낼 때 쓰인다. 주어와 동사의 자리가 서로 뒤바뀌어 도치 구문이라 한다.

Ex **There** is an example. 하나의 예시가 있다.

Ex **There** are several reasons. 여러 가지의 이유들이 있다.

동사의 수는 뒤에 오는 주어에 일치시킨다.

Ex There are students playing soccer in the park. 공원에 축구를 하고 있는 학생들이 있다.
동사(복수)　주어(복수 명사)

Ex There is **a picture** on the wall. 벽에 사진이 하나 있다.
동사(단수)　주어(단수 명사)

3) 지시대명사 This

지시대명사는 this/these(이것은/이것들은; 가까운 것을 지칭)와 that/those(저것은/저것들은; 먼 것을 지칭)를 말한다. 그중 TOEFL Writing에서 자주 사용되는 지시대명사 this는 사물, 장소, 시간 등을 지칭하는 대명사로 사용하기보다 앞서 말한 것을 지칭하는 명사로 주로 추가 내용을 서술할 때 사용한다.

> **Ex** It is important to consider whether children should not watch TV or not. **This** is an interesting question because everyone's opinion can differ.
> 아이들이 TV를 보면 안 되는지 되는지를 고려하는 것은 중요하다. 모든 사람들의 의견이 다르기 때문에 이것은 흥미로운 질문이다.
>> ⋯→ 뒤 문장의 This는 앞에 나온 내용을 지칭하고 있으며, 모든 사람들의 의견이 다르다는 추가적인 내용을 서술하기 위해 사용되었다.

(3) 동명사(구)

「동사원형 + -ing」의 형태로, '동사하는 것'으로 해석한다. 동사의 성격을 가지고 있는 동명사는 주로 행동이나 상태 표현을 강조하고 싶을 때 주어 자리에 쓰이며, 이때 단수 취급한다. 동명사는 문장에서 주어 외에도 보어, 목적어의 역할을 한다.

> **Ex** **Watching** movies is interesting. 영화를 보는 것은 흥미롭다.

> **Ex** **Traveling** allows people to experience something new.
> 여행하는 것은 사람들에게 새로운 것을 경험하게 한다.

(4) to부정사(구)

「to + 동사원형」의 형태로, 동명사와 마찬가지로 '동사하는 것'으로 해석하며, 주어로 쓰일 때 단수 취급한다. to부정사는 명사(주어, 보어, 목적어 역할), 형용사(명사 수식, 보어 역할), 부사(수식어 역할)로 쓰이고, 역할에 따라 해석이 달라진다. 보통 to부정사는 문장의 맨 앞 주어 자리에 잘 쓰지 않고, 가주어 It을 써서 대신한다.

> **Ex** **To use** the Internet is convenient. 인터넷을 사용하는 것은 편리하다.
> → **It** is convenient **to use** the Internet. 가주어 It−진주어 to부정사 구문

(5) 명사절

'절'은 쉽게 풀어 보면, 주어와 동사로 이루어진 문장이라고 보면 된다. 한 문장에 두 개의 절이 있을 경우 주절과 종속절로 나뉘고, 그중 명사절은 「주어 + 동사」로 이루어진 절이 명사처럼 쓰이는 종속절을 말한다. 명사절이 주어로 쓰이는 경우 보통 단수 취급하며, 문장에서 주어 외에도 보어, 목적어의 역할을 한다.

명사절의 형태

명사절 접속사 That/Whether/If	+ 주어 + 동사
의문사 Who/Whose/What/When/Where/Why/How	

> **Ex** **That** students need to learn English is clear. 학생들이 영어를 배워야 하는 것은 명백하다.

> **Ex** **What** the teacher did to that student was unfair. 그 선생님이 그 학생한테 한 일은 불공평했다.

🔊 Writing Tip

TOEFL Writing에서 가장 많이 틀리는 셀 수 없는 명사(불가산 명사)

셀 수 없는 명사(불가산 명사)

• 추상 명사(information, advice, knowledge, evidence 등), 물질 명사(water, sugar, salt 등), 고유 명사(사람이나 사물의 이름) 등

• 불가산 명사는 앞에 a/an과 같은 부정관사를 쓸 수 없고, 복수형으로도 쓸 수 없다. 만약 불가산 명사의 수량을 나타내고 싶다면 단위를 나타내는 표현을 사용하여 쓸 수 있다.

Ex **a lot of** evidence (O)   **an** evidence (X)

⋯⋯ 불가산 명사 앞에 a lot of 외에 '상당한 양의'라는 뜻의 a substantial amount of, a considerable amount of를 쓸 수 있다.

Ex **three pieces of** evidence (O)   **many pieces of** evidence (O)   **many** evidence**s** (X)

⋯⋯ 불가산 명사 evidence의 수량을 나타내고 싶다면 piece(개)를 활용하여 쓸 수 있다.

스펠링은 같지만, 문장 내 쓰임에 따라 의미가 달라지는 가산/불가산 명사

불가산 명사	가산 명사
paper 종이	a paper 논문
work 일	a work (예술 등의) 작품
light 빛	a light 전등
time 시간	횟수 + times ~ 번, ~ 배
history 역사	a history 역사책

Practice

정답 및 해설 | P. 2

A 다음 문장의 주어에 밑줄을 긋고, 주어 자리에 쓰인 단어의 품사를 적어 보시오.
(명사(구), 대명사, 동명사(구), to부정사(구), 명사절)

01 Tutoring foreign students in English is a good way to expand English vocabulary.

02 It is true that grades are important to survive in this competitive society.

03 Volunteers can learn about other cultures by participating in various activities.

04 This oldest of deserts is scarred by dry riverbeds.

05 She was one of the most intelligent people I knew.

06 Taking part in sports teaches young people how to accept defeat and use it as motivation.

07 It was Wednesday when I took the TOEFL test.

08 These birds naturally form large flocks that often move around.

09 That workers cannot attend is unfortunate.

10 To play an instrument plays a pivotal role in enhancing creativity.

11 A fifth of the land on our planet is covered by desert.

_____

12 Building more libraries and computer labs is necessary for students to learn.

_____

13 What is important is not the result of the game.

_____

14 Students who keep their hair neat are more likely to be well-behaved.

_____

15 In a tropical forest, there are many species living that we still know virtually nothing about.

_____

B 다음 괄호 안에 주어진 단어를 바르게 배열하여 문장을 완성해 보시오.
(어떤 단어가 주어로 나올지 생각해 보면 문장 구성이 쉽다.)

01 (a group of students / there / is)

_____

02 (to school / the children / walked)

_____

03 (likes / to read / a book / she)

_____

04 (than the Mississippi / the Nile / is longer)

_____

05 (is exciting / to experience new cultures / it)

_____

06 (a great apartment / my friend / in / lives)

_____

07 (to be / appear / deserts / barren and empty)

_____

08 (people / feel depressed / can make / living without friends)

_____

09 (their own body weight / is / that ants are able to carry up to twenty times / it / surprising)

_____

10 (has / information regarding history / a lot of / this book)

_____

11 (places / are / where rain has never been recorded / there)

_____

12 (to play computer games / do not want / their children / parents)

_____

13 (a man / saw / baking delicious-looking cakes / I)

_____

14 (to protect wildlife / time and patience / takes / it)

_____

15 (is / to wear whatever hairstyles they want / students' right / based on their preference / it)

_____

Lesson 02 동사와 시제

하나의 문장을 만들기 위해 주어와 더불어 필수적인 요소가 동사이다. 동사는 크게 상태 동사(be동사), 일반 동사로 구분되며, 동사는 홀로 쓰이기도 하지만 때론 조동사와 함께 사용되는 경우도 있다. 사용하는 동사에 따라 문장의 형식이 달라지며, 시제를 나타내기 위해 동사를 다양한 형태로 변형해서 쓰기도 한다. 동사가 문장에서 하는 역할과 형태 변형을 확실하게 학습하여 완성도 높은 문장을 구사해 보도록 하자.

▶ 1. 동사의 역할

동사는 주어의 상태나 동작/행동을 나타내며, '~이다, ~하다'라는 의미를 갖는 단어가 동사이다. 한 문장에서 연결사 없이는 반드시 하나의 동사만 존재해야 하며, 주어의 인칭·수·시제·상태(능동/수동)에 따라 동사 변형이 일어난다는 것에 주의해야 한다.

❗ 의미와 성격은 동사와 동일하지만 동사의 형태를 바꾸어 다른 품사로 쓰이는 것을 준동사라고 하는데, 「동사원형 + -ing」 형태의 동명사나 분사 혹은 「to + 동사원형」 형태의 to부정사 같은 준동사는 절대 단독으로 동사 자리에 올 수 없다.

Ex A girl **is sing** a song. (X)
A girl **sings** a song. (O) 한 여자아이가 노래를 부른다.
···▸ 한 문장에 하나의 동사만 쓰므로, be동사와 일반 동사가 함께 올 수 없다.

Ex Students **to study** Spanish. (X)
Students **study** Spanish. (O) 학생들이 스페인어를 배운다.
···▸ 준동사인 to부정사는 동사 자리에 올 수 없다.

Ex Workers **will visiting** the site. (X)
Workers **will visit** the site. (O) 직원들이 그 장소를 방문할 것이다.
···▸ 준동사인 분사는 동사 자리에 단독으로 올 수 없을 뿐만 아니라, 조동사 뒤에는 항상 동사원형을 쓴다.

▶ 2. 동사의 종류

동사는 크게 상태 동사와 일반 동사로 나뉜다.

(1) 상태 동사

상태 동사는 말 그대로 주어의 상태를 나타내는 동사로, be동사가 일반적으로 가장 많이 쓰이는 상태 동사이다. be동사는 '~이다, 있다'라는 의미의 동사이며, 주어의 인칭·수·시제에 따라 형태가 달라진다.

주어	be동사의 현재형	be동사의 과거형
1인칭 단수 명사(I)	am	was
3인칭 단수 명사	is	
2인칭 단/복수 및 모든 복수 명사	are	were

(2) 일반 동사

상태 동사와 조동사를 제외한 나머지 모두를 일반 동사로 분류하며, 보통 동작/행동을 나타내는 모든 동사를 말한다.

❗ be동사와 일반 동사의 원형을 한 문장에 함께 사용하는 기초적인 실수는 절대로 범하지 않도록 한다.

> **Ex** The boy **is looks** at the stars in the sky. (X)
>
> The boy **looks** at the stars in the sky. (O) 일반 동사의 현재 시제
> 그 남자아이는 하늘의 별을 본다.
>
> The boy **is looking** at the stars in the sky. (O) 일반 동사의 현재 진행 시제
> 그 남자아이는 하늘의 별을 바라보는 중이다.

3. 조동사

조동사의 조는 '도울 조(助)'이며, 말 그대로 동사를 도와주는 역할을 한다. 조동사는 동사 앞에서 추측, 가능, 의무 등의 의미를 더해 주며 조동사 뒤에는 반드시 동사원형이 온다.

(1) TOEFL Writing에서 활용도가 높은 조동사 1

여러 가지 의미를 가진 조동사		
	능력(~할 수 있다) = be able to	I **can** do it! 나는 할 수 있다!
can	가능성·추측(~이 있을 수 있다, ~일 리가 없다) = will/may	Lack of sleep **can** affect your concentration. 수면 부족은 집중력에 영향을 줄 수 있다. It **can't** be true. 그건 사실일 리가 없다.
	허락(~해도 된다) = may	**Can** I borrow some books from you? 당신에게 몇 권의 책을 빌려도 될까요?
	요청(~해 줄래요?) = will/would	**Can** you wait a second? 잠시만 기다려 줄 수 있나요?

TOEFL Writing에서는 '허락'과 '요청'의 조동사는 사용하지 않는다. 그 대신 독립형 과제의 에세이를 작성할 때, 일반적인 사실에 대한 '가능성'이나 '추측'을 표현할 수 있는 조동사 can과 will을 활용하여 객관적 설명 문장을 쓰면 좋다.

> **Ex** Students **make** more friends by participating in club activities.
> 학생들은 동아리 활동에 참여함으로써 더 많은 친구들을 사귄다.
> ⋯→ 동아리 활동이 꼭 친구들을 사귀는 수단은 아닌데 일반적인 사실로 보일 수 있다.
>
> Students **can make** more friends by participating in club activities.
> 학생들은 동아리 활동에 참여함으로써 더 많은 친구들을 사귈 수 있다.
> ⋯→ 가능성의 조동사 can을 활용함으로써 동아리 활동이 친구들을 사귈 수 있는 하나의 수단이 된다는 것을 보여 주어 문장이 설득력을 가지게 된다.

(2) TOEFL Writing에서 활용도가 높은 조동사 2

의무를 나타내는 조동사		
should	~해야 한다	Students **should** wear uniforms. 학생들은 유니폼을 입어야 한다.
had better	~하는 편이 낫다 [좋을 것이다]	Students **had better** wear uniforms. 학생들은 유니폼을 입는 것이 좋을 것이다. (충고나 조언을 할 때 쓰며 should보다 조금 더 강한 의무를 나타내는 조동사)

TOEFL Writing 독립형 과제에서 가장 많이 사용되는 should는 과거 시제로 사용할 수 없으며, should have p.p.의 형태는 과거의 일에 대한 후회나 유감을 나타낸다.

Ex Freshmen **should** talk to their academic advisor. 신입생들은 그들의 지도 교수와 대화를 해야 한다.
⋯⟩ 할 필요가 있다는 단순 의무를 표현한다.

Freshmen **should have talked** to their academic advisor.
신입생들은 그들의 지도 교수와 대화를 했어야 했다.
⋯⟩ 그러나 그러지 못했다는 유감의 표현을 내포한다.

(3) TOEFL Writing에서 활용도가 높은 조동사 3

의무를 나타내는 조동사		
have to	~해야 한다	Children **have to[need to]** learn art and music in order to enhance their creativity. 아이들은 창의성을 향상시키기 위해 미술과 음악을 배워야 한다.
need to	~해야 한다, ~할 필요가 있다	

have to와 need to의 부정형인 do not have to[do not need to]는 '~하면 안 된다'가 아닌 '~할 필요가 없다'라는 뜻이다.

Ex Children **do not have to[do not need to]** learn art and music.
아이들은 미술과 음악을 배울 필요가 없다.

❶ 의무를 나타내는 조동사의 과거형은 had to나 needed to로 쓰며, should/had better/must의 과거형은 존재하지 않는다.

(4) TOEFL Writing에서 활용도가 높은 조동사 4

의무/강한 추측을 나타내는 조동사		
must	의무((필수적으로) ~해야 한다)	Professional athletes **must** practice hard to win. 프로 운동선수들은 이기기 위해 열심히 연습해야 한다.
	강한 추측 (~임에 틀림없다)	The truck driver **must** be tired because of that long drive. 장시간 운전 때문에 그 트럭 운전사는 틀림없이 피곤할 것이다.

TOEFL Writing에서 must는 '의무'의 조동사보다 '강한 추측'의 조동사로 많이 사용하며, must have p.p.의 형태로 과거의 일에 대한 강한 추측(틀림없이 ~했을 것이다)을 나타내기도 한다.

Ex Professional athletes **must have practiced** hard to win.
프로 운동선수들은 이기기 위해 틀림없이 열심히 연습했을 것이다.

◎ 4. 동사의 형태

동사가 어려운 이유 중 하나는 명사와는 달리, 주어의 인칭과 수에 따라 또는 동작이나 상태의 시간적 지표를 나타내기 위해 동사의 형태가 달라지기 때문이다. 동사의 형태는 크게 다섯 가지로 나눠지며, 규칙/불규칙적으로 변하는 동사의 형태에 대해 자세히 알아보자.

(1) 동사원형

동사의 형태를 바꾸지 않은 원형 그대로를 말한다.

셀 수 있는 명사(가산 명사)의 복수 주어(plural) + 현재 시제 → 동사원형

조동사 뒤 → 동사원형

Ex Many sports **require** daylight for outdoor practices. 복수 명사 주어 + 현재 시제(일반적인 사실)
다수의 스포츠는 야외 연습을 위해 햇빛이 필요하다.

Ex Dentists **should** often **use** a material called dental amalgam. 조동사 뒤
치과 의사들은 보통 치과용 아말감이라고 불리는 물질을 사용해야 한다.

(2) 3인칭 단수형

3인칭 단수 주어에 수를 일치시킨 동사의 형태를 말한다.

3인칭 단수 주어(singular) + 현재 시제 → 3인칭 단수형

3인칭 단수 주어로는 3인칭의 대명사, 가산 명사의 단수형, 불가산 명사, to부정사(구), 동명사(구) 등이 있다. 일반 동사의 3인칭 단수형은 기본적으로 「동사원형 + -s」의 형태로 나타내며, 동사에 따라 -es, -ies, -ys로 변형되기도 한다.

Ex The boy **follows** the rules of the school. 3인칭 단수 명사 주어
그 남자아이는 학교의 규칙을 따른다.

Ex Waking up early **makes** people tired. 동명사구 주어
일찍 일어나는 것은 사람들을 피곤하게 한다.

Ex Polluted water **causes** many problems for humans. 불가산 명사(물질 명사) 주어
오염된 물은 인간에게 많은 건강 문제를 일으킨다.

Ex Seoul **is** the most beautiful city I have ever been to. 불가산 명사(고유 명사) 주어
Seoul은 내가 여태껏 가 본 곳 중 가장 아름다운 도시이다.

(3) 과거형

과거형 동사는 주어의 인칭과 수에 상관없이 동일하게 쓴다.

주어 + 과거 시제 → 과거형

일반 동사의 과거형은 기본적으로 「동사원형 + -ed」의 형태이며, 동사에 따라 -d, -ied, -yed로 변형되기도 한다.

Ex After studying hard, Diana **watched** a comedy film.
열심히 공부를 한 후, Diana는 코미디 영화를 봤다.

Ex My parents **told** me to take an online course.
나의 부모님께서는 내게 온라인 강의를 들으라고 하셨다.

※ -ed의 형태로 변하지 않는 불규칙 변화 동사는 따로 외워 두도록 하자. *P. 37 Writing Tip 참고

(4) 현재 분사형

주어 + 진행 시제 → 현재 분사형

현재 분사형 동사는 「동사원형 + -ing」의 형태로 나타낸다. 형태만 놓고 보면 Lesson 01에서 배운 동명사 구(동사하는 것)와 같지만, 엄연히 다른 품사이니 현재 분사의 쓰임을 잘 익혀 사용에 유의하도록 하자.

현재 분사의 쓰임

① 진행 시제를 나타내는 역할(be동사 + V-ing): be동사와 함께 현재 분사형 동사를 사용하여 '동사하는 중이다/중이었다'를 의미하는 진행 시제 문장을 만들 수 있다.

Ex We **are studying** hard to get good scores on the TOEFL. 현재 진행 시제 「be동사의 현재형 + V-ing」
우리는 토플 시험에서 좋은 점수를 받기 위해 열심히 공부하는 중이다.

② 형용사의 역할: 명사의 앞/뒤에 현재 분사형 동사를 사용하여 능동의 의미로 명사를 수식한다.

Ex Drinking coffee can be an **energizing** *way* to wake up.
동명사(커피를 마시는 것) 현재 분사(활기를 북돋는)
커피를 마시는 것은 잠에서 깰 수 있는 활기를 북돋는 방법이 될 수 있다.

Ex Preserving forests protects **existing** *animals*. 숲을 보존하는 것은 현존하는 동물들을 보호한다.
동명사(숲을 보존하는 것) 현재 분사(현존하는)

Ex According to the research, *students* **participating** in club activities showed a lower level of stress.
현재 분사(참여한)
연구에 따르면, 동아리 활동에 참여한 학생이 더 낮은 스트레스 수준을 보여 주었다.

⋯➔ 현재 분사가 명사를 뒤에서 수식하는 경우, 「주격 관계대명사 + be동사」가 생략되었다고 보면 된다.
Students **were participating** in club activities. 학생들은 동아리 활동에 참여하고 있었다.
+ *Students* showed a lower level of stress. 학생들은 더 낮은 스트레스 수준을 보여 주었다.
→ *Students* (who were) **participating** in club activities showed a lower level of stress.

(5) 과거 분사형

주어 + 완료 시제 or 수동태 → 과거 분사형

과거 분사형 동사는 past participle이라고 부르며 우리가 흔히 아는 p.p. 형태이다. 과거 분사형 동사는 과거형과 마찬가지로, 「동사원형 + -ed」의 형태를 가지지만 불규칙적으로 변화하기도 한다.

과거 분사의 쓰임

① 완료 시제를 나타내는 역할: 조동사 have와 함께 과거 분사형의 동사를 사용하여 과거 완료(had p.p.), 현재 완료(have/has p.p.), 미래 완료(will have p.p.)의 시제를 나타낼 수 있다.

Ex When I took the TOEFL test, I realized that the book I **had used** was quite useful.
과거 완료 시제 「had p.p.」
내가 토플 시험을 봤을 때, 나는 내가 사용했던 책이 꽤 유용했다는 것을 깨달았다.

Ex The new policy **has replaced** the outdated rules. 현재 완료 시제 「have/has p.p.」
새로운 정책은 구식의 규범들을 교체했다.

② 형용사의 역할: 명사의 앞/뒤에 과거 분사형 동사를 사용하여 수동의 의미로 명사를 수식한다.

Ex It is difficult to find a solution for this **complicated** *problem*.
과거 분사(복잡한)
이 복잡한 문제에 대한 해결책을 찾는 것은 어렵다.

Ex *Recent research* **conducted** by DS has confirmed this argument.
과거 분사(실시된)
DS에 의해 실시된 최근 연구가 이 주장을 확인했다.

⋯› 과거 분사가 명사를 뒤에서 수식하는 경우, 「주격 관계대명사 + be동사」가 생략되었다고 보면 된다.
Recent research **was conducted** by DS. 최근 연구가 DS에 의해 실시되었다.
+ *Recent research* has confirmed this argument. 최근 연구가 이 주장을 확인했다.
→ *Recent research* (which was) **conducted** by DS has confirmed this argument.

③ 수동태의 역할(be동사 + p.p.): be동사와 함께 과거 분사형의 동사를 사용하여 '동사되어진다'를 의미하는 문장을 만들 수 있다.

Ex Arid regions **are** usually **exposed** to constant wind.
건조한 지역은 주로 지속적인 바람에 노출된다[영향을 받는다].

Ex The game **was canceled** due to the bad weather. 안 좋은 날씨 때문에 그 게임은 취소되었다.

능동태	수동태
행동의 주체에 초점을 맞출 때 사용	행동의 대상에 초점을 맞출 때 사용
Someone **stole** my precious book. 누군가가 내 소중한 책을 훔쳤다.	My precious book **was stolen** (by someone). 내 소중한 책을 도둑맞았다[훔침을 당했다] (누군가에 의해).
⋯› 훔친 행동을 한 '누군가'에 초점이 맞춰짐	⋯› 도둑맞은 '내 소중한 책'에 초점이 맞춰짐

※ 수동태 문장 만드는 법

능동태 문장: *Someone* **stole** <u>my precious book</u>.

Step 1 능동태 문장의 목적어를 주어의 자리에 놓는다.

<u>My precious book</u>

Step 2 능동태 문장의 동사를 인칭·수·시제에 맞춰 「be동사 + p.p.」 형태로 바꾼다.

<u>My precious book</u> **was stolen**

Step 3 능동태 문장의 주어는 「by + 목적격」으로 바꾼다. 단, 행위자가 분명하지 않거나 모두가 유추할 수 있는 행위자인 경우, 「by + 목적격」은 보통 생략해서 쓴다.

<u>My precious book</u> **was stolen** (*by someone*).

🔊 Writing Tip

수동태로 쓸 수 없는 동사들이나 자주 쓰여 관용 표현으로 굳어진 수동태가 있으니 암기해 두자.

• 자동사는 수동태로 쓸 수 없다.

TOEFL Writing에서 많이 쓰는 자동사
exist 존재하다, appear 나타나다, disappear 사라지다, occur 발생하다, happen 일어나다

• 목적어를 갖지만 상태·소유를 나타내는 타동사 일부는 수동태로 쓸 수 없다.

TOEFL Writing에서 많이 쓰는 수동태로 쓸 수 없는 타동사
have 가지다, cost 비용이 들다

• by 이외의 전치사를 쓰는 수동태는 관용 표현으로 따로 암기해 두자.

TOEFL Writing에서 많이 쓰는 수동태 관용 표현	
be made of ~로 만들어지다 (성질이 변할 수 없을 때)	My ring **is made of** platinum. 내 반지는 백금으로 만들어졌다.
be made from ~로 만들어지다 (성질이 변할 때)	Recycled paper **is made from** collected trash. 재생지는 모여진 쓰레기로 만들어진다.
be made with ~로 만들어지다 (여러 가지 재료를 사용하여 만들 때)	The boat **was made with** not only wood, but also another material called pitch. 그 보트는 나무뿐만 아니라 송진이라고 불리는 다른 재료로도 만들어졌다.
be satisfied with ~에 만족하다	Students **were satisfied with** new facilities provided by the university. 학생들은 대학교가 제공한 새로운 시설들에 만족했다.
be interested in ~에 흥미를 가지다	My sister **is interested in** learning new things. 내 여동생은 새로운 것을 배우는 것에 흥미를 가진다.

◎ 5. 시제

앞서 주어의 수나 상태에 따라 동사를 바꿔야 하는 것과 동사의 형태가 변형되면 말하고자 하는 시점이 달라진다는 것을 동사의 형태를 통해 배웠다. 내가 표현하고자 하는 문장의 시점에서는 어떤 형태의 동사를 사용해야 하는지 심층적으로 배워보도록 하자. 시제는 영어의 기본이기 때문에 쓰임새를 꼭 유의하여 쓰자.

(1) 현재 시제

동사의 형태	동사원형 또는 3인칭 단수형 '~이다', '~하다'
쓰임	일반적인 사실, 불변의 진리, 현재의 습관이나 반복적인 동작, 속담, 격언을 나타낼 때 ❶ 현재 시제는 '지금' 상황을 나타내는 시제가 아니니 유의하자.

Ex Electricity **is** one of the most important discoveries. 일반적인 사실
전기는 가장 중요한 발견 중 하나이다.

Ex The Moon **is** a satellite of Earth. 불변의 진리
달은 지구의 위성이다.

Ex I always **take** a shower after I work out. 습관
나는 운동 후에 항상 샤워를 한다.

Ex My family often **watches** movies together. 반복적인 동작
우리 가족은 종종 함께 영화를 본다.

TIP 현재 시제는 독립형 과제에서 본론의 소주제문과 객관적 설명을 작성할 때 주로 사용한다.

(2) 과거 시제

동사의 형태	과거형 '~였다', '~했다'
쓰임	특정한 과거 시점에 일어난 사건이나 역사적 사실을 나타낼 때

Ex The movie I **watched** *yesterday* was amazing. 특정한 과거 시점(어제)에 일어난 사건
내가 어제 본 영화는 정말 대단했다.

Ex The Korean alphabet, Hangeul, **was invented** by King Sejong. 역사적 사실
한국어의 알파벳인 한글은 세종대왕에 의해 발명되었다.

TIP 과거 시제는 독립형 과제에서 추가 예시를 서술할 때 주로 사용한다.

(3) 미래 시제

동사의 형태	「will + 동사원형」 또는 「be going to + 동사원형」 '~할 것이다', '~할 예정이다'
쓰임	will: 미래에 일어날 일을 예측할 때, 즉흥적으로 결정된 미래를 나타낼 때 be going to: 계획적이거나 예정된 미래를 나타낼 때

Ex Students **will help** the teacher to clean the classroom. 즉흥적으로 결정된 미래
학생들은 선생님이 교실 청소하는 것을 도울 것이다.

Ex My parents **are going to arrive** at the station at 3 o'clock. 예전부터 정해진 계획된 미래
우리 부모님은 3시에 역에 도착하실 것이다.

TIP 미래 시제는 TOEFL Writing에서 거의 사용하지 않는다.

(4) 현재 진행 시제

동사의 형태	「be동사(am/are/is) + V-ing」 '~하고 있다', '~하는 중이다'
쓰임	현재 말하고 있는 시점에 일어나고 있는 동작이나 상태를 묘사할 때

Ex We **are learning** how verb tenses work in a sentence *now*.
우리는 지금 문장에서 시제가 어떻게 작용하는지를 배우고 있다.

⋯→ now: 현재 시제의 쓰임새를 '지금 일어나는 일'로 가장 많이 착각하는데, 현재 일어나고 있는 일을 묘사할 때는 현재 진행 시제를 사용한다.

TIP 현재 진행 시제는 TOEFL Writing에서 거의 사용하지 않는다.

(5) 현재 완료 시제

동사의 형태: 「have/has + p.p.」		
	쓰임	주로 함께 쓰이는 단어
경험 (~한 적이 있다)	과거의 경험을 현재에 논할 때	ever, never, once, twice
완료 (막 ~했다)	과거의 일이 현재에 완료되었을 때	yet, already, just
계속 (~해 왔다)	과거의 일이 현재까지 계속되었을 때	for, since
결과 (~해 버렸다)	과거의 일의 결과가 현재까지 유지될 때	lose, go, come, buy

Ex This is one of the most exciting classes I **have** *ever* **taken**. 경험
이것은 내가 지금껏 들었던 수업들 중에서 가장 신나는 수업 중 하나이다.

⋯→ 지금껏(과거부터 현재까지) 수강했던 수업을 말함

Ex I **have** *just* **planted** 5 different kinds of flowers. 완료
나는 방금 5가지 다른 종류의 꽃을 심었다.

⋯→ 과거에 시작한 일이 현재에 막 끝남

Ex She **has played** the piano *for 12 years*. 계속
그녀는 12년 동안 피아노를 연주해 왔다.

⋯→ 과거부터 현재까지 계속 피아노를 연주해 왔고 아마 미래에도 연주할 예정임

Ex My friend **has lost** her money. 결과
내 친구는 돈을 잃어버렸다.

⋯→ 과거에 돈을 잃어버린 상태가 현재까지 이어짐

TIP 현재 완료 시제의 결과 용법은 TOEFL Writing에서 거의 사용하지 않는다.

※ 과거 시제 vs. 현재 완료 시제

My friend **lost** her money. 내 친구는 돈을 잃어버렸다.

⋯→ 과거 시제: 과거에 잃어버려 현재에 찾았는지 못 찾았는지 모른다.(현재와의 연관성이 없음)

My friend **has lost** her money. 내 친구는 돈을 잃어버렸다.

⋯→ 현재 완료 시제: 과거에 잃어버린 돈을 현재에도 찾지 못했다.(현재와의 연관성이 있음)

🔊 Writing Tip

TOEFL Writing에서 자주 나오는 불규칙 변화 동사

동사원형	과거형	과거 분사형	동사원형	과거형	과거 분사형
be	was/were	been	know	knew	known
become	became	become	lead	led	led
begin	began	begun	let	let	let
break	broke	broken	lose	lost	lost
bring	brought	brought	make	made	made
buy	bought	bought	mean	meant	meant
catch	caught	caught	pay	paid	paid
choose	chose	chosen	put	put	put
cut	cut	cut	read	read	read
deal	dealt	dealt	see	saw	seen
do	did	done	sell	sold	sold
draw	drew	drawn	show	showed	shown
find	found	found	sit	sat	sat
forbid	forbade	forbidden	spread	spread	spread
forget	forgot	forgotten	tell	told	told
get	got	got/gotten	think	thought	thought
give	gave	given	wear	wore	worn
go	went	gone	win	won	won
keep	kept	kept	write	wrote	written

Practice

A 다음 문장의 밑줄 친 부분 중 잘못된 곳이 있으면 바르게 고쳐 쓰시오.

01 Students <u>could learned</u> how to cooperate with others.

02 There <u>is</u> hundreds of shrimp boats operating off the Southern coast of the United States.

03 Old people <u>are</u> usually <u>wake</u> up early every morning.

04 Hydrogen <u>is</u> a material that can be easily extracted from water.

05 I <u>have finished</u> the project two hours ago.

06 Trying exotic dishes <u>can is</u> a good way to experience different cultures.

07 My mother <u>have bought</u> this car in 2019.

08 Almost every citizen <u>agree</u> that the government needs to construct more parks.

09 Teachers <u>who updating</u> their knowledge must be helpful for students.

10 Last year, the scientists <u>should figure out</u> what caused the research to fail.

11 My sister <u>spent</u> the last 20 years as a freelance journalist.

12 Professional athletes <u>is able to earned</u> a lot of money.

_____

13 Nancy <u>has already seen</u> the movie.

_____

14 A dinosaur called a pterosaur <u>is</u> too heavy to fly.

_____

15 Possessing a lot of information <u>are</u> important to succeed.

_____

B 다음 괄호 안에 주어진 동사를 알맞게 바꾸어 쓰시오.

01 A male gorilla (be) as tall as a man, but twice the weight.

_____

02 My younger sister (live) here for a long time.

_____

03 The alarm clock (use) to wake me up early every day.

_____

04 Students (study) hard for the final yesterday.

_____

05 David (decide) to go see a counselor since he was stressed out from his work.

_____

06 Traveling around the world (be) usually exciting.

_____

07 The CEO (run) the business for 5 years.

_____

08 Minji (play) badminton every Sunday.

_____

09 The government (just change) the policy.

_____

10 It (be) impossible for Argentavis Magnificens, a prehistoric bird, to launch itself from a standing position.

_____

11 The Sun (rise) in the east.

_____

12 My aunt recently (lose) her job.

_____

13 The workers (be) to India once.

_____

14 My friend and I (finish) the project this coming Saturday.

_____

15 The Korean War of 1950-1953 completely (ruin) the economy.

_____

Lesson
03 문장의 형식

우리는 주어 자리에 쓸 수 있는 명사 역할을 하는 단위를 배웠고, 동사가 주어의 인칭·수·시제·상태에 따라 변형이 일어난다는 것을 배웠다. 그렇다면 이번에는 동사에 여러 종류(완전 자동사, 불완전 자동사, 수여 동사, 사역 동사 등)가 있으며, 동사의 종류에 따라 문장의 형식이 5가지로 나뉜다는 것을 살펴보도록 하자. 문장의 형식이란 우리가 글을 쓸 때 일정한 규칙에 맞추어 쓰는 문장 구조로서, TOEFL Writing에서 필수적으로 알고 있어야 하는 부분이다. 동사를 자동사와 타동사로 분류하여 무작정 암기하는 것보다는 나의 작문에 가장 도움이 되는 동사를 암기한 후 지속적으로 사용하여 '나의 것'으로 만드는 것이 Writing에서는 가장 중요하다.

문장의 형식	문장의 형태	목적어 유무
1형식	주어 + 자동사	X
2형식	주어 + 자동사 + 주격 보어	
3형식	주어 + 타동사 + 목적어	O
4형식	주어 + 타동사 + 간접목적어 + 직접목적어	
5형식	주어 + 타동사 + 목적어 + 목적격 보어	

목적어가 필요하지 않은 문장의 형식

◎ 1. 1형식: 주어 + 자동사 (+ 부사/전치사구)

1형식에서는 동사 자체로 의미를 온전히 전달할 수 있는 '완전 자동사'가 쓰인다. 따라서 완전 자동사가 쓰인 1형식 문장에는 보어나 목적어가 필요 없다.

❶ 자동사는 목적어를 가지지 않기 때문에 수동태로 절대 바꿀 수 없다.

문장에 의미를 더하기 위해 부사나 전치사구를 쓸 수 있다. 단, 전치사 뒤에는 반드시 명사(구)를 쓴다.

TIP TOEFL Writing에서는 완전 자동사만 사용하여 문장을 쓰게 되면 의미 전달이 불완전할 수 있으니, 전치사구를 통해 추가 정보를 서술해 주는 것이 좋다.

Ex Students go. 학생들은 간다.
⋯ 「주어 + 자동사」만 써도 완전한 문장의 의미를 가질 수 있다.

Students go to school. 학생들은 학교에 간다.
⋯ 전치사구(to school)를 붙여 주어 완전한 문장에 추가 정보를 더한다.

TOEFL Writing에서 자주 쓰는 특정 전치사와 함께 사용되는 자동사

differ from ～와 다르다	My opinion can **differ from** yours. 나의 의견이 너의 의견과 다를 수 있다.
specialize in ～을 전문으로 하다	Orthopedic doctors **specialize in** the musculoskeletal system. 정형외과 의사들은 근골격계를 전문으로 한다.
consist of ～으로 이루어지다	Water **consists of** hydrogen and oxygen. 물은 수소와 산소로 이루어져 있다.
consist in ～에 존재하다	Love does not **consist in** gazing at each other, but in looking outward together in the same direction. – *Antoine de Saint-Exupéry* 사랑은 서로를 마주 보는 것에 존재하지 않고, 함께 같은 방향을 내다보는 것에 존재한다. – *Antoine de Saint-Exupéry(앙투안 드 생텍쥐페리)*
serve as ～의 역할을 수행하다	Pyramids **served as** cultural status symbols. 피라미드는 문화적 지위의 상징이었다.
suffer from ～로 고통받다	I **suffer from** minor health problems. 나는 경미한 건강 문제로 고통받는다[시달린다].
result in ～을 야기하다	Obesity **results in** many diseases. 비만은 많은 병을 야기한다.
result from ～의 결과로 발생하다	Many diseases **result from** obesity. 많은 병은 비만으로 인해 발생한다.

◎ 2. 2형식: 주어 + 자동사(상태 동사/감각 동사) + 주격 보어(형용사/명사)

2형식에서도 자동사를 사용하지만, 2형식의 자동사는 주어의 상태를 서술할 수 있는 상태 동사나 주어의 감각을 설명해 줄 수 있는 감각 동사를 사용하기 때문에 자동사 뒤에는 주어의 상태를 보충 설명하는 단어인 '주격 보어'가 필요하다.

(1) 상태 동사

상태 동사	+ 주격 보어
be ～이다, become ～이 되다, get ～이 되다	+ 형용사/명사

Ex The beverage you are about to enjoy **is** extremely hot.
주격 보어(형용사)

당신이 즐기려고 하는 이 음료는 매우 뜨겁습니다.

Ex Catherine **is** one of the most competent workers in this company.

주격 보어(명사)

Catherine은 이 회사에서 가장 유능한 직원 중 한 명이다.

(2) 감각 동사

감각 동사	+ 주격 보어
seem ～처럼 보이다, sound ～하게 들리다, feel ～한 느낌이 들다, look ～처럼 보이다	+ 형용사 + like + 명사

Ex This theory **seems** plausible. 이 이론은 그럴듯해 보인다.
주격 보어(형용사)

Ex Using renewable energy sources **sounds** like the obvious way to solve many of the environmental problems. 주격 보어(like + 명사)
재생 가능한 에너지 자원을 사용하는 것은 많은 환경 문제를 해결하는 명백한 방법처럼 들린다.

TIP TOEFL Writing에서 감각 동사는 주로 통합형 과제의 듣기 강의에서 사용되지만 에세이를 쓸 때는 대체로 활용하지 않는다.

(3) 주격 보어로 쓰이는 현재 분사와 과거 분사

형용사처럼 명사를 수식하거나 보어로서의 역할을 하는 현재 분사와 과거 분사는 2형식 동사의 주격 보어로 많이 쓰이므로 좀 더 자세히 살펴보도록 하자.

현재 분사	과거 분사
「동사원형 + -ing」	「동사원형 + -ed」 또는 p.p.
능동의 의미(동사하게 하는)	수동의 의미(동사되어진)
It is **boring** to take a history class. 역사 수업을 듣는 것은 지루하다.	I am **bored** with the history class. 나는 그 역사 수업에 지루함을 느낀다.
The question I need to answer is **interesting**. 내가 답해야 하는 그 질문은 흥미롭다.	I am **interested** in answering this question. 나는 이 질문에 답하는 것에 흥미를 느낀다.
This book is **amazing**. 이 책은 놀랍다.	I am **amazed** at this book. 나는 이 책이 놀랍다.

감정을 나타내는 분사

감정 동사를 변형하여 만들어진 현재 분사와 과거 분사는 주의해야 할 점이 있는데, 감정을 유발하는 주체가 주어라면 현재 분사를, 감정을 느끼는 객체가 주어라면 과거 분사를 주격 보어로 써야 한다는 것이다.

Ex The findings of the study were **surprising**. 그 연구 결과는 놀라웠다.
주격 보어(현재 분사)

⋯▶ 주어인 '연구 결과'가 놀라운 감정을 유발하므로 현재 분사를 쓴다.

Ex The professors were **surprised**. 그 교수들은 놀랐다.
주격 보어(과거 분사)

⋯▶ 주어인 '교수들'이 놀라운 감정을 느끼므로 과거 분사를 쓴다.

※ 주로 감정을 유발하는 주체는 사물이고, 감정을 느끼는 객체가 사람이다. 따라서 현재 분사를 쓴 2형식 문장에서의 주어는 사물 주어(명사구)나 준동사(동명사, 부정사)이고, 반면에 과거 분사를 쓴 2형식 문장에서의 주어는 사람 주어(명사구)이다.

목적어가 필요한 문장의 형식

1. 3형식: 주어 + 타동사 + 목적어

3형식 문장에서는 '~을/를'이란 의미의 목적어를 필요로 하는 타동사가 쓰인다.

Lesson 01에서 배운 것처럼 동사의 동작 주체가 되는 단어가 주어이며, 동사의 동작 대상이 되는 단어가 목적어이다. 따라서 '주어가 목적어를 동사하다'라고 해석한다. 목적어 자리에는 명사(구), 명사절, 준동사(to 부정사, 동명사)가 올 수 있다.

TIP TOEFL Writing에서 3형식 문장을 사용하여 직관적이고 간단하게 에세이를 작성하면 좋은 점수를 받을 수 있다.

Ex <u>Children</u> have to **try** <u>something new</u>. 아이들은 새로운 것을 시도해야 한다.
··· 동사의 동작: 시도하다, 시도하는 동작의 주체(주어): 아이들, 시도하는 동작의 대상(목적어): 새로운 것

Ex <u>I</u> **want** <u>to be a better person</u>. 나는 더 좋은 사람이 되는 것을 원한다[되고 싶다].
··· 동사의 동작: 원하다, 원하는 동작의 주체(주어): 나, 원하는 동작의 대상(목적어): 더 좋은 사람이 되는 것

가장 많이 실수하는 자동사와 타동사

자동사는 바로 뒤에 목적어를 가질 수 없기에 전치사구를 사용하고, 타동사는 뒤에 전치사 없이 바로 목적어를 가진다. 그러나 가끔 동사의 뜻으로 인해 뒤에 전치사를 써야 할지 말아야 할지 헷갈리게 하는 동사들이 있는데 꼭 구별하여 알아 두도록 하자.

타동사로 착각하기 쉬운 자동사	자동사로 착각하기 쉬운 타동사
consent to ~에 동의하다	discuss 논의하다 (→ discuss about (X))
account for ~을 설명하다	mention 언급하다 (→ mention about (X))
think of ~가 떠오르다	describe 묘사하다 (→ describe about (X))
wait for ~을 기다리다	explain 설명하다 (→ explain about (X))
complain of/about ~에 대해 불평하다	access 접근하다 (→ access to (X))
interfere with ~에 대해 방해하다	answer 대답하다 (→ answer to (X))
arrive at/in ~에 도착하다	reach ~에 도착하다 (→ reach at/to (X))

Ex Parents **complained about** the school's new policy. 부모들은 학교의 새 정책에 대해 불평했다.
→ complained (X)

Ex The lecturer mainly **discusses** the fact that mercury is toxic for humans.
→ discusses about (X)
그 강연자는 주로 수은이 인간에게 유독하다는 사실에 대해 논한다.

Ex People can **access** various information by using the Internet.
→ access to (X)
사람들은 인터넷을 사용하여 다양한 정보에 접근할 수 있다.

Ex Surveyed workers **answered** that working at home is more efficient than working at the office. → answered to (X)
조사에 응한 근로자들은 사무실에서 일하는 것보다 집에서 일하는 것이 더 효율적이라고 답했다.

2. 4형식: 주어 + 타동사(수여 동사) + 간접목적어 + 직접목적어

4형식 문장에서는 목적어 두 개, 즉 '〜에게'라는 의미의 간접목적어와 '〜을/를'이란 의미의 직접목적어를 필요로 하는 수여 동사가 쓰인다.

주어	+	타동사	+	간접목적어	+	직접목적어
명사(구)	+	수여 동사	+	주로 사람 명사	+	주로 사물 명사
〜은/는/이/가	+	〜하다	+	〜에게	+	〜을/를

'주어가 간접목적어에게 직접목적어를 동사하다'

4형식 문장은 전치사를 이용하여 3형식으로 변환할 수 있다. 변환 시에는 간접목적어와 직접목적어의 자리를 서로 바꾸면서 간접목적어 앞에 전치사를 붙인다. 수여 동사에 따라 쓰이는 전치사가 다르니, 따로 외워 두자.

4형식 문장을 3형식 문장으로 변환했을 때의 문장의 구조

주어 +	수여 동사	+ 직접목적어 +	전치사	+ 간접목적어
	give, pay, send, tell, teach, bring, write		to	
	buy, get, make		for	
	ask		of	

Ex This system **gives** customers valuable information. 4형식
　　　　　　　　　 간접목적어　　　 직접목적어

→ This system **gives** valuable information **to** customers. 3형식
　　　　　　　　　 직접목적어　　　 전치사 간접목적어
이 시스템은 고객에게 귀중한 정보를 제공한다.

Ex I **got** my father a nice car for his birthday this year. 4형식
　　 간접목적어　 직접목적어

→ I **got** a nice car **for** my father for his birthday this year. 3형식
　　 직접목적어　 전치사 간접목적어
나는 아버지께 올해 아버지 생신 선물로 멋진 차를 사 드렸다.

3. 5형식: 주어 + 타동사(사역 동사/5형식 동사/지각 동사) + 목적어 + 목적격 보어

5형식 문장은 동사의 동작 대상이 되는 단어인 목적어를 필요로 하며, 목적어를 보충 설명하는 단어인 목적격 보어를 사용하는 형식이다. 목적격 보어는 '〜하게'로 해석한다. 목적격 보어 자리에는 명사, 형용사, 동사원형, to부정사, 분사가 올 수 있다.

TIP TOEFL Writing에서 지각 동사(feel/hear/see)는 잘 사용하지 않는다. 참고로 지각 동사의 목적격 보어는 동사원형을 취한다.

Lesson 03
Basic Skills

(1) TOEFL Writing에서 유용하게 쓸 수 있는 5형식 문장 구조

주어	+	타동사	+	목적어	+	목적격 보어
명사(구)	+	5형식 동사	+	명사(구)	+	동사원형/to부정사
~은/는/이/가	+	~하다	+	~을/를	+	~하게

'주어가 목적어를 목적격 보어하게 동사하다'

동사에 따라서는 3형식 문장(주어 + 동사 + 목적어)에 목적격 보어만 추가하면 5형식 문장이 된다. 이때 5형식 문장의 목적어와 목적격 보어는 주어-서술어 관계(목적어가 목적격 보어하다)를 이룬다.

Ex As parents **encourage** their children, the children have to **try** something new. 3형식
　　　　　주어　　　　　　동사　　　　　　목적어　　　　　　주어　　　　　　동사　　　목적어

부모가 자녀를 격려함에 따라, 자녀는 새로운 것을 시도해야 한다.

⋯▸ 두 개의 3형식 문장을 부사절 접속사(As)를 이용하여 연결한 문장이다.

Parents usually **encourage** their children **to try** something new. 5형식
　　주어　　　　　　　　동사　　　　　목적어　　　　　　목적격 보어

부모는 주로 그들의 자녀가 새로운 것을 시도하도록 격려한다.

⋯▸ 목적어(그들의 자녀가)에 목적격 보어(새로운 것을 시도하도록)를 사용하여 내용을 보충해 주며, 문장을 더욱 직관적으로 서술할 수 있다.

Ex People can **relieve** stress. 3형식
　　　주어　　　　　동사　　목적어

사람들은 스트레스를 해소할 수 있다.

Playing video games can **allow** people **to relieve** stress. 5형식
　　　　　주어　　　　　　　　동사　　목적어　　　목적격 보어

비디오 게임을 하는 것은 사람들이 스트레스를 해소하게 해 줄 수 있다.

⋯▸ 주어에 동명사(비디오 게임을 하는 것은)를 사용하여 목적어(사람들이)가 왜 목적격 보어(스트레스를 해소하게)하는지 보여 주기 때문에, 에세이 작성 시 유용하게 사용할 수 있다. 특히, 독립형 과제의 에세이를 작성할 때, 나의 주장과 이유를 한 문장 안에서 설명할 수 있기 때문에 5형식 문장은 매우 유용하다.

(2) 사역 동사와 준사역 동사

사역 동사는 '일 사(事)'에 '힘 력(力)'으로 이루어진 '주어가 목적어에게 일을 시키는 동사'라고 생각하면 이해하기가 쉽다. 사역 동사는 목적격 보어로 동사원형을 취하며, 준사역 동사 get은 to부정사를, 준사역 동사 help는 동사원형이나 to부정사 둘 중 아무거나 목적격 보어로 취할 수 있다.

사역 동사	3형식(+ 목적어) 의미	5형식(+ 목적어 + 목적격 보어) 의미
make	~을 만들다	…가 ~하게 하다[만들다]
let	~을 놓아두다	…가 ~하게 하다[놓아두다]
have	~을 가지다	…가 ~하게 하다
get(준사역 동사)	~을 가지다	…가 ~하게 하다
help(준사역 동사)	~을 돕다	…가 (도와) ~하게 하다

Ex You **make** <u>me</u> **want** to be a better person. 너는 내가 더 좋은 사람이 되고 싶게 한다.

Ex Academic advisors should **let** <u>students</u> **know** more details about their major.
지도 교수들은 학생들에게 그들의 전공에 대해 더 많은 세부 사항을 알려줘야 한다.

Ex Ms. Parker **had** <u>students</u> **write** an essay.
Ms. Parker가 학생들에게 에세이를 쓰게 했다.

Ex These activities **help** <u>students</u> **(to) stay** energetic.
이러한 활동들은 학생들이 활기차게 지낼 수 있도록 해 준다[도와준다].

(3) to부정사를 목적격 보어로 취하는 5형식 동사

allow 허락하다	enable ～할 수 있게 하다	tell 말하다
want 원하다	expect 바라다	require 요구하다
ask 요구하다	force 강요하다	influence 영향을 미치다
motivate 동기를 부여하다	encourage 격려하다	advise 충고하다
teach 가르치다	educate 가르치다	train 교육[훈련]시키다

Ex Watching documentary films **allows** <u>people</u> **to widen** their perspectives.
다큐멘터리 영화를 보는 것은 사람들이 시야를 넓힐 수 있게 해 준다.

Ex Challenging tasks **motivated** <u>workers</u> **to work** harder.
도전적인 업무는 근로자들이 더 열심히 일하도록 동기를 부여했다.

📢 Writing Tip

문장의 형식에 따라 '배고프다'라는 말이 어떻게 바뀔 수 있는지 알아보자.

2형식: I am hungry. 나는 배고프다.
3형식: I need something to eat. 나는 먹을 무언가를 필요로 한다.
4형식: Can you bring me some food? 나에게 음식 좀 가져다주겠니?
5형식: I want you to bring me something to eat. 나는 네가 나에게 먹을 무언가를 가져다주길 원한다.

동사는 문장의 뜻을 완결해 줄 수 있는 중요한 품사이다. 동사에 따라 문장의 형식이 달라지고, 형식에 따라 내가 표현하고자 하는 바가 달라질 수 있기 때문이다. 특히, 목적격 보어를 활용하여 문장을 더욱 풍부하게 만드는 5형식 문장은 TOEFL Writing에서 고득점을 받을 수 있는 문장의 형식이므로 잘 익혀 두자.

Practice

A 자연스러운 문장이 되도록 괄호 안의 단어를 배열한 후, 해당 문장이 몇 형식인지도 쓰시오.

01 (serves as / my mother / the director of the company)   [   ]

_____

02 (teaches / Mr. Kim / history / us)   [   ]

_____

03 (new discoveries / the lecturer / that some scholars have been criticizing / explains) [   ]

_____

04 (mine / nicer / your smartphone / looks / than)   [   ]

_____

05 (a lot of things / Thomas A. Edison / including / invented / the light bulb, the typewriter, and the radio)   [   ]

_____

06 (results in / reduced air pollution / using renewable energy)   [   ]

_____

07 (yesterday / had / Amy / me / take care of her children)   [   ]

_____

08 (some advice / gave / the academic advisor / me)   [   ]

_____

09 (attend / must / all employees / the meeting)   [   ]

_____

10 (the city / a touristic place / to become / this new policy / will help)   [   ]

_____

11 (to answer / it / this question / interesting / is)   [   ]

_____

12 (wanted / to study hard / my biology teacher / me) [   ]

_____

13 (can / people / easily / the station / reach) [   ]

_____

14 (my side / I / you / on / need / to be) [   ]

_____

15 (sour / made / the milk / the high temperature) [   ]

_____

B 다음 우리말과 같은 뜻이 되도록 주어진 동사와 괄호 안의 형식을 활용하여 영작하시오.

allow	access	motivate	discuss	want
be	seem	mention	make	be
ask	result from	result in	buy	be

01 매일 4시간 동안 공부하는 것은 놀랍다. (2형식)

_____

02 이 보고서는 의료 시스템의 중요한 문제를 언급한다. (3형식)

_____

*중요한: significant

03 수소의 순수한 액체 상태는 갑작스러운 온도 하강으로 인해 발생할 것이다. (1형식)

_____

*수소의 순수한 액체 상태: a pure liquid state of hydrogen

04 나는 아기가 울음을 그치게 할 수 없었다. (5형식)

_____

05 학생들은 그들의 선생님에게 아름다운 꽃을 좀 사 주었다. (4형식)

_____

06 사람들은 스마트폰을 사용하여 많은 정보에 쉽게 접근할 수 있다. (3형식)

07 나는 명성 높은 대학교 중 한 곳에 다니는 학생이다. (2형식)

*명성 높은: prestigious

08 부모들은 자녀들이 양질의 교육을 받길 원한다. (5형식)

*양질의 교육: a quality education

09 지도 교수의 역할은 학생들에게 조언하는 것이다. (2형식)

*지도 교수: academic advisor

10 돈을 많이 버는 것은 근로자들이 더 열심히 일하도록 동기를 부여한다. (5형식)

11 전문가들은 문제를 해결하는 방법에 대해 논의했다. (3형식)

*~하는 방법: how to+동사원형

12 나는 일류 학생[우등생]에게 질문을 했다. (3형식 / 4형식)

*우등생인/뛰어난: top-notch

13 이 정책은 사회 전체에 유익해 보인다. (2형식)

14 토론에 참여하는 것은 사람들이 자신의 관점을 넓힐 수 있게 한다. (5형식)

15 많은 노력이 이 프로젝트의 성공을 가져왔다. (1형식)

*많은: a great deal of

Lesson
04 연결사

세 개의 Lesson을 거쳐 우리는 이제 하나의 문장이 「주어 + 동사」로 이루어진다는 것을 확실히 알게 되었다. 이번 Lesson에서는 문장 간의 논리적 관계를 명시해 주는 '연결사'를 사용하여 문장 간의 흐름을 매끄럽게 만들어 보도록 하자. 보통 접속사, 접속부사, 전치사를 통틀어서 '연결사'라고 한다.

◎ 1. 접속사

접속사는 단어와 단어, 구와 구, 문장과 문장을 이어주는 품사이다. 크게 종속 접속사와 등위 접속사로 나뉘고, 종속 접속사는 또한 명사절 접속사, 형용사절 접속사(= 관계사), 부사절 접속사로 나뉜다. 종속 접속사는 절과 절을 연결하므로 각 절을 이루는 주어와 동사가 두 번 사용된다고 생각하면 이해하기가 쉽다.

(1) 부사절 접속사

종속 접속사의 한 종류인 부사절 접속사를 사용하면 한 문장이 다른 문장 전체를 수식할 수가 있다. 보통 인과, 시간의 전후, 조건, 역접 등의 의미 관계를 나타내는 데 쓰인다.

1) TOEFL Writing에서 많이 틀리는 접속사 because

한국어 문법에서의 '왜냐하면'은 사실 영어에서의 접속사 because의 개념과는 다르다. 한국어에는 접속사라는 품사가 존재하지 않고 접속부사만 있는데, '왜냐하면'은 문장과 문장을 의미로서만 연결해 주는 접속부사이다. 따라서 학생들이 한국어의 접속부사를 영어로 직역할 때 because를 접속사로 사용하지 않아 제일 많이 틀린다.

Ex

한국어식 표현: 나는 토플을 공부한다. 왜냐하면 (주어 생략) 해외에서 공부하고 싶기 때문이다.

영어식 표현: I study TOEFL. **Because** I want to study abroad. (X)

I study TOEFL **because** I want to study abroad. (O)
나는 토플을 공부한다 왜냐하면 나는 해외에서 공부하고 싶기 때문이다.

⋯ 부사절(종속) 접속사 because를 통해 절과 절을 연결하여 인과를 표현한다.(한 문장 내에 주어와 동사가 두 번씩 쓰인다.)

I study TOEFL. **This is because** I want to study abroad. (O)
나는 토플을 공부한다. 왜냐하면 나는 해외에서 공부하고 싶기 때문이다.

⋯ because의 부사적 표현인 This is because를 통해 한국어식 인과 표현을 그대로 나타낼 수 있다.

2) TOEFL Writing에서 활용할 수 있는 부사절 접속사

내가 표현하고자 하는 문맥에 따라 쓰이는 부사절 접속사가 다르니, 꼭 외워 두자.

분류	부사절 접속사	의미
인과	because / since / as	(왜냐하면) ~ 때문에, ~이므로
시간	when / as	~할 때
	before	~ 전에 (전치사로도 사용 가능)
	after	~ 후에 (전치사로도 사용 가능)
	since	~ 이래로 (전치사로도 사용 가능)
	once / as soon as	~하자마자
	while	~ 동안
역접	even though / although / though	~임에도 불구하고
	while	~인 반면에
조건	if	만약 ~한다면
	whether	~이든
	unless	만약 ~하지 않으면

부사절 접속사가 문장 중간에 사용이 될 때는 쉼표 없이 접속사 앞뒤에 각각의 절을 붙인다. 하지만 접속사가 문장의 첫머리(문두)에 나온 경우, 두 번째 절 앞에 쉼표를 사용하여 절과 절이 나눠지는 구간을 명확히 표기한다.

Ex Students had a hard time understanding the lecture **as** the professor was not good at teaching.
결과   as + 원인
교수님이 가르치는 것에 능숙하지 않았기 때문에 학생들은 강의를 이해하는 것에 어려움을 겪었다.

⋯→ 인과 접속사 as가 문장 중간에 사용된 경우이며, as가 이끄는 부사절(종속절)이 원인을 나타내고 주절이 결과를 나타낸다.

Ex **After** NASA successfully launched the James Webb Space Telescope, mind-
After + 먼저 일어난 일,
blowing pictures have been sent to scientists on Earth.
나중에 일어난 일
나사(미국 항공 우주국)가 성공적으로 James Webb 우주 망원경을 발사한 후, 놀라운 사진들이 지구의 과학자들에게 보내져 왔다.

⋯→ 시간 접속사 after가 문장의 첫머리(문두)에 사용된 경우이며, after가 이끄는 부사절(종속절)이 먼저 일어난 일을, 주절이 나중에 일어난 일을 나타낸다.

= **After** NASA's successful launch of the James Webb Space Telescope, mind-blowing
전치사 After + 명사구(먼저 일어난 일),   나중에 일어난 일
pictures have been sent to scientists on Earth.
나사(미국 항공 우주국)의 성공적인 James Webb 우주 망원경 발사 후, 놀라운 사진들이 지구의 과학자들에게 보내져 왔다.

⋯→ after는 접속사의 역할뿐만 아니라 전치사의 역할도 한다. 접속사 뒤에는 절이 오고, 전치사 뒤에는 명사(구)가 오는데, after 뒤에 오는 절을 명사(구)로 바꾸거나 명사(구)를 절로 바꾸어서 패러프레이징의 한 방법으로 이용할 수 있다.

Ex **Even though** my friend has lived in Japan for many years, he does not speak

Even though + 주절과 대조되는 일.   종속절과 대조되는 일

much Japanese.

내 친구는 일본에 산 지 여러 해가 되었음에도 불구하고, 일본어를 많이[잘] 하지 못한다.

⋯⋯ 역접 접속사 even though가 문장의 첫머리(문두)에 사용된 경우이며, 부사절(종속절)과 주절의 내용이 서로 대조를 이룬다.

Ex **If** there had been an ecosystem disturbance, whales would have suffered from

If + 조건.   종속절의 조건에 따라 일어날 수 있는 일

food shortages.

만약 생태계 교란이 있었다면. 고래들은 식량 부족에 시달렸을 것이다.

⋯⋯ 조건 접속사 if가 문장의 첫머리(문두)에 사용된 경우이며, if가 이끄는 부사절(종속절)이 조건을 나타내고 주절이 그에 따라 일어날 수 있는 일을 나타낸다.

3) Paraphrasing(다른 말로 바꾸어 표현하기)에 활용하는 접속사

통합형 과제의 에세이를 쓸 때 꼭 해야 하는 일이 패러프레이징이다. 연결사를 활용해 문장의 구조를 바꿔 패러프레이징을 할 수 있다.

Ex **위 2)의 예문을 활용하여 패러프레이징하기**

As the professor was not good at teaching, students had a hard time understanding the lecture.

⋯⋯ 주절과 부사절(종속절)의 서로 위치 바꾸기. 부사절이 끝나는 곳에 쉼표를 사용하여 절을 구분해 준다.

Mind-blowing pictures have been sent to scientists on Earth **after** NASA successfully launched the James Webb Space Telescope.

⋯⋯ 주절과 부사절(종속절)의 서로 위치 바꾸기. 부사절이 끝나는 곳에 쉼표는 뺀다.

My friend does not speak much Japanese **even though** he has lived in Japan for many years.

⋯⋯ 주절과 부사절(종속절)의 서로 위치 바꾸기. 부사절이 끝나는 곳에 쉼표는 빼고, 두 절의 같은 주어가 뒤에서 언급될 때 인칭대명사를 사용하도록 한다.

Whales would have suffered from food shortages **if** there had been an ecosystem disturbance.

⋯⋯ 주절과 부사절(종속절)의 서로 위치 바꾸기. 부사절이 끝나는 곳에 쉼표는 뺀다.

(2) 등위 접속사

등위 접속사는 절과 절을 대등하게 이어주는 것 외에도 단어와 단어, 구와 구를 대등하게 연결해 주는 접속사이다. 학생들이 에세이를 쓸 때 가장 많이 틀리는 부분이다.

1) 단어와 단어 연결

Ex *Teresa likes* <u>a cat</u>. Teresa는 고양이를 좋아한다.

+ *Teresa likes* <u>a dog</u>. Teresa는 개를 좋아한다.

→ *Teresa likes* <u>a cat</u> **and** <u>dog</u>. Teresa는 고양이와 개를 좋아한다.

⋯⋯ 두 문장에서 반복되는 주어와 동사를 생략하고, 등위 접속사 and로 단어를 연결한다.

2) 절과 절 연결

Ex <u>Teresa likes a cat</u>. Teresa는 고양이를 좋아한다.

+ <u>I like a dog</u>. 나는 개를 좋아한다.

→ <u>Teresa likes a cat</u>**, and** <u>I like a dog</u>. Teresa는 고양이를 좋아하고, 나는 개를 좋아한다.

⋯⋯ 대등한 관계의 두 문장을 등위 접속사 and로 연결한다.

3) TOEFL Writing 에세이를 쓸 때 가장 많이 사용하는 등위 접속사

등위 접속사	and 그리고, but 그러나, so 그래서, for 왜냐하면

TOEFL Writing은 자기소개서를 쓴다고 생각하면 이해하기가 쉽다. 구어체를 자제하고, 문어체를 사용해야 하는 TOEFL Writing의 글쓰기에서 등위 접속사는 문두에 쓰지 않도록 유의한다.

Ex My grandparents used to enjoy gardening. **But,** they do not have time for it these days. (X)
나의 조부모님은 정원 가꾸기를 즐기곤 하셨다. 하지만, 그분들은 요즘 그것을 할 시간이 없으시다.

⋯⋯ 학술적이지 않은 글에서는 But을 문두에 사용하는 경우가 있으나, 문어체를 사용해야 하는 TOEFL Writing 시험에서는 접속사로 사용하도록 하자.

My grandparents used to enjoy gardening, **but** they do not have time for it these days. (O)
나의 조부모님은 정원 가꾸기를 즐기곤 하셨지만, 그분들은 요즘 그것을 할 시간이 없으시다.

My grandparents used to enjoy gardening. **However,** they do not have time for it these days. (O)
나의 조부모님은 정원 가꾸기를 즐기곤 하셨다. 하지만, 그분들은 요즘 그것을 할 시간이 없으시다.

⋯⋯ 두 문장으로 나눠 쓰고 싶다면 같은 뜻의 접속부사를 활용하는 방법도 있다.

2. 접속부사

접속부사는 문장과 문장을 이어주진 않지만, 문장과 문장 사이의 의미를 연결해 문장을 풍부하게 만들어 준다. 그러나 접속부사는 문장들 사이에서 징검다리와 같은 역할을 할 뿐이므로 접속부사가 사용된 문장은 주어와 동사가 하나씩만 있다.

분류	접속부사	의미	대체 방법
부가	Moreover / Furthermore / Besides / In addition	더욱이	등위 접속사 and 대신에 문두에 사용 가능
결과	Hence / Therefore / Thus	따라서	등위 접속사 so 대신에 문두에 사용 가능
역접	However	그러나	등위 접속사 but 대신에 문두에 사용 가능
	On the other hand / In contrast / On the contrary	반면에	
	Nevertheless / Nonetheless	그럼에도 불구하고	쓰고자 하는 문장에 따라 등위 접속사 but 대신에 문두에 사용 가능
	Otherwise	그렇지 않으면	
	Meanwhile	한편으로는	
강조	In deed / In fact	사실상	특정 등위 접속사 대신에 사용할 수 있는 표현 없음

Ex After-school activities can enrich students' lives. **Moreover,** students can gain valuable academic, social, and professional experience. 부가(부연 설명)
방과 후 활동은 학생들의 삶을 풍요롭게 할 수 있다. 게다가, 학생들은 가치 있는 학문적, 사회적, 그리고 전문적인 경험을 얻을 수 있다.

= After-school activities can enrich students' lives**, and** students can gain valuable academic, social, and professional experience.
방과 후 활동은 학생들의 삶을 풍요롭게 할 수 있고, 학생들은 가치 있는 학문적, 사회적, 그리고 전문적인 경험을 얻을 수 있다.

Ex Computer games distract students. **Thus,** they should stop playing them. 결과(인과 관계)
컴퓨터 게임은 학생들의 주의를 분산시킨다. 그러므로, 그들은 그것들을 그만해야 한다.

= Computer games distract students**, so** they should stop playing them.
컴퓨터 게임은 학생들의 주의를 분산시키므로, 그들은 그것들을 그만해야 한다.

Ex Participating in sports is important. **Otherwise,** children cannot learn how to socialize with others. 역접(대조되는 내용 연결)
스포츠에 참여하는 것은 중요하다. 그렇지 않으면, 아이들은 다른 사람들과 어울리는 법을 배울 수 없다.

Ex Every image that the James Webb Space Telescope captures is a new discovery. **In deed,** images from the James Webb Space Telescope are helpful for learning more about the Cosmos. 강조(이전에 서술된 내용을 강조)
James Webb 우주 망원경이 포착하는 모든 이미지는 새로운 발견이다. 사실, James Webb 우주 망원경의 이미지는 우주에 대해 더 많이 배우는 데 도움이 된다.

◎ 3. 전치사

전치사는 구와 절을 연결해 준다. 시간·장소 전치사가 아닌 연결사로 사용되는 전치사는 문장에서 간결하게 설명을 더해 줄 수 있다. 접속사와는 달리, 전치사가 사용된 문장은 주어와 동사가 하나씩만 있다.

분류	전치사	의미	같은 의미의 부사절 접속사
인과	because of / due to / owing to / thanks to	~ 때문에[덕분에]	because / since / as
역접	in spite of / despite	~에도 불구하고	even though / although / though
비교	instead of	~ 대신에	
	compared to	~와 비교해서	
	unlike	~와는 달리	
설명	in terms of	~라는 점에서	

접속사와 마찬가지로 전치사가 문장의 첫머리(문두)에 사용된 경우, 쉼표를 사용하여 구와 문장이 끊어지는 구간을 명확히 표기해야 한다.

Ex **Compared to** other marine animals, dolphins are smart. 비교
다른 해양 동물들에 비해, 돌고래는 똑똑하다.

Ex My sister has a great job **in terms of** salary. 설명
내 여동생은 급여 면에서 좋은 직장을 다닌다.

전치사와 같은 의미를 가진 접속사를 통해 문장을 패러프레이징할 수 있다. 다만 문맥을 잘 파악해서 올바른 내용을 서술할 수 있어야 한다.

Ex **Thanks to** the Internet, people can find information quickly. 전치사(인과)

= People can find information quickly **thanks to** the Internet.
인터넷 덕분에, 사람들은 정보를 빨리 찾을 수 있다.

= **Since[Because/As]** people use the Internet, they can find information quickly.
사람들은 인터넷을 사용하기 때문에, 정보를 빨리 찾을 수 있다. 부사절 접속사(인과)

= People can find information quickly, **for** people use the Internet. 등위 접속사(인과)
사람들은 정보를 빨리 찾을 수 있다. 왜냐하면 인터넷을 사용하기 때문이다.

Ex Citizens were outraged **because of** racial abuse. 전치사(인과)
시민들은 인종적 학대로 인해 격분했다.

= Citizens were outraged **because** there was racial abuse. 부사절 접속사(인과)
시민들은 인종적 학대가 있었기 때문에 격분했다.

Ex **Despite** all the efforts, his project failed. 전치사(역접)
모든 노력에도 불구하고, 그의 프로젝트는 실패했다.

= **Even though** he put all the effort into his project, it failed. 부사절 접속사(역접)
그가 그의 프로젝트에 모든 노력을 기울였음에도 불구하고, 그것은 실패했다.

= He put all the effort into his project. **Nevertheless[Nonetheless],** it failed. 접속부사(역접)
그는 그의 프로젝트에 모든 노력을 기울였다. 그럼에도 불구하고, 그것은 실패했다.

Practice

정답 및 해설 | P. 8

A 다음 문장을 보고 ⁽¹⁾어떤 연결사가 사용되었는지 동그라미를 친 후, ⁽²⁾옳은 문장은 C(Correct), 틀린 문장은 I(Incorrect)로 적은 뒤, ⁽³⁾틀린 문장을 바르게 고쳐 쓰시오.

01 [   ] My family decided to watch a movie at home. So, we didn't leave the house to watch the movie.

_____

02 [   ] Although I heard from Brandon that you had a great time at the party, but I was not disappointed.

_____

03 [   ] Since the weather was bad, I didn't go out to play soccer.

_____

04 [   ] I was able to present my views effectively, after I practiced so hard.

_____

05 [   ] Unless you meet her, please tell her that I'm sorry.

_____

06 [   ] Visiting the Louvre Museum, in deed, was an amazing experience.

_____

07 [   ] Nevertheless he was afraid of having a presentation in front of many people, he finally got over the fear and started to talk.

_____

08 [   ] All the students seem like they are adjusted to the new regulation the school made meanwhile my sister could not accept it.

_____

09 [   ] She is a very pleasant person to talk to, however, her mother is not so much as she is.

_____

10 [   ] The writer mentions three reasons. While, the scholar argues otherwise.

B 다음 우리말과 같은 뜻이 되도록 주어진 연결사와 괄호 안의 단어를 활용하여 영작하시오.

even though	if	in addition	because	unless
due to	thus	despite	when	once

01 그는 그 업무에 익숙해지자마자, 그는 성공적으로 그것을 끝냈다. (task)

02 인터넷은 편리합니다 왜냐하면 사람들이 어떤 자료든지, 그들이 그것을 원하면 언제든 그리고 그들이 어디에 있든지 간에 접근할 수 있기 때문입니다. (whatever materials / whenever they want them / wherever they are)

03 학생들은 열심히 공부하면, 좋은 점수를 받을 수 있다. (good grades)

04 늦은 밤이었음에도 불구하고, 나는 나의 과제를 끝냈어야 했다. (assignments)

05 가족이 좋은 시간을 보낼 때, 그들의 관계는 향상될 수 있다. (quality time)

06 유명한 교수들은 양질의 교육을 제공할 수 있다. 더욱이, 유명한 교수들은 대학에 대한 많은 관심을 끌어들여 학생 수를 증가시킬 것이다. (a high-quality education)

07 새로운 문화에 적응하는 것은 도전적이었음에도 불구하고, 다양성에 관해 배우는 것은 흥미로웠다. (challenging / diversity)

_____

08 회사의 불충분한 예산 때문에 그의 사업은 실패했다. (insufficient budget)

_____

09 요즘 아이들은 친구 사귀는 것에 어려움을 겪고 있다. 그러므로, 학교는 그들에게 어떻게 다른 사람들과 교류하는지 가르쳐야 한다. (make friends / educate / socialize)

_____

10 상어는 화나게 하지 않는 이상, 사람들을 공격하지 않는다. (be provoked)

_____

II
Integrated Task

Introduction, Learning Strategies & FAQ

Integrated Task

Introduction

통합형 과제(Integrated Task)는 주어진 지문을 읽고(read), 해당 지문과 관련된 교수의 강의를 들은(listen) 뒤, 지문과 강의를 바탕으로 20분 동안 요약하여 쓰는(write) 문제이다. 주로 TOEFL 시험을 응시하는 학생들은 대학교나 대학원에서의 영어로 진행되는 강의를 체화하는 능력이 요구되기에, 학술적인 지문을 읽고, 강의를 들은 뒤, 글의 논지를 핵심만 요약할 수 있어야 한다.

◉ 화면 구성

TOEFL CONTINUE

Writing based on Reading and Listening Directions

For this task, you will first have three minutes to read a passage about an academic topic. You may take notes on the passage if you wish. The passage will then be removed and you will listen to a lecture about the same topic. While you listen, you may also take notes.

Then you will have 20 minutes to write a response to a question that asks you about the relationship between the lecture you heard and the reading passage. Try to answer the question as completely as possible using information from the reading passage and the lecture. The question does not ask you to express your personal opinion. You will be able to see the reading passage again when it is time for you to write. You may use your notes to help you answer the question.

Typically, an effective response will be 150 to 225 words long. Your response will be judged on the quality of your writing and on the completeness and accuracy of the content. If you finish your response before time is up, you may click on Next to go on to the second writing task.

Now you will see the reading passage for three minutes. Remember it will be available to you again when it is time for you to write. The lecture will begin, so keep your headset on until the lecture is over.

- 안내: 통합형 과제에 대한 설명이 제시된다.

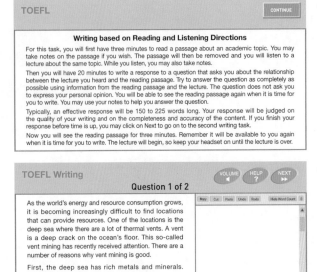

TOEFL Writing VOLUME HELP NEXT

Question 1 of 2

Copy | Cut | Paste | Undo | Redo   Hide Word Count 0

As the world's energy and resource consumption grows, it is becoming increasingly difficult to find locations that can provide resources. One of the locations is the deep sea where there are a lot of thermal vents. A vent is a deep crack on the ocean's floor. This so-called vent mining has recently received attention. There are a number of reasons why vent mining is good.

First, the deep sea has rich metals and minerals. Materials such as gold and iron can be found in enormous supply along these thermal vents. These areas are readily available to humans for harvesting and may even provide larger supplies of metal than land based mines.

- 읽기: 지문이 화면에 나타나고 읽기 시간(Reading Time)이 3분 주어진다.

TOEFL Writing VOLUME HELP NEXT

Question 1 of 2

- 듣기: 지문이 사라지고 약 2~3분 가량의 교수의 강의가 시작된다.
  ❶ 강의는 한 번만 들려준다.

Directions : You have 20 minutes to plan and write your response. Your response will be judged on the basis of the quality of your writing and on how well your response presents the points in the lecture and their relationship to the reading passage. Typically, an effective response will be 150 to 225 words.

Questions : Summarize the points made in the lecture you just heard, explaining how they cast doubt on the points made in the reading.

As the world's energy and resource consumption grows, it is becoming increasingly difficult to find locations that can provide resources. One of the locations is the deep sea where there are a lot of thermal vents. A vent is a deep crack on the ocean's floor. This so-called vent mining has recently received attention. There are a number of reasons why vent

Copy   Cut   Paste   Undo   Redo   Hide Word Count   0

• 쓰기: 앞서 보았던 지문이 화면에 다시 나타나고 음성으로 질문이 제시된다. 지문을 보면서 20분 동안 요약한다.

❗ 강의는 다시 들을 수 없다.

Sample Questions 💬

Summarize the points made in the lecture, being sure to explain how they oppose the specific points made in the reading passage.

읽기 지문의 요점에 대해 강의에서 어떻게 반박하는지 설명하면서 강의에서 제시한 요점을 요약하시오.

• 통합형 과제의 문제 유형은 크게 4가지로 나눌 수 있다.

이유	reasons / explanations / theories / three pieces of evidence / factors
장점	advantages / benefits / a good idea
단점	disadvantages / problems / drawbacks / flaws
해결책	solutions / ways / methods / strategies

문제 유형과 읽기 지문의 큰 주장은 해당 지문의 서론에 서술되어 있으며, 위의 한글로 된 네 가지 유형으로 알아 두자. 서론에 유형이 서술되어 있지 않은 경우, '이유(reasons)' 유형으로 파악한다.

유형 제시 예시

Ex There are many **benefits** of using the Internet. 장점(benefits) 유형

Ex Using the Internet is **beneficial.** 장점(benefits) 유형

Learning Strategies

Step 1 Reading ⟨패러프레이징(Paraphrasing)⟩

읽기 지문의 서론에서 문제 유형, 핵심 단어 및 큰 주장을 찾는다.

본론은 항상 세 문단으로 이루어져 있다. 각 문단의 메인포인트(Main point; 글의 요점)를 파악하며, 주어진 3분 내에 최대한 많은 내용을 이해할 수 있도록 한다.

고득점을 받기 위해선 패러프레이징(Paraphrasing; 다른 말로 바꾸어 표현하기)을 한다.

Step 2 Listening ⟨노트테이킹(Note-taking)⟩

강의를 들으면서 교수가 전달하고자 하는 핵심 내용을 키워드 위주로 노트테이킹한다.

TIP 듣기 강의는 읽기 지문의 내용을 차례로 반박한다는 것을 유념하자.

Step 3 Writing ⟨요약하기⟩

효율적인 시간 관리(통합형 과제의 제한 시간 20분)를 통해 요약문을 완성한다.

본론에는 읽기 지문의 주장과 강의의 반박이 서로 어떻게 일대일 대응되어 이루어졌는지 출처(읽기 지문은 이렇게 주장했고, 강의는 저렇게 반박했다)를 밝히면서 요약한다.

가장 이상적인 요약문 글자 수는 약 200~220자이다.

◉ 1. 통합형 과제의 요약문을 쓸 때 읽기 지문의 핵심 문장들을 그대로 베껴 써도 되나요?

안 됩니다. 읽기 지문이 제시된 채 요약문을 쓰기 때문에, 채점자는 응시자가 핵심 문장을 찾아서 썼는지 아니면 그대로 복사해서 붙여 넣었는지 모릅니다. 통합형 과제 제출 시, 읽기 지문과 똑같은 문장은 감점 요소이니 고득점을 받기 위해선 읽기 지문의 핵심 내용은 패러프레이징(Paraphrasing; 다른 말로 바꾸어 표현하기)을 해 줘야 합니다.

◉ 2. 듣기 지문도 패러프레이징해야 하나요?

아니요. 교수의 강의는 딱 한 번밖에 들을 수 없기에 노트테이킹(Note-taking)이 중요합니다. 노트테이킹을 기반으로 요약문을 작성 시, 듣기 강의의 내용은 자연스럽게 패러프레이징 되므로 문장을 바꾸는 것에 대해 스트레스 받지 않아도 됩니다.

◉ 3. 제가 잘 알고 있는 주제가 나오면 요약문에 제 생각을 포함시켜도 되나요?

절대 안 됩니다. 주어진 지문에 나온 객관적인 사실만 활용해서 요약해야 합니다.

◉ 4. 통합형 과제의 요약문 작성 시, 메인포인트(Main point)를 Reading과 Listening 지문에서 언급한 순서와는 상관없이 배치해도 되나요?

안 됩니다. 통합형 과제는 채점자의 입장에서 읽었을 때, 읽기 지문의 메인포인트를 듣기 강의의 교수가 어떻게 반박했는지 출처를 밝히면서 요약하는 것이 핵심입니다. 출처를 밝히며 요약하는 법은 'Lesson 03 Writing 〈요약하기〉'에서 자세히 다루고 있습니다.

◉ 5. 단어 수의 제약이 있나요?

없습니다. 다만, 통합형 과제는 '요약문'을 쓰는 과제이기 때문에 길게 쓴다고 좋은 점수를 받는 것은 아닙니다. 200~220자 정도로 요약하는 것이 가장 이상적입니다.

01 Reading ⟨패러프레이징(Paraphrasing)⟩

Reading	첫 번째 문단	서론(주장)
	두 번째 문단	본론 1(Main point 1)
	세 번째 문단	본론 2(Main point 2)
	네 번째 문단	본론 3(Main point 3)

<Reading 읽기 지문의 구조>

◎ 1. 서론 정복하기

3분의 읽기 시간(Reading Time)에서 서론을 30초 내로 읽도록 한다.

(1) 서론은 읽기 지문의 첫 번째 문단을 의미한다.

(2) 읽기 지문이 화면에 나타나면, 서론의 맨 마지막 문장을 먼저 읽는다. 주로 서론의 마지막 문장에 읽기 지문의 주장과 문제 유형이 있으며, 읽기 지문에서 거듭 반복되는 단어를 핵심 단어로 포착한다. 핵심 단어는 Reading과 Listening에서 중점적으로 주장과 반박이 이루어지는 주제가 된다.

(3) 3분이라는 짧은 제한 시간이 있기 때문에, 세세한 정보는 skimming(훑어보기)*하고 서론의 중심 내용을 이해하는 데 초점을 맞춘다. 세부 정보는 중요하지 않으니 꼼꼼하게 읽지 않아도 된다.
  *skimming: 문장을 하나하나 따져 읽는 것이 아닌, 필요한 부분을 찾기 위해 처음부터 끝까지 눈으로 죽 훑어보는 기법을 말한다.

Example

다음 읽기 지문의 서론을 읽고 문제 유형과 핵심 단어를 파악한 후, 주장을 적어 보시오.

From coffee beans, we can brew a darkly colored, slightly bitter and acidic drink called [2]coffee핵심 단어. As today's world has become more and more competitive, it is difficult for many these days to imagine a day without drinking [2]coffee. Scientists have long wondered whether drinking [2]coffee is beneficial for humans. However, it is becoming increasingly apparent that [1/2/3]coffee offers several benefits문제 유형/핵심 단어/주장, and for those reasons, people should drink [2]coffee every day.

노트

문제 유형	[1]benefits(장점)
핵심 단어	[2]coffee 커피
주장	[3]Coffee offers several benefits. 커피는 여러 가지 이점을 제공한다.

Writing Tip

⋯ 서론은 순차적으로 읽지 말고, 마지막 문장 위주로 읽는다.
⋯ 맨 마지막 문장 However, it is ~ coffee every day.에서 반복적으로 나오는 단어인 coffee를 핵심 단어이자 전체 주제로 한다.
⋯ 문장의 진짜 주어이자 중심 내용인 coffee offers several benefits, and for those reasons, people should drink coffee every day에서 문제 유형과 주장을 찾는다. 문제 유형을 나타내는 단어인 benefits와 reasons 둘 다 있지만, 커피를 매일 마셔야 하는 이유가 아닌, 커피에 여러 가지 장점이 있기 때문에 사람들이 매일 커피를 마셔야 한다는 내용이기 때문에 유형은 '장점(benefits)' 유형으로 파악한다.

해석 커피콩으로부터, 우리는 커피라고 불리는 어두운 색의 약간 쓰고 신맛이 나는 음료를 만들 수 있다. 오늘날의 세계에서 점점 경쟁이 더욱 치열해짐에 따라, 요즘 많은 사람들은 커피를 마시지 않는 날을 상상하기 어렵다. 과학자들은 커피를 마시는 것이 인간에게 이로운지 오랫동안 궁금해해 왔다. 하지만, 커피가 여러 가지 이점을 제공한다는 것이 점점 분명해지고 있으며, 이러한 이유로 사람들은 매일 커피를 마셔야 한다.

어휘 brew ⓥ (커피를) 끓이다[만들다] | slightly adv 약간 | bitter adj 쓴 | acidic adj 신맛이 나는 | competitive adj 경쟁적인 | imagine ⓥ 상상하다 | wonder ⓥ 궁금해하다 | beneficial adj 이로운, 유익한 | increasingly adv 점점 | apparent adj 분명한 | benefit ⓝ 이점

Check-up 1

>> 다음 각 읽기 지문의 서론을 읽고 문제 유형과 핵심 단어를 파악한 후, 주장을 적어 보시오.

01

There has been a great deal of concern about the rate at which tropical rainforests have been disappearing over the last few decades. However, this ignores the fact that there are many temperate forests that are threatened or were already cut down much longer ago. Many environmentalists believe that replacing temperate forests is just as important as saving the tropical rainforests. These forests can be considered "shelter forests," since they create natural shelter from the wind. They are important for humans and animals alike for many reasons.

노트

문제 유형 _____

핵심 단어 _____

주장 _____

02

The Nazca Lines are a collection of giant images carved into the soil of the Nazca Desert in southern Peru. Many of the lines are simple geometric shapes, but over 70 of them depict animals, people, and plants. They were made by removing the reddish surface soil to reveal a light gray layer beneath it. Created between 500 BCE and 500 CE by the Nazca culture, their actual purpose remains a mystery, but there are many theories.

노트

문제 유형 _____

핵심 단어 _____

주장 _____

◉ 2. 본론 정복하기

본론은 세 문단으로 이루어져 있으며, 각 문단마다 글의 핵심 주장을 뒷받침하는 메인포인트(Main point)가 있다. Reading 다음에 이어지는 Listening의 교수는 보통 읽기 지문의 본론에 있는 세 가지 메인포인트를 차례로 반박하기 때문에, 본론의 더 많은 내용을 읽고 이해할수록 교수의 강의를 더 잘 들을 수 있다.

(1) 연결사에 유의해서 읽자.

    1) 통합형 과제는 결국 각 문단의 주장에 대한 '원인'과 '결과' 찾기이다. 구나 문장 사이에서 원인과 결과를 나타내는 연결사에 유의하며 지문을 읽자.

원인	because / since / as ∼ 때문에 due to / owing to / thanks to ∼ 때문에[덕분에]
결과	as a result / ultimately / consequently / therefore / thus / hence / after all 결국, 그러므로

    2) 역접의 연결사 뒤에 항상 중요한 문장이 나온다.

역접	however / but / yet 하지만 on the other hand / in contrast / while 반면에 although / though / even though ∼임에도 불구하고

(2) Reading에 주어진 3분 동안에 모든 문장을 꼼꼼하게 해석하며 읽지 않아도 된다. 제한 시간 내에 자신이 이해할 수 있는 문장 중심으로 최대한 많이 읽어 두자.

(3) 전체 지문을 읽는 데 어려움을 겪을 때, 지문에서 반복적으로 나온 단어가 무엇인지 파악하도록 하자. 반복적으로 나오는 단어는 글쓴이가 강조하고자 하는 핵심 단어일 확률이 높다. '반복 = 강조'를 염두에 두고 반복 단어가 나온 문장 위주로 읽는다.

(4) 읽기 지문에 대한 노트테이킹을 하느라 시간 낭비하는 것은 금물이다. 각 문단별로 Listening의 노트테이킹에 도움이 될 정도의 핵심 단어 위주로만 간단히 적는다.

다음 읽기 지문의 본론을 읽으면서 메인포인트를 찾아 밑줄 긋고 간단히 노트테이킹을 해 보시오.

Reading의 주장: Coffee offers several benefits. (= There are three benefits of drinking coffee.)

First, (Main point 1) not only is coffee delicious, it also provides [1]an energizing way to wake up. **This is because**원인을 나타내는 연결사 coffee contains [2]caffeine, which may [1]enhance people's energy levels. [2]Caffeine will stimulate people's metabolic rates and levels of dopamine, which is responsible for energy release. **As a result,**결과를 나타내는 연결사 people often consume coffee in order to [1]boost their energy, resulting in higher work efficiency. For example, when a student needs to cram for his or her exam, he or she will drink a considerable amount of coffee to concentrate on the material to be tested.

Second, (Main point 2) coffee has a positive influence on economic growth. For centuries, new customs related to drinking coffee have created new markets for products and services. It might be cheaper to simply drink brewed coffee at home, **but**역접을 나타내는 연결사 throughout history, people have preferred to drink coffee not only to wake up, but also to [3]mingle with others. **Because**원인을 나타내는 연결사 [[4]coffee shops are popular places to [3]socialize,원인] [there are opportunities to start businesses and create jobs for baristas and other [4]coffee shop staff.결과] These opportunities clearly contribute to a healthy economy.

Finally, (Main point 3) drinking coffee helps people to live longer. Some researchers discovered that [consuming coffee can prevent people from having heart disease결과] **because**원인을 나타내는 연결사 [higher levels of coffee consumption may result in lower levels of body fat.원인] **When**인과를 나타내는 연결사 [people lose weight,원인] [they will show increased physical activities.결과] **Besides,** 추가 설명을 나타내는 연결사 people can also reduce their risk of both Alzheimer's and Parkinson's disease by drinking caffeinated coffee. This is why drinking coffee lengthens the lifespans of humans and reduces the risk of death.

노트

Main point 1 +1) wake up

↑ [2]카페인 = [1]energy ↑ = ↑ meta. + ↑ 도파민

Main point 2 +2) ↑ econ.

[4]coffee shops ↑ = [3]socialize + 바리스타

Main point 3 +3) live ↑

X 심장병 = ↓ 체중 = ↑ 활동

장점 1) 각성시킴

카페인 증가 = 에너지 증가 = 신진 대사율 증가 + 도파민 증가

장점 2) 경제 활성화

커피숍 증가 = 사회화 + 바리스타

장점 3) 수명 증가

심장병 없음 = 체중 감소 = 활동 증가

Writing Tip

장점은 '+'로, 단점은 '-'로 간단히 노트테이킹한다.

Main point 1

··· [1]energy↑, [2]카페인: 지문을 이해하지 못하더라도 '반복 = 강조'이기 때문에 꼭 잡아줘야 하는 핵심이다.

··· caffeine과 같은 단어는 한글로 노트테이킹하면 더 빠르게 작성할 수 있다.

Main point 2

··· [3]socialize, [4]coffee shops: 지문을 이해하지 못하더라도 '반복 = 강조'이기 때문에 꼭 잡아줘야 하는 핵심이다.

··· 지문 전반적으로 오늘날의 커피를 마시는 것의 장점을 논하고 있기 때문에 For centuries로 시작하여 과거의 일을 서술하는 문장은 꼼꼼히 해석하지 않고, 역접의 접속사 뒤에 오는 문장을 집중하여 읽어 준다.

Main point 3

··· 알츠하이머병이나 파킨슨병(Alzheimer's and Parkinson's diseases) 같은 세부 사항을 나타내는 단어는 너무 집중해서 읽지 않도록 한다.

해석 첫째, 커피는 맛있을 뿐만 아니라, 잠에서 깰 수 있는 기운을 북돋우는 방법을 제공한다. 이것은 커피가 카페인을 함유하고 있어 사람들의 에너지 수준을 향상시킬 수 있기 때문이다. 카페인은 사람들의 신진 대사율과 에너지 방출을 담당하는 도파민 수치를 자극할 것이다. 그 결과, 사람들은 종종 더 높은 업무 효율을 초래하는 에너지를 증가시키기 위해 커피를 소비한다. 예를 들어, 학생이 시험을 위해 벼락치기를 해야 할 때, 학생은 시험 볼 자료에 집중하기 위해 상당한 양의 커피를 마실 것이다.

둘째, 커피는 경제 성장에 긍정적인 영향을 미친다. 수세기 동안, 커피를 마시는 것과 관련된 새로운 관습은 상품과 서비스의 새로운 시장을 창조해 왔다. 단순히 집에서 내린 커피를 마시는 것이 더 저렴할 수도 있지만, 역사를 통틀어, 사람들은 잠에서 깨기 위해서뿐만 아니라 다른 사람들과 어울리기 위해서도 커피를 마시는 것을 선호해 왔다. 커피숍은 사람들과 어울릴 수 있는 인기 있는 장소이기 때문에, 사업을 시작하여 바리스타들과 다른 커피숍 직원들을 위한 일자리를 창출할 수 있는 기회를 잡을 수 있다. 이러한 기회들은 활기찬 경제에 분명히 기여한다.

마지막으로, 커피를 마시는 것은 사람들이 더 오래 살도록 도와준다. 일부 연구원들은 더 높은 수준의 커피 섭취가 더 낮은 체지방 수치를 초래할 수 있기 때문에 커피 섭취가 사람들이 심장 질환에 걸리는 것을 막을 수 있다는 것을 발견했다. 사람들이 살을 뺄 때, 그들은 증가한 신체 활동을 보여 줄 수 있다. 게다가, 사람들은 카페인이 든 커피를 마시면서 알츠하이머병과 파킨슨병 두 질병 모두에 대한 위험 또한 줄일 수 있다. 이것이 커피를 마시는 것이 인간의 수명을 연장하고 사망 위험을 줄이는 이유이다.

어휘 not only A (but) also B A뿐만 아니라 B도 I energize ⓥ 기운[활기]을 북돋우다 I wake up (잠에서) 깨다 I contain ⓥ 포함하다 I enhance ⓥ 향상시키다 I stimulate ⓥ 자극하다 I metabolic rate 신진 대사율 I dopamine ⓝ 도파민(신경 전달 물질 등의 기능을 하는 체내 유기 화합물) I responsible ⓐⓓⓙ 담당하는, 책임이 있는 I release ⓝ 방출 ⓥ 방출하다 I consume ⓥ 소비하다, 섭취하다 I boost ⓥ 증가시키다, 북돋우다 I result in ~을 초래하다[야기하다] I efficiency ⓝ 효율(성) I cram ⓥ 벼락치기 공부를 하다 I considerable ⓐⓓⓙ 상당한, 많은 I concentrate on ~에 집중하다 I material ⓝ 자료 I have an influence on ~에 영향을 미치다 I positive ⓐⓓⓙ 긍정적인 I economic ⓐⓓⓙ 경제의 I growth ⓝ 성장 I century ⓝ 세기 I custom ⓝ 관습 I related to ~와 관련된 I cheap ⓐⓓⓙ (가격이) 저렴한, 싼 I throughout ⓟⓡⓔⓟ ~를 통틀어, ~ 동안 죽 I prefer ⓥ 선호하다 I mingle ⓥ (사람들과) 어울리다 I socialize ⓥ (사람들과) 어울리다, 사회적으로 활동하다 I opportunity ⓝ 기회 I clearly ⓐⓓⓥ 분명히 I contribute to ~에 기여하다 I healthy ⓐⓓⓙ 건강한 I discover ⓥ 발견하다 I prevent ⓥ 막다, 예방하다 I heart disease 심장병 I body fat 체지방 I physical ⓐⓓⓙ 신체의 I reduce ⓥ 줄이다 I risk ⓝ 위험 I Alzheimer's disease ⓝ 알츠하이머병 I Parkinson's disease ⓝ 파킨슨병 I caffeinated ⓐⓓⓙ 카페인이 함유된 I lengthen ⓥ 연장하다 I lifespan ⓝ 수명

>> 다음 각 읽기 지문의 본론을 읽으면서 메인포인트를 찾아 밑줄 긋고 간단히 노트테이킹을 해 보시오.

01 **Reading의 주장:** Shelter forests are important.
(= There are three reasons why shelter forests are important.)

First, shelter forests are very useful to farmers because they help to prevent desertification. Plains areas are excellent for agriculture, but they are also exposed to almost constant wind. This wind carries away moisture, and periodic windstorms can actually strip away the topsoil that plants need to grow. When forests are planted around farmland, they can block the wind, and the trees' roots also hold down the topsoil. This prevents cool deserts from expanding into agricultural areas and natural habitats.

Second, shelter forests can increase the number of animals and animal species that live in an area. Cutting down forests is a clear threat to the animals that live in them as different habitats support different animals. Grasslands have very different animals than those found in forests, and barren desert or other wastelands support very few animals at all. Therefore, preserving shelter forests protects existing animals, and replanting them can allow other species to be reintroduced to the area.

Third, shelter forests can help with climate change. The main gas that causes climate change is carbon dioxide (CO_2), which causes the greenhouse effect and acidifies the oceans. Humans produce huge amounts of CO_2, but trees remove the gas from the air as they produce their food. This means that all forests help to reduce the amount of CO_2 in the air. Therefore, we should protect existing shelter forests and replant those that have disappeared in both tropical and temperate zones.

노트

Main point 1 _____

_____

Main point 2 _____

_____

Main point 3 _____

_____

02 **Reading의 주장:** the Nazca Lines' actual purpose 혹은 theories why the Nazca Lines were created

(= There are three theories regarding the Nazca Lines' actual purpose.)

One popular theory states that the lines could have been used as a kind of astronomical calendar. They may have been used to mark the different locations where the Sun and other celestial bodies rose and set on important days like the winter solstice. Some of the images line up with stars and constellations. Being able to monitor such patterns allows people to track the seasons accurately, which is important for agriculture.

Another theory holds that the Nazca Lines were intended to impress other people that lived in neighboring regions. These images would take great time, effort, and expertise to create. The level of skill involved is indicated by the fact that each figure is composed of one continuous line that never crosses itself. Like the Egyptian pyramids and the statues on Easter Island, the Nazca Lines may have been created for the viewership of many people as a statement of their creators' greatness.

A third theory suggests that the lines could have been used for some kind of sporting event. Many of the lines show the imprints of human feet in them, which indicates that people walked or ran along them. Since many of the designs are single, very long, continuous lines, they could have been used as tracks for competitive races.

노트

Main point 1 _____

_____

Main point 2 _____

_____

Main point 3 _____

_____

⊙ 3. 패러프레이징(Paraphrasing) 정복하기

패러프레이징(Paraphrasing; 다른 말로 바꾸어 표현하기)은 꼭 문장 전체를 바꾸어 쓰는 것을 의미하지 않으므로 너무 겁먹지 말자. 핵심 단어는 그대로 둔 채, 단어/구/절을 동의어로 혹은 문장 구조를 변환하는 연습을 미리 해두면 실제 시험에서 패러프레이징을 빠르게 적용할 수 있다.

(1) 동의어로 바꿔 쓰기

읽기 지문에서 나온 단어 혹은 자신이 알고 있는 동의어를 활용하여 바꿔 쓴다.

> Ex If you do not **practice** hard, you cannot **win** the prize.
> → If you do not **work** hard, you cannot **get** the prize.
> 열심히 연습하지 않으면, 상을 탈 수 없다.

(2) 문장의 태, 동격을 활용한 구조 바꿔 쓰기

문장의 태(능동태 ↔ 수동태)를 바꾸거나, 동격의 「주어 = 주격 보어」일 때 서로의 위치를 바꾸는 것처럼 문법적 구조를 바꿀 수 있다.

> Ex **The chemical was used** in order to save the environment. 수동태
> 환경을 보존하기 위해 화학 물질이 사용되었다.
> → **People used the chemical** in order to save the environment. 능동태
> 환경을 보존하기 위해 사람들은 화학 물질을 사용했다.

> Ex **A teacher's primary goal** is *teaching students how to show respect for one another*. 주어(명사구) is 주격 보어(동명사구)
> 교사의 주된 목표는 학생들에게 서로에 대한 존경심을 보여주는 법을 가르치는 것이다.
> → *Teaching students how to show respect for one another* is **a teacher's primary goal**. 주어(동명사구) is 주격 보어(명사구)
> 학생들에게 서로에 대한 존경심을 보여주는 법을 가르치는 것이 교사의 주된 목표이다.

(3) 연결사를 활용한 구조 바꿔 쓰기

1) 전치사구, 부사(구/절) 등의 수식어구는 문장에서 맨 앞 혹은 맨 뒤에 위치할 수 있다. 서로 위치를 바꾸는 것만으로도 패러프레이징이 된다.

2) 뒤에 오는 형태만 다를 뿐 비슷한 의미를 가진 전치사와 접속사가 있다. 의미가 바뀌지 않는 한, 전치사구는 접속사절로, 접속사절은 전치사구로 바꿔 표현할 수 있다.

> Ex The sea cow population may have become extinct **because of a change in the ecosystem**.
> → **Because of a change in the ecosystem**, the sea cow population may have become extinct. 전치사구 위치 바꾸기
> → **Since there was a change in the ecosystem**, the sea cow population may have become extinct. 전치사구 → 접속사절로 바꿔 쓰기
> 생태계의 변화(가 있었기) 때문에 바다소의 개체군이 멸종되었는지도 모른다.

Check-up 3

정답 및 해설 | P. 14

>> 다음 각각의 메인포인트를 패러프레이징해 보시오.

01 (1) Main point 1: Shelter forests are very useful to farmers because they help to prevent desertification. (연결사를 활용한 구조 바꿔 쓰기)

_____

_____

(2) Main point 2: Shelter forests can increase the number of animals and animal species that live in an area. (동의어로 바꿔 쓰고 연결사 활용하여 추가 설명 써 주기)

_____

_____

(3) Main point 3: Shelter forests can help with climate change. (동의어로 바꿔 쓰기 *curb: 억제하다)

_____

_____

_____

02 (1) Main point 1: One popular theory states that the lines could have been used as a kind of astronomical calendar. (불필요한 내용 생략하고 강조할 부분만 남겨서 직관적으로 적기)

_____

_____

(2) Main point 2: Another theory holds that the Nazca Lines were intended to impress other people that lived in neighboring regions. (불필요한 내용 생략하고 동의어로 바꿔 쓰기)

_____

_____

(3) Main point 3: A third theory suggests that the lines could have been used for some kind of sporting event. (불필요한 내용 생략하여 강조할 부분만 남겨서 직관적으로 적기)

_____

_____

>> 다음 각 읽기 지문을 3분 동안 읽고, 지문의 주장과 메인포인트를 노트테이킹해 보시오.

Reading Time 3 mins

01

Dentists often use a material called dental amalgam to fill cavities in their patients' teeth. Although they are often called "silver fillings," the alloy that amalgam is made of also contains tin, copper, and most importantly, mercury. Amalgam became the standard material for this purpose because it is easy to use, inexpensive, durable, and strong. However, people have become increasingly concerned about its use because mercury is toxic to humans.

The first major concern about the mercury in fillings is that it can cause many health problems in humans. When people are exposed to large amounts of this metal, it can cause neurological problems such as anxiety, irritability, headaches, fatigue, and memory loss. It can also cause physical symptoms such as nausea, loss of muscle control, chest pain, bleeding in the lungs, and impairment of the immune system. Considering such numerous and serious side effects, placing mercury permanently in people's teeth is clearly a bad idea.

The second concern is pollution due to pieces of the amalgam being washed down the drain in dentists' sinks. The mercury enters the water system, where bacteria convert the elemental mercury into methyl mercury, which is even more dangerous. Elemental mercury does not stay in the body for long, but methyl mercury remains and builds up. Small animals eat the chemical, and as it moves up the food chain, the concentration of methyl mercury increases. When people eat top predators like tuna, we consume huge amounts of this toxic compound.

The third concern is that amalgam only continues to be used because it is cheap. Today there are many alternatives to amalgam, including gold, porcelain, and resin. Gold is a very soft metal, so it can be used to produce amalgam that does not contain mercury, and it is much more visually pleasing. Porcelain and resin are somewhat more complicated to work with, but they have the added benefit of looking like natural tooth material. Since these substitutes look nicer and do not contain mercury, there is no reason to continue using amalgam.

노트	
문제 유형	_____
핵심 단어	_____
주장	_____
Main point 1	_____
	_____
Main point 2	_____
	_____
Main point 3	_____
	_____

Reading Time 3 mins

02

Titan is the second largest moon in the solar system, and Saturn's largest moon. It is the only moon that has a dense atmosphere, and it is the only object other than Earth known to have stable bodies of liquid on its surface. Since the Cassini-Huygens mission began studying this mysterious moon in 2004, scientists have learned much about it. However, Titan still has many unexplained features that scientists hope to learn more about in the future.

Titan's orbital path around Saturn is unusually elliptical for a moon. There are no celestial objects that have truly circular orbits, but some are more oval-shaped, or "eccentric," than others. Moons tend to have very circular orbits because they form out of the same cloud of particles that their planet did. However, Titan's orbit is very elliptical for a moon, giving it an orbit eccentricity that is close to that of Earth. While its eccentricity is low for a planet, it is very high for a moon.

Titan has a large concentration of dunes near its equator that were formed in the opposite direction from its prevailing winds. The dunes are up 100 meters tall, about 1 kilometer wide, and they can be hundreds of kilometers long. Such dunes are known to form on Earth, but they usually form in areas where the wind blows steadily in one direction. However, the surface winds near Titan's equator usually blow westward, while the dunes form toward the east.

Titan also has many depressions in its polar regions whose origins are unknown. It has been suggested that they were created by asteroid impacts or volcanoes, but neither explanation is adequate. Titan has some volcanoes, but they are connected to mountain ranges, and these depressions are not. It also has a few impact craters, but they are much smaller than most of these depressions. So, the origins of most of the depressions remain a mystery.

Lesson 01 Integrated Task

노트

문제 유형	
핵심 단어	
주장	

Main point 1

Main point 2

Main point 3

Lesson
02 Listening ⟨노트테이킹(Note-taking)⟩

문제 듣기

Listening	첫 번째 문단	읽기 지문의 서론(주장) 반박
	두 번째 문단	읽기 지문의 본론 1(Main point 1) 반박
	세 번째 문단	읽기 지문의 본론 2(Main point 2) 반박
	네 번째 문단	읽기 지문의 본론 3(Main point 3) 반박

<Listening 듣기 강의의 구조>

1. 노트테이킹(Note-taking) TIP

(1) 서론 내용은 절대 노트테이킹하지 않는다. 강의의 서론에서는 대부분 읽기 지문을 반박할 것이라고 이야기하기 때문에 서론의 노트테이킹은 불필요하다.

(2) 전환어 위주로 듣는다. 전환어는 First 첫 번째로, Second 두 번째로 / Next 다음으로, Third 세 번째로 / Finally 마지막으로와 같이 내용의 '전환'이 필요한 시점에 쓰인다.

(3) 전체 내용을 다 들어야 한다는 압박감을 버려야 더 잘 들린다. 본론의 각 메인포인트마다 최대 두 가지 중요 내용만 들어주면 된다.

(4) 읽기 지문과 마찬가지로 강의의 교수도 강조하고자 하는 단어는 반복해서 언급하므로, 반복되는 단어를 노트테이킹하도록 하자.

(5) 노트테이킹할 때, 받아쓰기(Dictation)하지 않는다. 받아쓰기(Dictation)와 노트테이킹(Note-taking)은 엄연히 다르다. 받아쓰기처럼 귀에 들리는 단어 위주로 적다 보면 정작 강의에서 강조하고자 하는 핵심 내용을 놓칠 수 있다. 또한 숫자(수치나 연도), 고유명사(지명의 이름, 전문 용어)는 강조되는 내용을 재진술하는 세부 사항이기 때문에 받아쓰지 않도록 한다.

(6) 노트는 자신만 알아볼 수 있으면 된다. 한글과 약자 및 기호를 활용하여 핵심만 적도록 하자.

ppl	people	$	money / fund / budget
+	moreover[in addition/and] / 장점	−	단점
X	not	↔	반대 주장 / however(역접)
ex)	for example	b/c	because(원인)
w/	with	w/o	without
↑	increase / many	↓	decrease / less

◎ 2. 통합형 과제에서 유의해야 할 Signal words

Signal words(신호어)는 강의 중간에 유심히 듣기 시작해야 하는 구간을 알려 준다. 대체로 문장 간의 흐름을 연결하는 연결사가 이 기능을 한다. *P. 51 I Basic Skills의 Lesson 04 연결사 참고

(1) 역접의 Signal words

역접 관계에서의 주절이 강의의 핵심 주장이다. 특히, 역접의 연결사는 Reading과 Listening 모두에서 핵심 내용을 제시하는 중요한 역할을 하는데, 눈으로 읽는 Reading과는 달리 Listening에서는 절의 구분이 쉽지 않기 때문에 유의해서 들어야 한다.

역접	but / however 그러나, 하지만
	while / on the other hand / in contrast / on the contrary 반면에, 반대로, 대조적으로
	even though / although / though / despite / in spite of ~에도 불구하고

Ex Building a university can cause various inconveniences to the living of townspeople. **However**, this plan can give them a variety of opportunities for higher education.
역접의 접속부사 + 화자가 강조하고자 하는 핵심 내용

대학교를 짓는 것은 동네 사람들의 생활에 여러 가지 불편함을 줄 수 있다. 하지만, 이 계획은 그들에게 고등 교육을 위한 다양한 기회를 줄 수 있다.

Ex **Although** the development of technology has produced various convenient
역접의 접속사

appliances in order to reduce the burden of household tasks, it has greatly contributed to the increase in pollution.
주절 = 화자가 강조하고자 하는 핵심 내용

기술의 발달로 가사 부담을 줄이기 위해 다양한 편리한 가전제품이 생산되었지만, 오염 증가에 크게 기여했다.

(2) 추가의 Signal words

추가적인 정보는 '+'로 간단히 노트테이킹해 놓자.

추가	in fact / in deed 사실상
	and / also 그리고
	moreover / furthermore / in addition / besides 게다가, 더욱이

Ex Most parents in Korea are dissatisfied with its educational atmosphere in which students are forced to succeed in fierce competition, **and** as a result some of them decide to send their children to schools in other countries.
'+ 아이들을 해외 학교로 보냄'으로 간단히 노트테이킹

한국의 대부분 부모들은 학생들이 치열한 경쟁에서 성공하도록 강요받는 교육적 분위기에 불만이며, 그 결과 그들 중 일부는 다른 나라의 학교에 아이들을 보내기로 결정한다.

(3) 인과의 Signal words

앞서 설명한 것처럼 통합형 과제에서는 각 문단의 주장에 대한 '원인'과 '결과'를 찾아야 한다. 강의를 들을 때도 원인과 결과를 나타내는 연결사를 유의하며 듣자.

원인	since / because 왜냐하면 This is because ~ 이것은 ~ 때문이다	thanks to ~ 덕분에
결과	so 그래서 This is why ~ 이것이 ~한 이유이다	therefore / thus 그러므로

(4) 놓쳐도 되는 인용과 예시의 Signal words

물론 강의에서 세부 사항도 함께 들으면 더욱 좋겠지만, 놓쳐도 괜찮다. 불필요한 사항을 노트테이킹하느라 더 중요한 핵심을 놓치지 말자.

인용	according to the research 연구에 따르면 The scholars found that ~ 학자들이 ~을 발견했다 The researchers analyzed that ~ 연구원들이 ~을 분석했다 The scientists suggested that ~ 과학자들이 ~을 제안했다
예시	for example[instance] 예를 들어 The example of this is ~ 이것의 예는 ~이다

Example

🎧 P02_EX

다음 주어진 읽기 지문의 노트테이킹을 활용하여 강의를 듣고 노트테이킹을 해 보시오.

서론 In the reading, the writer mentions the advantages of drinking coffee. It is certainly true that many people enjoy drinking coffee. But there has been an enormous amount of research done regarding coffee, and it shows that in the long run, drinking coffee can cause serious problems that we might fail to notice. For this reason, none of the benefits presented in the reading passage are very convincing.

Main point 1 To begin with, there is the issue of caffeine. [Yes, people drink coffee to make them energetic,읽기 지문 인정] **but**역접의 연결사 [caffeine has a serious side effect.듣기 강의의 반박] **As**인과의 연결사 caffeine can be a stimulant, drinking too much coffee can bring about both anxiety and [1]insomnia. In fact, there are many people struggling with [1]sleeplessness **because**인과의 연결사 coffee can [1]interfere with healthy sleep patterns. **As a result,**결과의 연결사 people need to drink more coffee to resolve this problem, which will make the situation even worse.

Main point 2 Next, [the author mentions coffee houses and barista jobs as signs of economic growth.읽기 지문 인정] **While**역접의 연결사 [thousands of coffee shops have recently opened,읽기 지문 인정] [some dominant coffee shops are monopolizing the coffee industry. This situation makes coffee-based drinks more [2]expensive.듣기 강의의 반박] **Thus,**결과의 연결사 many consumers are already feeling the burden of having to pay for [2]overpriced coffee. Owners of small and independent coffee shops are closing their businesses **because**인과의 연결사 there are hundreds of coffee houses suffering from a lack of customers.

Main point 3 Lastly, **although**역접의 연결사 [some studies emphasize that coffee can help with fat loss and weight management읽기 지문 인정], other research has shown that drinking coffee can have the opposite effect. [It is a well-known fact that black coffee is almost calorie-free읽기 지문 인정], **but**역접의 연결사 [people gain weight by consuming coffee듣기 강의의 반박] **because of**인과의 연결사 the tendency to add milk and high-calorie sweeteners such as various kinds of syrups. **On top of that,**추가 정보의 연결사 some people have [3]digestive problems since coffee is [4]acidic. **Because of**인과의 연결사 coffee, people can even experience [4]acid reflux resulting in undesirable [3]digestive effects such as diarrhea.

Reading – Listening 노트

	읽기	듣기
주장	There are three benefits of drinking coffee. 커피를 마시는 것에는 세 가지 이점이 있다.	<u>Listening의 서론은 노트테이킹하지 않는다.</u>
Main point 1	+1) wake up 장점 1) 각성시킴 ↑카페인 = energy ↑ = ↑meta. + ↑도파민 카페인 증가 = 에너지 증가 = 신진 대사율 증가 + 도파민 증가	<u>side effects = anxiety + [1]insomnia</u> 부작용 = 불안 + 불면증
Main point 2	+2) ↑econ. 장점 2) 경제 활성화 coffee shops ↑ = socialize + 바리스타 커피숍 증가 = 사회화 + 바리스타	<u>mono.(polize) → [2]$$</u> 독점 → 가격 비쌈 <u>X customers – close</u> 고객 없음 – 문 닫음
Main point 3	+3) live ↑ 장점 3) 수명 증가 X 심장병 = ↓체중 = ↑활동 심장병 없음 = 체중 감소 = 활동 증가	<u>↑weight 체중 증가</u> <u>+ [3]소화 문제 – [4]acid</u> 소화 문제 – 산성

Writing Tip

서론

Listening의 서론은 노트테이킹하지 않는다.

Main point 1

⋯ 본론의 첫 번째 문단의 첫 문장은 읽기 지문의 첫 번째 메인포인트를 인정하면서 시작한다.

⋯ 역접의 연결사 but 뒤에 읽기 지문의 핵심 주장을 반박하고 이를 뒷받침하는 중요 내용 두 개 정도를 노트테이킹한다.

Main point 2

⋯ 본론의 두 번째 문단은 읽기 지문의 두 번째 메인포인트와 상반된다.

⋯ 철자가 길 경우, 앞 철자만 따서 축약해서 적는다.

Main point 3

⋯ 본론의 세 번째 문단은 읽기 지문의 세 번째 메인포인트와 상반된다.

⋯ 반복되는 단어(digestive, acid)는 강조되는 말이기에 반드시 노트테이킹하도록 하자.

읽기 지문에서 글쓴이는 커피를 마시는 것의 이점을 언급합니다. 물론, 많은 사람들이 커피를 즐겨 마시는 것은 사실입니다. 그러나 커피에 관한 엄청난 양의 연구가 행해져 왔고, 장기적으로 보면 커피를 마시는 것은 우리가 알아차리지 못할 수도 있는 심각한 문제를 일으킬 수 있다는 것을 보여 줍니다. 이러한 이유로, 읽기 지문에 제시된 어떤 이점도 그다지 설득력이 없습니다.

우선, 카페인의 문제가 있습니다. 네, 사람들은 자신들을 활기차게 만들기 위해 커피를 마시지만, 카페인은 심각한 부작용이 있습니다. 카페인이 자극제가 될 수 있기 때문에, 커피를 너무 많이 마시는 것은 불안과 불면증 모두를 가져올 수 있습니다. 사실, 커피가 건강한 수면 패턴을 방해할 수 있기 때문에 불면에 시달리는 사람들이 많습니다. 결과적으로, 사람들은 이 문제를 해결하기 위해 더 많은 커피를 마실 필요가 있는데, 이것은 심지어 상황을 더 악화시킬 것입니다.

다음으로, 글쓴이는 경제 성장의 징후로 커피숍과 바리스타 직업을 언급합니다. 최근 수천 개의 커피숍이 문을 연 반면, 일부 우세한 커피숍들은 커피 산업을 독점하고 있습니다. 이런 상황은 커피 음료를 더 비싸게 만듭니다. 그래서, 많은 소비자들은 이미 너무 비싼 커피 값을 지불하는 것에 대한 부담을 느끼고 있지요. 소규모 독립형 커피숍 주인들이 폐업을 하는 것은 수백 개의 커피숍이 고객 부족으로 어려움을 겪고 있기 때문이기도 합니다.

마지막으로, 비록 일부 연구들이 커피가 지방 감소와 체중 관리에 도움을 줄 수 있다고 강조하지만, 다른 연구는 커피를 마시는 것이 반대의 효과를 낸다는 것을 보여 주었습니다. 이는 블랙커피가 거의 칼로리가 없는 편이지만 우유와 각종 시럽 등 고열량 감미료를 첨가하는 경향 때문에 커피를 섭취하면 살이 찐다는 것은 잘 알려진 사실이죠. 게다가, 어떤 사람들은 커피가 산성이기 때문에 소화 장애를 가지고 있습니다. 커피 때문에 사람들은 설사와 같은 바람직하지 않은 소화 효과를 초래하는 산 역류까지 경험할 수 있습니다.

어휘   advantage **n** 이점, 장점 | enormous **adj** 엄청난, 거대한 | regarding **prep** ~에 관해 | in the long run 장기적으로 보면, 결국에는 | cause **v** 일으키다, 유발하다 | serious **adj** 심각한 | fail to do ~하지 못하다 | notice **v** 알아차리다 | present **v** 제시하다 | convincing **adj** 설득력이 있는 | energetic **adj** 활기찬 | side effect **n** 부작용 | stimulant **n** 자극제, 흥분제 | bring about ~을 유발[초래]하다 | anxiety **n** 불안 | insomnia **n** 불면증 | struggle with ~에 시달리다 | sleeplessness **n** 불면 | interfere with ~을 방해하다 | resolve **v** 해결하다 | sign **n** 징후, 표시 | economic **adj** 경제의 | growth **n** 성장 | dominant **adj** 우세한, 지배적인 | monopolize **v** 독점하다 | expensive **adj** 비싼 | consumer **n** 소비자 | burden **n** 부담 | pay for ~에 대한 값을 지불하다 | overpriced **adj** 너무 비싼 | owner **n** 주인, 소유주 | independent **adj** 독립적인 | suffer from ~에 어려움을 겪다, 고통받다 | lack **n** 부족 | emphasize **v** 강조하다 | loss **n** 감소, 손실 | management **n** 관리 | opposite **adj** 반대의 | well-known **adj** 잘 알려진 | gain **v** 얻다 | consume **v** 먹다, 마시다 | tendency **n** 경향 | add **v** 추가하다 | sweetener **n** 감미료 | digestive **adj** 소화의 | acid **n** 산 | reflux **n** 역류 | result in ~을 초래하다 | undesirable **adj** 바람직하지 않은, 달갑지 않은 | diarrhea **n** 설사

Check-up

정답 및 해설 | P. 18

>> 다음 주어진 읽기 지문의 노트테이킹을 활용하여 강의의 본론 1~3을 각각 듣고 노트테이킹을 해 보시오.

01

Reading – Listening 노트			🎧 P02_C01-1
	읽기		듣기
주장	Shelter forests are important.		
Main point 1	farm.(ers) → X desert.(ification)		

Lesson 02 / Integrated Task

• 음원을 다시 들으며 빈칸을 채우시오.

At first glance, planting forests seems like the obvious way to solve many of the environmental problems affecting the Earth. However, it actually has many potential drawbacks that the writer has completely ignored. Overall, planting shelter forests is not a good idea because it will do more harm than good.

First, the writer stated that planting shelter forests is good for agriculture because they help to prevent desertification. _____ it is true that forests provide shelter from the wind that drives the expansion of cold deserts, _____ _____. In areas where desertification is a threat, there typically is not much water, and farmers must rely upon irrigation. _____.

Reading – Listening 노트		🎧 P02_C01-2
	읽기	듣기
Main point 2	↑ # ani.(mals)	

• 음원을 다시 들으며 빈칸을 채우시오.

_____, the writer states that shelter forests will support more animal species and increase the number of animals in the area. _____, this rarely happens because these forests are _____. Such _____, and _____ like insects that feed on the trees. _____, shelter forests are more likely to do the opposite.

Reading – Listening 노트		🎧 P02_C01-3
	읽기	듣기
Main point 3	climate change (혹은 help climate change)	

• 음원을 다시 들으며 빈칸을 채우시오.

Third, the writer explains that shelter forests can help to reduce global warming because they absorb vast amounts of carbon dioxide. Trees certainly do consume large quantities of carbon dioxide,

_____. This means that shelter forests actually _____ than they do to reduce it, so planting them does not actually help.

Reading – Listening 노트

	읽기	듣기
주장	the Nazca Lines' actual purpose (혹은 theories why the Nazca Lines were created)	
Main point 1	astro. calendar	

● 음원을 다시 들으며 빈칸을 채우시오.

The creation of the Nazca Lines is a mystery that continues to interest amateur and professional archaeologists. Although scientists have conclusively proven how they were created, the reason that they were made is still uncertain. The author of the reading mentioned three possible explanations for why they were made, but they are not very convincing.

First, the author discusses the idea that the Nazca Lines were meant to be used as an astronomical calendar. Some researchers have pointed out that some shapes and lines correspond to stars and constellations,

⎯⎯⎯⎯⎯⎯⎯⎯ . There are hundreds of ⎯⎯⎯⎯⎯⎯⎯⎯ in the area, and there are thousands of ⎯⎯⎯⎯⎯⎯⎯⎯ , ⎯⎯⎯⎯⎯⎯⎯⎯ each other.

Reading – Listening 노트		
	읽기	듣기
Main point 2	impress 이웃 지역	_____ _____

• 음원을 다시 들으며 빈칸을 채우시오.

Second, the author explains that the Nazca Lines may have been created as symbols of the culture's status to impress their neighbors. He mentioned the pyramids as an example of this practice,

_____. The Nazca shapes are huge,

_____ unless you are very high up above them. They would only be

_____.

Reading – Listening 노트		
	읽기	듣기
Main point 3	sporting event	_____ _____

• 음원을 다시 들으며 빈칸을 채우시오.

Third, the author suggests that the Nazca Lines may have been used as ancient racetracks since footprints were found in them. This seems very _____ since the _____ for foot races _____ to safely run along them. _____, they may have actually been _____. People may have walked along the Nazca Lines as a form of ritual or prayer, as other cultures have done with mazes.

Practice

정답 및 해설 | P. 22

▶▶ 다음 주어진 읽기 지문의 노트테이킹을 활용하여 강의를 듣고 노트테이킹을 해 보시오.

01 **Reading – Listening 노트** 🎧 P02_P01

	읽기	듣기
주장	There are three reasons why people have become concerned about using amalgam.	
Main point 1	cause health prob.(lems)	
Main point 2	pollution → water system	
Main point 3	alternatives → G(old), P(orcelain), R(esin)	

02 **Reading – Listening 노트** 🎧 P02_P02

	읽기	듣기
주장	There are three theories regarding Titan's unexplained features.	
Main point 1	이상한 orbits → oval	
Main point 2	dunes → ↔ direc. from wind	
Main point 3	origins of depressions	

03 Writing 〈요약하기〉

문제 듣기

앞서 Lesson 01~02에서 작성한 읽기 지문과 듣기 강의의 노트테이킹을 바탕으로 20분 동안 약 200~220자 정도로 요약한다.

통합형 과제의 요약문을 작성할 때는 다음과 같은 구조로 쓴다.

Reading	Listening	Writing
서론(주장) ◄────►	서론(주장) 반박 ────►	서론 + 서론 반박
본론 1(Main point 1) ◄────►	본론 1(Main point 1) 반박 ────►	본론 1 + 본론 1 반박
본론 2(Main point 2) ◄────►	본론 2(Main point 2) 반박 ────►	본론 2 + 본론 2 반박
본론 3(Main point 3) ◄────►	본론 3(Main point 3) 반박 ────►	본론 3 + 본론 3 반박

◎ 1. 서론 template 만들기

(1) template이란? '형판(일정한 모양을 뜨기 위해 갖춰진 모형 틀), 본보기'라는 뜻이며, 통합형 과제에서는 이 '글의 틀'을 미리 만들어 놓고 요약문을 쓸 때 사용한다.

(2) 서론을 빠른 시간 안에 작성할 수 있기 위해선 나만의 **template**가 필요하다.

> **TIP** 매번 서론 문장을 작문하는 것은 시간 낭비이다. 효율적인 시간 관리를 위해 template를 암기해 놓고 문제를 풀 때마다 바로 적용하는 것이 핵심이다.

(3) 서론 sample template

서론	Both the reading and the listening discuss 〈핵심 단어(구)〉. The reading argues that 〈읽기 지문의 주장(절)〉. On the other hand, the lecturer disagrees with the reading's arguments.
	읽기 지문과 듣기 강의 둘 다 〈**핵심 단어**〉에 대해 논한다. 읽기 지문은 〈**읽기 지문의 주장**〉이라고 주장한다. 반면, 강연자는 읽기 지문의 주장에 동의하지 않는다.

- 읽기 지문과 듣기 강의는 '핵심 단어'에 대해 논한다. 읽기 지문의 주장을 적고, 이에 대해 듣기 강의의 교수가 반박한다는 사실을 서론에 적어주면 된다.

  > **TIP** 읽기 지문의 주장은 주로 서론의 맨 마지막 문장에서 찾는다.

- 요약문의 서론은 듣기 강의의 서론을 듣지 못해도 읽기 지문의 서론만으로 작성할 수 있다.

- 바꿔 쓸 수 있는 단어
  - discuss: talk about
  - argues: asserts, contends
  - lecturer: professor, speaker

Example

다음 읽기 지문의 서론을 읽고, template를 활용해 요약문의 서론을 작성해 보시오.

From coffee beans, we can brew a darkly colored, slightly bitter and acidic drink called coffee. As today's world has become more and more competitive, it is difficult for many these days to imagine a day without drinking coffee. Scientists have long wondered whether drinking coffee is beneficial for humans. However, it is becoming increasingly apparent that [1]coffee offers several [2]benefits, and for those reasons, people should drink [1]coffee every day.

요약문

서론 Both the reading and the listening discuss [1]coffee핵심 단어. The reading argues that there are three [2]benefits of drinking [1]coffee읽기 지문의 주장. On the other hand, the lecturer disagrees with the reading's arguments.

Writing Tip

서론 template 안의 '읽기 지문의 주장'을 쓸 때, 지문의 메인포인트는 항상 세 가지이므로, "There are three <문제 유형>. 세 가지의 〈문제 유형〉이 있다."로 적은 뒤 주장을 간단히 덧붙여 주면 주장 부분을 쉽게 채워 넣을 수 있다.

해설 읽기 지문과 듣기 강의 둘 다 커피에 대해 논한다. 읽기 지문은 커피를 마시는 것에는 세 가지 이점이 있다고 주장한다. 반면, 강연자는 읽기 지문의 주장에 동의하지 않는다.

Check-up 1

정답 및 해설 ⏐ P. 25

>> 다음 각 읽기 지문의 서론을 읽고, template를 활용해 요약문의 서론을 작성해 보시오.

01

There has been a great deal of concern about the rate at which tropical rainforests have been disappearing over the last few decades. However, this ignores the fact that there are many temperate forests that are threatened or were already cut down much longer ago. Many environmentalists believe that replacing temperate forests is just as important as saving the tropical rainforests. These forests can be considered "shelter forests," since they create natural shelter from the wind. They are important for humans and animals alike for many reasons.

요약문

서론 _____

_____

_____

_____

02

The Nazca Lines are a collection of giant images carved into the soil of the Nazca Desert in southern Peru. Many of the lines are simple geometric shapes, but over 70 of them depict animals, people, and plants. They were made by removing the reddish surface soil to reveal a light gray layer beneath it. Created between 500 BCE and 500 CE by the Nazca culture, their actual purpose remains a mystery, but there are many theories.

요약문

서론 _____

_____

_____

_____

● 2. 본론 template 만들기

(1) 본론의 각 문단은 First 첫 번째로, Second 두 번째로, Third 세 번째로와 같이 전환어로 시작한다.

(2) Reading과 Listening의 출처를 명확하게 적어야 한다.

(3) 출처를 적을 때, 읽기 지문과 듣기 강의 중에서 어느 것을 먼저 써도 상관은 없지만, 시험 진행 방식처럼 'Reading → Listening' 순으로 쓰는 것이 가장 쉬운 방법이다.

(4) Reading 출처를 나타낼 수 있는 template 만들기

주어(읽기 지문은/글쓴이는)	동사(주장하다/말하다/언급하다/제시하다)	
The reading The passage The author The writer	argues that asserts that contends that	주장하다
	states that says that mentions that provides that goes on to say that	말하다/언급하다/제시하다

(5) Listening 출처를 나타낼 수 있는 template 만들기

주어(듣기 강의는/교수는)	동사(반박하다)	이렇게 말함으로써
The listening The professor The lecturer The speaker	debunks contradicts casts doubt on rebuts refutes argues otherwise	that the argument by saying/stating/stressing that this idea by arguing that the statement, arguing that

(6) 나만의 본론 template를 만들어 보자.

(7) 통합형 과제 sample template

나만의 template를 만드는 것이 어렵다면 아래의 template를 꼭 암기하자!

서론	Both the reading and the listening discuss 〈핵심 단어(구)〉. The reading argues that 〈읽기 지문의 주장(절)〉. On the other hand, the lecturer disagrees with the reading's arguments. 읽기 지문과 듣기 강의 둘 다 〈**핵심 단어**〉에 대해 논한다. 읽기 지문은 〈**읽기 지문의 주장**〉과 같이 주장한다. 반면, 강연자는 읽기 지문의 주장에 동의하지 않는다.
본론 1	First, the passage says that 〈읽기 지문의 첫 번째 Main point(절)〉. However, the professor contradicts the argument by stating that 〈듣기 강의의 첫 번째 Main point 반박(절)〉. 첫 번째로는, 지문은 〈**읽기 지문의 첫 번째 Main point**〉를 말한다. 그러나, 교수는 〈**듣기 강의의 첫 번째 Main point 반박**〉이라고 말함으로써 그 주장을 반박한다.
본론 2	Second, the writer mentions that 〈읽기 지문의 두 번째 Main point(절)〉. In contrast, the speaker refutes this idea by arguing that 〈듣기 강의의 두 번째 Main point 반박(절)〉. 두 번째로는, 글쓴이는 〈**읽기 지문의 두 번째 Main point**〉를 언급한다. 이와는 대조적으로, 강연자는 〈**듣기 강의의 두 번째 Main point 반박**〉이라고 주장함으로써 이 생각을 반박한다.
본론 3	Third, the author goes on to say that 〈읽기 지문의 세 번째 Main point(절)〉. On the other hand, the listening makes the last opposing point to this claim. The professor contends that 〈듣기 강의의 세 번째 Main point 반박(절)〉. 세 번째로는, 글쓴이는 계속해서 〈**읽기 지문의 세 번째 Main point**〉를 말한다. 반면에, 듣기 강의는 이 주장에 대한 마지막 반대 주장을 한다. 교수는 〈**듣기 강의의 세 번째 Main point 반박**〉이라고 주장한다.

다음 읽기 지문을 3분 동안 읽고 듣기 강의를 들으며 노트테이킹을 다시 해 본 후, 지문을 보며 요약문의 본론을 작성해 보시오.

Reading

From coffee beans, we can brew a darkly colored, slightly bitter and acidic drink called coffee. As today's world has become more and more competitive, it is difficult for many these days to imagine a day without drinking coffee. Scientists have long wondered whether drinking coffee is beneficial for humans. However, it is becoming increasingly apparent that coffee offers several benefits, and for those reasons, people should drink coffee every day.

First, [1]not only is coffee delicious, it also provides an energizing way to wake up. [1]This is because coffee contains caffeine, which may enhance people's energy levels. Caffeine will stimulate people's metabolic rates and levels of dopamine, which is responsible for energy release. As a result, [1]people often consume coffee in order to boost their energy, resulting in higher work efficiency. For example, when a student needs to cram for his or her exam, he or she will drink a considerable amount of coffee to concentrate on the material to be tested.

Second, [2]coffee has a positive influence on economic growth. For centuries, new customs related to drinking coffee have created new markets for products and services. It might be cheaper to simply drink brewed coffee at home, but throughout history, people have preferred to drink coffee not only to wake up, but also to mingle with others. Because [2]coffee shops are popular places to socialize, there are [2]opportunities to start businesses and create jobs for baristas and other coffee shop staff. These opportunities clearly contribute to a healthy economy.

Finally, [3]drinking coffee helps people to live longer. Some researchers discovered that consuming coffee can prevent people from having heart disease because higher levels of coffee consumption may result in lower levels of body fat. When people [3]lose weight, they will show [3]increased physical activities. Besides, people can also reduce their risk of both Alzheimer's and Parkinson's disease by drinking caffeinated coffee. This is why drinking coffee lengthens the lifespans of humans and reduces the risk of death.

Listening

In the reading, the writer mentions the advantages of drinking coffee. It is certainly true that many people enjoy drinking coffee. But there has been an enormous amount of research done regarding coffee, and it shows that in the long run, drinking coffee can cause serious problems that we might fail to notice. For this reason, none of the benefits presented in the reading passage are very convincing.

To begin with, there is the issue of caffeine. Yes, people drink coffee to make them energetic, but [1'] caffeine has a serious side effect. As caffeine can be a stimulant, drinking too much coffee can bring about both [1'] anxiety and insomnia. In fact, there are many people struggling with sleeplessness because coffee can interfere with healthy sleep patterns. As a result, people need to drink more coffee to resolve this problem, which will make the situation even worse.

Next, the author mentions coffee houses and barista jobs as signs of economic growth. While thousands of coffee shops have recently opened, [2'] some dominant coffee shops are monopolizing the coffee industry. This situation makes coffee-based drinks more expensive. Thus, many consumers are already feeling the burden of having to pay for overpriced coffee. Owners of small and independent [2'] coffee shops are closing their businesses because there are hundreds of [2'] coffee houses suffering from a lack of customers.

Lastly, although some studies emphasize that coffee can help with fat loss and weight management, other research has shown that drinking coffee can have the opposite effect. It is a well-known fact that black coffee is almost calorie-free, but [3'] people gain weight by consuming coffee because of the tendency to add milk and high-calorie sweeteners such as various kinds of syrups. On top of that, some people have [3'] digestive problems since coffee is acidic. Because of coffee, people can even experience acid reflux resulting in undesirable digestive effects such as diarrhea.

Reading – Listening 노트

	읽기	듣기
주장	There are three benefits of drinking coffee. 커피를 마시는 것에는 세 가지 이점이 있다.	Listening의 서론은 노트테이킹하지 않는다.
Main point 1	+1) wake up 장점 1) 각성시킴 ↑ 카페인 = energy ↑ = ↑ meta. + ↑ 도파민 카페인 증가 = 에너지 증가 = 신진 대사율 증가 + 도파민 증가	side effects = anxiety + insomnia 부작용 = 불안 + 불면증
Main point 2	+2) ↑ econ. 장점 2) 경제 활성화 coffee shops ↑ = socialize + 바리스타 커피숍 증가 = 사회화 + 바리스타	mono.(polize) → $$ 독점 → 가격 비쌈 X customers – close 고객 없음 – 문 닫음
Main point 3	+3) live ↑ 장점 3) 수명 증가 X 심장병 = ↓ 체중 = ↑ 활동 심장병 없음 = 체중 감소 = 활동 증가	↑ weight 체중 증가 + 소화 문제 – acid 소화 문제 – 산성

요약문	
서론	Both the reading and the listening discuss coffee. The reading argues that there are three benefits of drinking coffee. On the other hand, the lecturer disagrees with the reading's arguments.
본론 1	First, the passage says that ¹people usually drink coffee to enhance energy because coffee has caffeine. However, the professor contradicts the argument by stating that ¹′there are many side effects of caffeine such as anxiety or insomnia, so people will feel more tired.
본론 2	Second, the writer mentions that ²coffee positively affects the health of economy since there are more businesses and jobs thanks to coffee. In contrast, the speaker refutes this idea by arguing that ²′since some coffee shops monopolize the business, small coffee houses close because there are no customers, so coffee has a negative effect on the economy.
본론 3	Third, the author goes on to say that ³people can live longer by drinking coffee because coffee helps people to lose weight. On the other hand, the listening makes the last opposing point to this claim. The professor contends that ³′as people drink sweetened coffee, they risk gaining more weight. Also, because of the acidity of coffee, people can have digestive problems.

Writing Tip

···→ 요약문의 본론 중 읽기 지문의 메인포인트에 대해 서술할 때 하는 패러프레이징은 내가 해당 문장을 이해했다는 것을 보여주기 위함이다. 그러므로, 주어진 문맥에 맞지 않는 단어나 잘못된 단어를 사용하여 문장의 의미를 변질시키는 실수를 하지 않도록 유의한다.

···→ 듣기 지문은 들은 그대로 문장을 옮겨 써도 된다. 다만, 청해 실력이 부족한 경우에는, 교수가 반복적으로 언급하는 단어/문장을 핵심으로 잡아, 요약문을 작성하면 된다.

해석 읽기 지문과 듣기 강의 둘 다 커피에 대해 논한다. 읽기 지문은 커피를 마시는 것에는 세 가지 이점이 있다고 주장한다. 반면, 강연자는 읽기 지문의 주장에 동의하지 않는다.

첫 번째로는, 지문은 커피에는 카페인이 있기 때문에 사람들은 보통 에너지를 증가시키기 위해 커피를 마신다고 말한다. 그러나, 교수는 불안이나 불면증과 같은 카페인의 많은 부작용이 있어서 사람들이 더 피곤함을 느낄 것이라고 말함으로써 그 주장을 반박한다.

두 번째로는, 글쓴이는 커피 덕분에 더 많은 사업과 일자리가 생겨서 커피가 건강한 경제에 긍정적으로 영향을 미친다고 언급한다. 이와는 대조적으로, 강연자는 일부 커피숍이 그 사업을 독점하다 보니 손님이 없어 소규모 커피숍이 문을 닫게 돼 커피가 경제에 부정적인 영향을 미친다고 주장함으로써 이 생각을 반박한다.

세 번째로는, 글쓴이는 계속해서 커피가 살을 빼는 데 도움을 주기 때문에 커피를 마심으로써 사람들이 더 오래 살 수 있다고 말한다. 반면에, 듣기 강의는 이 주장에 대한 마지막 반대 주장을 한다. 교수는 사람들이 단 커피를 마실수록 더 살이 찌는 위험을 무릅쓰고 있다고 주장한다. 또한, 커피의 신맛 때문에, 사람들은 소화 장애를 가질 수 있다.

어휘 enhance ⓥ 증가시키다 | tired adj 피곤한 | positively adv 긍정적으로 | thanks to ~ 덕분에 | negative adj 부정적인 | lose weight 살을 빼다 | sweeten ⓥ 달게 하다 | risk ⓥ ~의 위험을 무릅쓰다 | acidity ⓝ 신맛

>> 다음 각 읽기 지문을 3분 동안 읽고 듣기 강의를 들으며 노트테이킹을 다시 해 본 후, 지문을 보며 요약문의 본론을 작성해 보시오.

01   There has been a great deal of concern about the rate at which tropical rainforests have been disappearing over the last few decades. However, this ignores the fact that there are many temperate forests that are threatened or were already cut down much longer ago. Many environmentalists believe that replacing temperate forests is just as important as saving the tropical rainforests. These forests can be considered "shelter forests," since they create natural shelter from the wind. They are important for humans and animals alike for many reasons.

First, shelter forests are very useful to farmers because they help to prevent desertification. Plains areas are excellent for agriculture, but they are also exposed to almost constant wind. This wind carries away moisture, and periodic windstorms can actually strip away the topsoil that plants need to grow. When forests are planted around farmland, they can block the wind, and the trees' roots also hold down the topsoil. This prevents cool deserts from expanding into agricultural areas and natural habitats.

Second, shelter forests can increase the number of animals and animal species that live in an area. Cutting down forests is a clear threat to the animals that live in them as different habitats support different animals. Grasslands have very different animals than those found in forests, and barren desert or other wastelands support very few animals at all. Therefore, preserving shelter forests protects existing animals, and replanting them can allow other species to be reintroduced to the area.

Third, shelter forests can help with climate change. The main gas that causes climate change is carbon dioxide (CO_2), which causes the greenhouse effect and acidifies the oceans. Humans produce huge amounts of CO_2, but trees remove the gas from the air as they produce their food. This means that all forests help to reduce the amount of CO_2 in the air. Therefore, we should protect existing shelter forests and replant those that have disappeared in both tropical and temperate zones.

Listen to the lecture. 🎧 P02_C01

Reading – Listening 노트

	읽기	듣기
주장	Shelter forests are important.	Listening의 서론은 노트테이킹하지 않는다.
Main point 1	_____ _____	f(orest) consume ↑ 물 f(orest) → bad(-) for 농업
Main point 2	↑ # ani.(mals)	_____ _____
Main point 3	climate change (혹은 help climate change)	_____ _____

요약문

서론	Both the reading and the listening discuss shelter forests. The reading argues that there are three reasons why they are important. On the other hand, the lecturer disagrees with the reading's arguments.
본론 1	First, the passage says that _____ _____ _____. However, the professor contradicts the argument by stating that _____ _____ _____.
본론 2	Second, the writer mentions that _____ _____ _____. In contrast, the speaker refutes this idea by arguing that _____ _____ _____.
본론 3	Third, the author goes on to say that _____ _____ _____. On the other hand, the listening makes the last opposing point to this claim. The professor contends that _____ _____ _____.

The Nazca Lines are a collection of giant images carved into the soil of the Nazca Desert in southern Peru. Many of the lines are simple geometric shapes, but over 70 of them depict animals, people, and plants. They were made by removing the reddish surface soil to reveal a light gray layer beneath it. Created between 500 BCE and 500 CE by the Nazca culture, their actual purpose remains a mystery, but there are many theories.

One popular theory states that the lines could have been used as a kind of astronomical calendar. They may have been used to mark the different locations where the Sun and other celestial bodies rose and set on important days like the winter solstice. Some of the images line up with stars and constellations. Being able to monitor such patterns allows people to track the seasons accurately, which is important for agriculture.

Another theory holds that the Nazca Lines were intended to impress other people that lived in neighboring regions. These images would take great time, effort, and expertise to create. The level of skill involved is indicated by the fact that each figure is composed of one continuous line that never crosses itself. Like the Egyptian pyramids and the statues on Easter Island, the Nazca Lines may have been created for the viewership of many people as a statement of their creators' greatness.

A third theory suggests that the lines could have been used for some kind of sporting event. Many of the lines show the imprints of human feet in them, which indicates that people walked or ran along them. Since many of the designs are single, very long, continuous lines, they could have been used as tracks for competitive races.

Listen to the lecture. 🎧 P02_C02

Reading – Listening 노트

	읽기	듣기
주장	the Nazca Lines' actual purpose (혹은 theories why the Nazca Lines were created)	Listening의 서론은 노트테이킹하지 않는다.
Main point 1	astro. calendar	_____ _____
Main point 2	_____ _____	P(yramids) = 큼 N(azca) = X see → high – see
Main point 3	sporting event	_____ _____

요약문

서론	Both the reading and the listening discuss the Nazca Lines. The reading argues that there are three theories regarding their actual purpose. On the other hand, the lecturer disagrees with the reading's arguments.
본론 1	First, the passage says that _____ _____ _____ . However, the professor contradicts the argument by stating that _____ _____ _____ .
본론 2	Second, the writer mentions that _____ _____ _____ . In contrast, the speaker refutes this idea by arguing that _____ _____ _____ .
본론 3	Third, the author goes on to say that _____ _____ _____ . On the other hand, the listening makes the last opposing point to this claim. The professor contends that _____ _____ _____ .

>> 다음 각 읽기 지문을 3분 동안 읽고 듣기 강의를 들으며 노트테이킹을 다시 해 본 후, 지문을 보며 요약문 전체를 작성해 보시오.

01

Dentists often use a material called dental amalgam to fill cavities in their patients' teeth. Although they are often called "silver fillings," the alloy that amalgam is made of also contains tin, copper, and most importantly, mercury. Amalgam became the standard material for this purpose because it is easy to use, inexpensive, durable, and strong. However, people have become increasingly concerned about its use because mercury is toxic to humans.

The first major concern about the mercury in fillings is that it can cause many health problems in humans. When people are exposed to large amounts of this metal, it can cause neurological problems such as anxiety, irritability, headaches, fatigue, and memory loss. It can also cause physical symptoms such as nausea, loss of muscle control, chest pain, bleeding in the lungs, and impairment of the immune system. Considering such numerous and serious side effects, placing mercury permanently in people's teeth is clearly a bad idea.

The second concern is pollution due to pieces of the amalgam being washed down the drain in dentists' sinks. The mercury enters the water system, where bacteria convert the elemental mercury into methyl mercury, which is even more dangerous. Elemental mercury does not stay in the body for long, but methyl mercury remains and builds up. Small animals eat the chemical, and as it moves up the food chain, the concentration of methyl mercury increases. When people eat top predators like tuna, we consume huge amounts of this toxic compound.

The third concern is that amalgam only continues to be used because it is cheap. Today there are many alternatives to amalgam, including gold, porcelain, and resin. Gold is a very soft metal, so it can be used to produce amalgam that does not contain mercury, and it is much more visually pleasing. Porcelain and resin are somewhat more complicated to work with, but they have the added benefit of looking like natural tooth material. Since these substitutes look nicer and do not contain mercury, there is no reason to continue using amalgam.

Listen to the lecture. 🎧 P02_P01

Reading – Listening 노트

	읽기	듣기
주장	_____ _____	Listening의 서론은 노트테이킹하지 않는다.
Main point 1	cause health prob.(lems)	_____ _____
Main point 2	pollution → water system	_____ _____
Main point 3	alternatives → G(old), P(orcelain), R(esin)	_____ _____

요약문

서론

Both the reading and the listening discuss _____.
The reading argues that _____
_____.
On the other hand, _____
_____.

본론 1

First, _____
_____
_____
_____
_____.

본론 2

Second, _____
_____
_____
_____
_____.

본론 3

Third, _____
_____
_____
_____
_____.

02

Titan is the second largest moon in the solar system, and Saturn's largest moon. It is the only moon that has a dense atmosphere, and it is the only object other than Earth known to have stable bodies of liquid on its surface. Since the Cassini-Huygens mission began studying this mysterious moon in 2004, scientists have learned much about it. However, Titan still has many unexplained features that scientists hope to learn more about in the future.

Titan's orbital path around Saturn is unusually elliptical for a moon. There are no celestial objects that have truly circular orbits, but some are more oval-shaped, or "eccentric," than others. Moons tend to have very circular orbits because they form out of the same cloud of particles that their planet did. However, Titan's orbit is very elliptical for a moon, giving it an orbit eccentricity that is close to that of Earth. While its eccentricity is low for a planet, it is very high for a moon.

Titan has a large concentration of dunes near its equator that were formed in the opposite direction from its prevailing winds. The dunes are up 100 meters tall, about 1 kilometer wide, and they can be hundreds of kilometers long. Such dunes are known to form on Earth, but they usually form in areas where the wind blows steadily in one direction. However, the surface winds near Titan's equator usually blow westward, while the dunes form toward the east.

Titan also has many depressions in its polar regions whose origins are unknown. It has been suggested that they were created by asteroid impacts or volcanoes, but neither explanation is adequate. Titan has some volcanoes, but they are connected to mountain ranges, and these depressions are not. It also has a few impact craters, but they are much smaller than most of these depressions. So, the origins of most of the depressions remain a mystery.

Listen to the lecture. 🎧 P02_P02

Reading – Listening 노트

	읽기	듣기
주장	_____ _____	Listening의 서론은 노트테이킹하지 않는다.
Main point 1	이상한 orbits → oval	_____ _____
Main point 2	_____ _____	X wind O storms
Main point 3	origins of depressions	_____ _____

요약문

서론	Both the reading and the listening discuss _____. The reading argues that _____ _____. On the other hand, _____ _____.
본론 1	First, _____ _____ _____ _____ _____ _____.
본론 2	Second, _____ _____ _____ _____ _____ _____.
본론 3	Third, _____ _____ _____ _____ _____ _____.

>> 다음 각 읽기 지문을 3분 동안 읽고 듣기 강의를 들은 후, 20분간 요약문을 작성해 보시오.

01

TOEFL Writing	VOLUME ◀	HELP ?	NEXT ▶▶

Question 1 of 2

Many people set up bird feeders during the winter as a way to interact with birds. They believe that they are providing the birds with much-needed food while they get to enjoy watching them. However, according to some studies, bird feeders may be doing the birds more harm than good and may actually cause bird populations decline over time. This happens for the following reasons.

First, bird feeders aid in the spread of infectious diseases. Because bird feeders cause birds to gather together in a small area, it is easier for them to infect each other with contagious diseases. For example, house finches are vulnerable to eye diseases, and their populations have declined by as much as 60 percent in areas where people regularly set up bird feeders.

Second, bird feeders make the birds that visit them easy targets for predators. Since the bird feeders are usually placed in open areas for people to watch the birds, they can easily be seen by predators such as hawks when they feed. Even if they escape capture, they often fly into nearby windows and cars windshields in their panic. The birds cannot see the glass, and hitting it can stun or kill them. This kills millions of birds every year.

Third, bird feeders can interrupt the animals' natural life cycles, particularly for birds that migrate. Birds that migrate in the winter do so because the local environment cannot support them during that season. If they stay too long, they may become ill and die because of the cold. Birds may also miss their chances to mate because they leave later than the other birds and arrive at their mating grounds late. Both of these situations result in fewer birds being born, which obviously will reduce the populations of those groups of birds.

🎧 P02_T01

TOEFL Writing	VOLUME ◀	HELP ?	NEXT ▶▶

Question 1 of 2

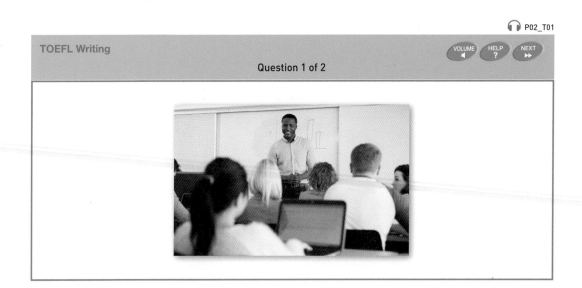

Reading 노트

문제 유형

핵심 단어

주장

Main point 1

Main point 2

Main point 3

Listening 노트

Main point 1

Main point 2

Main point 3

Test
Integrated Task

Directions: You have 20 minutes to plan and write your response. Your response will be judged on the basis of the quality of your writing and on how well your response presents the points in the lecture and their relationship to the reading passage. Typically, an effective response will be 150 to 225 words.

Questions: Summarize the points made in the lecture, being sure to explain how they oppose the specific points made in the reading passage.

Many people set up bird feeders during the winter as a way to interact with birds. They believe that they are providing the birds with much-needed food while they get to enjoy watching them. However, according to some studies, bird feeders may be doing the birds more harm than good and may actually cause bird populations decline over time. This happens for the following reasons.

First, bird feeders aid in the spread of infectious diseases. Because bird feeders cause birds to gather together in a small area, it is easier for them to infect each other with contagious diseases. For example, house finches are vulnerable to eye diseases, and their populations have declined by as much as 60 percent in areas where people regularly set up bird feeders.

Second, bird feeders make the birds that visit them easy targets for predators. Since the bird feeders are usually placed in open areas for people to watch the birds, they can easily be seen by predators such as hawks when they feed. Even if they escape capture, they often fly into nearby windows and cars windshields in their panic. The birds cannot see the glass, and hitting it can stun or kill them. This kills millions of birds every year.

Third, bird feeders can interrupt the animals' natural life cycles, particularly for birds that migrate. Birds that migrate in the winter do so because the local environment cannot support them during that season. If they stay too long, they may become ill and die because of the cold. Birds may also miss their chances to mate because they leave later than the other birds and arrive at their mating grounds late. Both of these situations result in fewer birds being born, which obviously will reduce the populations of those groups of birds.

요약문	
서론	
본론 1	
본론 2	
본론 3	

With the advent of the Internet, online encyclopedias are growing in popularity. Many experts see this as a general trend towards the "democratization" of knowledge. But despite their popularity, the format and structure of online encyclopedias invite the possibility of rampant inaccuracies. Some argue that there are too many drawbacks to using them.

To begin with, as many online encyclopedias depend on contributions from users, it is the contributor's responsibility to ensure their information is reliable. However, it is not uncommon for articles in these encyclopedias to lack sources. Writers can add information that is completely unrelated or inaccurate. Even if sources are included, they are often misquoted or misused, adding to not just possible inaccuracies but a false sense of accuracy as well.

In addition, online encyclopedias also contain information of poor quality because of the contributors themselves. This is because anyone can contribute, be it a child, adult, student, or teacher. A chef may be able to add great details to an article on Japanese cuisine, but the chef can also be a contributor to an article on pine trees, which surely wouldn't be helpful. And yet, chefs are free to do so, which makes the content of these encyclopedias even more questionable.

Finally, online encyclopedias lack definitive knowledge. Articles that include topics on competing theories or on fields that are more dynamic and contemporary often lack content that is trustworthy for students. For example, some online encyclopedias' articles on Austronesian migration lack consistency since scholars are constantly debating that topic. Thus, it would be up to contributors to constantly change and update these topics.

P02_T02

Reading 노트

문제 유형

핵심 단어

주장

Main point 1

Main point 2

Main point 3

Listening 노트

Main point 1

Main point 2

Main point 3

Directions: You have 20 minutes to plan and write your response. Your response will be judged on the basis of the quality of your writing and on how well your response presents the points in the lecture and their relationship to the reading passage. Typically, an effective response will be 150 to 225 words.

Questions: Summarize the points made in the lecture, being sure to explain how they oppose the specific points made in the reading passage.

With the advent of the Internet, online encyclopedias are growing in popularity. Many experts see this as a general trend towards the "democratization" of knowledge. But despite their popularity, the format and structure of online encyclopedias invite the possibility of rampant inaccuracies. Some argue that there are too many drawbacks to using them.

To begin with, as many online encyclopedias depend on contributions from users, it is the contributor's responsibility to ensure their information is reliable. However, it is not uncommon for articles in these encyclopedias to lack sources. Writers can add information that is completely unrelated or inaccurate. Even if sources are included, they are often misquoted or misused, adding to not just possible inaccuracies but a false sense of accuracy as well.

In addition, online encyclopedias also contain information of poor quality because of the contributors themselves. This is because anyone can contribute, be it a child, adult, student, or teacher. A chef may be able to add great details to an article on Japanese cuisine, but the chef can also be a contributor to an article on pine trees, which surely wouldn't be helpful. And yet, chefs are free to do so, which makes the content of these encyclopedias even more questionable.

Finally, online encyclopedias lack definitive knowledge. Articles that include topics on competing theories or on fields that are more dynamic and contemporary often lack content that is trustworthy for students. For example, some online encyclopedias' articles on Austronesian migration lack consistency since scholars are constantly debating that topic. Thus, it would be up to contributors to constantly change and update these topics.

요약문	
서론	
본론 1	
본론 2	
본론 3	

III
Independent Task

Introduction, Learning Strategies & FAQ

Independent Task

Introduction

통합형 과제가 끝나면 바로 이어서 독립형 과제(Independent Task)가 시작된다. 독립형 과제는 하나의 문제가 주어지고, 그 문제에 대한 자신의 생각을 30분 동안 논리적으로 서술하는 문제이다. 주로 TOEFL 시험을 응시하는 학생들은 영어권 지역에서의 생활을 목표로 하기 때문에 제한 시간 내에 일반적인 주제에 대한 자신의 생각을 체계적인 틀을 갖춘 논리적인 글로 전개할 수 있을지 진단해 보는 문제라고 생각하면 된다.

◉ 화면 구성

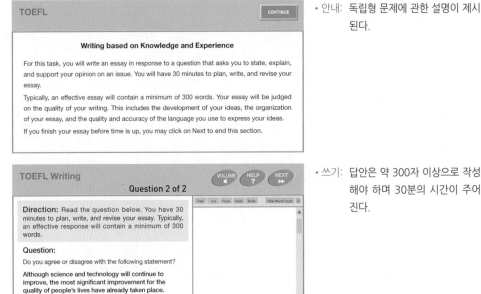

안내: 독립형 문제에 관한 설명이 제시된다.

쓰기: 답안은 약 300자 이상으로 작성해야 하며 30분의 시간이 주어진다.

Sample Questions

독립형 과제는 주로 다음 두 가지 문제 유형으로 출제된다.

Agree/Disagree(찬성/반대형)

가장 많이 출제되는 문제 유형이다. 주제가 주어지고 해당 주제에 대해 찬성하는지 반대하는지 물어보는 문제 유형이다.

* Do you agree or disagree with the following statement?
  〈주제〉
  Use specific reasons and examples to support your answer.

  당신은 다음 진술에 동의하는가, 아니면 동의하지 않는가? 〈주제〉 구체적인 이유와 예시를 들어 당신의 답변을 뒷받침하시오.

Choice(선택형)

두 가지 혹은 세 가지 선택지가 나오며, 그중 어떤 것을 선호하는지 물어보는 문제 유형이다.

* 〈주제〉 Choose one option that you will use and provide specific reasons and examples to support your choice.
  1. 〈선택지 1〉   2. 〈선택지 2〉   3. 〈선택지 3〉

  〈주제〉 사용할 하나의 선택지를 선택하고 당신의 선택을 뒷받침하는 구체적인 이유와 예시를 제시하시오.
  1. 〈선택지 1〉   2. 〈선택지 2〉   3. 〈선택지 3〉

* Which do you prefer between 〈선택지 A〉 and 〈선택지 B〉? Use specific reasons and examples to support your choice.

  당신은 〈선택지 A〉와 〈선택지 B〉 중 어느 것을 선호하는가? 구체적인 이유와 예시를 들어 당신의 선택을 뒷받침하시오.

Learning Strategies

독립형 과제는 통합형 과제와는 다르게, 따로 단계(읽기-듣기-쓰기)가 나누어져 있는 것이 아니므로 완벽한 에세이를 완성하기 위해선 시간 배분이 무엇보다 중요하다. 가장 이상적인 **30분** 에세이 작성법을 활용해 보자.

Step 1 **문제 파악 & 브레인스토밍(Brainstorming)** ————————————————— 6~7분

문제를 꼼꼼히 읽으며 자신의 주장(의견)을 정한 후, 서술해야 하는 핵심 내용을 파악한다.

자신의 주장에 대해 어떤 근거로 서술할지 브레인스토밍(Brainstorming)을 한다.

Step 2 **서론 적기** ————————————————————————— 2~3분

자신의 주장을 서론 template을 이용하여 재빠르게 작성한다.

Step 3 **본론 적기** ————————————————————————— $2n$분

자신의 주장을 뒷받침하는 이유 두 개를 부가 설명과 예시를 들어 작성한다.(본론 1, 본론 2)

Step 4 **결론 적기 & 전체 검수** —————————————————— 남는 시간

본론까지 다 완성했는데도 시간이 남는다면 결론을 작성한다.

결론까지 작성한 후에도 시간이 남는다면, 자신의 에세이를 다시 한번 쭉 읽으면서 사소한 문법 오류나 오타를 검수한다(proofread).

FAQ

1. 에세이를 쓸 때 단어 수의 제약이 있나요?

아니요. 통합형 과제와 마찬가지로 단어 수의 제약은 없습니다. 해당 문제에 대해 자신이 주장하고자 하는 내용이 많다는 것을 보여주는 것은 좋습니다. 다만, 너무 많이 쓴다고 해서 감점이 되는 것은 아니지만 많이 쓸수록 늘어나는 오류는 감점의 요인이 됩니다. TOEFL 시험 주최 기관인 ETS에서 제시한 가장 효과적인 에세이의 단어 수는 300단어입니다.

2. 그렇다면 단어 수를 채우기 위해서 같은 문장을 반복해도 될까요?

안 됩니다. ETS에서 고득점을 주는 독립형 과제 채점 기준은 논리적인 글이면서 어휘의 반복이 없는 직관적인 에세이여야 합니다.

3. 에세이를 길게 적어야 하는 것이 두렵습니다. 중립적인 입장의 에세이를 써도 되나요?

안 됩니다. 긴 에세이를 서술하는 것에 어려움을 느끼는 학생들이 가장 많이 하는 실수 중에 하나가 중립적인 입장을 취해서 에세이를 쓰는 것입니다. 이는 논리성이 떨어져 좋은 점수를 받기가 어렵습니다. 따라서 독립형 과제에서 가장 중요한 것은, '하나의' 주장에 대해 '일관성'을 유지하며 '논리적인' 글을 서술하는 것입니다.

4. 제한된 시간 안에 긴 에세이를 쓰다 보니 오타가 많이 생기는데 감점이 되나요?

문장의 해석이 어려울 정도로 오타가 많은 것은 당연히 큰 감점 요소입니다. 미리 컴퓨터로 에세이를 써 보는 연습을 통해 영문 타자 속도를 빠르게 유지하도록 하고, 글을 쓰며 철자를 정확히 적었는지 지속적으로 확인해 주는 과정이 필요합니다. 다만, 에세이 작성에 제한 시간이 있다는 것을 채점자도 인지하고 있기 때문에 한두 번 정도의 오타는 감점되지 않습니다.

01 서론과 결론 적기

에세이에서 가장 많이 쓰이는 구조는 서론-본론-결론의 3단 구성이다. 글의 문을 여는 시작인 서론에는 보통 글의 주제(주어진 문제)와 자신의 의견(주장)을 이야기하고, 본론에서는 자신의 의견을 뒷받침하는 이유를 들어 자세히 설명한 다음, 글의 마지막인 결론에서 앞서 언급한 내용을 요약하며 자신의 의견을 다시 한번 강조한다. 이 세 단계 중에 독립형 과제의 문제가 주어지면, 빠르게 먼저 작성할 수 있는 서론과 결론을 먼저 살펴보자.

◎ 1. 독립형 과제 에세이의 문단 구조

독립형 과제의 에세이는 기본적으로 네 문단(paragraph)으로 이루어져 있다.

서론(Introduction)	제시된 **문제를 언급**해 주고 **나의 주장***을 피력하는 문단
본론 1(Body 1)	나의 주장을 뒷받침하는 **첫 번째 이유****, **설명과 예시**를 서술하는 문단
본론 2(Body 2)	나의 주장을 뒷받침하는 **두 번째 이유****, **설명과 예시**를 서술하는 문단
결론(Conclusion)	본론에서 언급했던 내용을 **간단하게 요약**하고 **나의 주장을 한번 더 강조**하며 에세이를 **마무리 정리**하는 문단

* '나의 주장' 은 Thesis statement(대주제문)라고 한다.
** '주장을 뒷받침하는 이유' 는 Topic sentence(소주제문)라고 한다.

❗ 컴퓨터 환경에서 진행되는 TOEFL Writing 시험에서는 들여쓰기(indent)를 할 수 없다. 따라서 엔터(Enter; 줄 바꿈을 위한 키)로 줄을 바꾸면 새로운 문단이 시작된다는 것을 인지해야 한다. 어떤 학생들은 에세이를 쓸 때 각 문장마다 엔터를 쳐서 줄을 바꾸는 경우가 있는데, 이는 잘못된 작성 방식이며 하나의 문단은 엔터 없이 여러 문장들을 이어서 써야 한다.

◎ 2. 서론과 결론 template 만들기

서론(Introduction)은 에세이의 첫 번째 문단으로, 문제를 제기하고 나의 주장(찬성/반대/선택)을 피력하는 문단이다. 세 가지 핵심 요소(① **문제에 제시된 내용을 재진술하는 문장** ② **사람들의 의견을 인정하는 문장** ③ **나의 주장(Thesis statement)**)를 한 문단 안에 간결하게 담는 것이 중요하다. 다만, 많은 시간을 할애할 수 없으므로 미리 나만의 서론 template를 만들어 암기한 뒤, 짧은 시간(2~3분) 내에 서술하는 것이 좋다.

서론 template에 쓸 수 있는 표현

서론	**① 문제에 제시된 내용을 재진술하는 문장** It is debatable/controversial that 〈문제〉. 〈문제〉는 논란의 여지가 있다. It is important to consider whether 〈문제〉 or not. 〈문제〉인지 아닌지 고려하는 것은 중요하다. **② 사람들의 의견을 인정하는 문장** This is an interesting question because everyone's opinion can differ. 모든 사람들의 의견은 다를 수 있기 때문에 이 문제는 흥미롭다. Some people argue ~ while others think ⋯. 어떤 사람들은 ~라고 주장하는 반면, 다른 사람들은 ⋯라고 생각한다. **③ 나의 주장(Thesis statement)** I believe/think that 〈나의 주장〉. 나는 〈나의 주장〉이라고 생각한다. In my opinion, 〈나의 주장〉. 내 생각/의견에는, 〈나의 주장〉.

결론 template에 쓸 수 있는 표현

결론	In conclusion, / To conclude, / To summarize, / In summary, 〈나의 주장〉. 결론적으로, 〈나의 주장〉.

TIP TOEFL Writing에서 결론은 안 적어도 감점되지 않는다. 시간이 부족하다면 안 적어도 무방하다.

◎ 3. 서론과 결론 sample template

서론	It is important to consider whether 〈문제(절)〉 or not. This is an interesting question because everyone's opinion can differ. In my opinion, I agree/disagree with the given statement because of several reasons. 〈문제〉인지 아닌지 고려하는 것은 중요하다. 모든 사람들의 의견은 다를 수 있기 때문에 이 문제는 흥미롭다. 내 생각에는, 나는 여러 가지 이유들 때문에 주어진 진술에 **동의한다/동의하지 않는다**.
결론	In conclusion, I agree/disagree that 〈문제(절)〉 because of the reasons I mentioned above. 결론적으로, 나는 위에서 언급한 이유들 때문에 〈문제〉에 **동의한다/동의하지 않는다**.

| Example

다음 문제를 읽고, template를 활용하여 에세이의 서론과 결론을 적어 보시오.

> Do you agree or disagree with the following statement?
>
> **Children today depend too much on electronic devices like smartphones and video games for their entertainment, when they should spend more time outdoors playing with simpler toys.**
>
> Use specific reasons and examples to support your answer.
>
> 당신은 다음 진술에 동의하는가, 아니면 동의하지 않는가? 오늘날 아이들은 그들이 더욱 단순한 장난감을 가지고 놀며 야외에서 더 많은 시간을 보내야 할 때에, 오락용으로 스마트폰과 비디오 게임과 같은 전자 기기에 지나치게 의존한다. 구체적인 이유와 예시를 들어 당신의 답변을 뒷받침하시오.

(1) Agree

예시 답변 '동의'

서론	It is important to consider whether **children today depend too much on electronic devices like smartphones and video games for their entertainment** or not. This is an interesting question because everyone's opinion can differ. In my opinion, I agree with the given statement because of several reasons. 오늘날 아이들이 오락용으로 스마트폰과 비디오 게임과 같은 전자 기기에 지나치게 의존하는지 안 하는지 고려하는 것은 중요하다. 모든 사람들의 의견은 다를 수 있기 때문에 이 문제는 흥미롭다. 내 생각에는, 나는 여러 가지 이유들 때문에 주어진 진술에 동의한다.
결론	In conclusion, I agree that **children should depend on electronic devices** because of the reasons I mentioned above. 결론적으로, 내가 위에서 언급한 이유들 때문에 나는 아이들은 전자 기기에 의존해야 한다는 것에 동의한다.

Writing Tip

독립형 과제에서는 문제를 패러프레이징할 필요가 없다. 중요하지 않은 문장은 생략하여 빠르게 적고 넘어가자.

(2) Disagree

예시 답변 '동의하지 않음'

서론	It is important to consider whether **children today depend too much on electronic devices like smartphones and video games for their entertainment when they should spend more time outdoors playing with simpler toys** or not. This is an interesting question because everyone's opinion can differ. In my opinion, I disagree with the given statement because of several reasons. 오늘날 아이들이 그들이 더욱 단순한 장난감을 가지고 놀며 야외에서 더 많은 시간을 보내야 할 때에, 오락용으로 스마트폰과 비디오 게임과 같은 전자 기기에 지나치게 의존하는지 안 하는지 고려하는 것은 중요하다. 모든 사람들의 의견은 다를 수 있기 때문에 이 문제는 흥미롭다. 내 생각에는, 나는 여러 가지 이유들 때문에 주어진 진술에 동의하지 않는다.

결론	In conclusion, I disagree that **children should depend on electronic devices** because of the reasons I mentioned above.
	결론적으로, 내가 위에서 언급한 이유들 때문에 나는 아이들은 전자 기기에 의존해야 한다는 것에 동의하지 않는다.

Writing Tip

Disagree의 논리를 명확히 하기 위하여 주어진 문제를 다 적어 준다. Agree 주장과는 달리 어느 주장에 대한 상반된 논리인지 보여 줌으로써 논리에 타당성을 더할 수 있다.

어휘   depend on ~에 의존하다 ㅣ electronic adj 전자의 ㅣ device n 기기, 장치 ㅣ entertainment n 오락 ㅣ spend v (시간을) 보내다, 쓰다 ㅣ outdoors adv 야외에서

Writing Tip

Independent Task의 문제 해석이 중요한 이유

옳은 문제 분석

Disagree 시 동의하는 문장 해석: Children today **do not depend** too much on electronic devices like smartphones and video games for their entertainment, when they should spend more time outdoors playing with simpler toys(인과에 따라 'so they are already spending some time outdoors playing with simpler toys 그래서 그들은 이미 더욱 단순한 장난감을 가지고 놀며 야외에서 더 많은 시간을 보내고 있다'로 바뀌는 문장 해석).

┈▸ 해당 문제에서 집중해야 하는 부분은 '오늘날 아이들이 전자 기기에 의존하고 있다'라는 부분이다. Agree 주장 시, when 뒤의 내용에서 동사가 should spend이기 때문에 '그렇게 할 필요가 있는 때에'로 해석되어, 해당 부분은 '오락용으로 전자 기기 대신에 뭘 해야 하는지'에 대해 부가적으로 서술이 된 부분이다. Disagree 시 '전자 기기에 더 많이 의존하지 않는다'로 문제 분석을 해야 한다.

틀린 문제 분석

Agree: Children today depend too much on electronic devices like smartphones and video games for their entertainment, when they should spend more time outdoors playing with simpler toys.

┈▸ '그들은 더욱 단순한 장난감을 가지고 놀며 야외에서 더 많은 시간을 보내야 한다'에 집중하게 되면 Disagree 주장을 'Children today depend too much on electronic devices like smartphones and video games for their entertainment, when they should **not** spend more time outdoors playing with simpler toys.'로 보아, '아이들이 더욱 단순한 장난감을 가지고 놀며 야외에서 더 많은 시간을 보내야 하는지 아닌지'만 물어보는 문제로 잘못 해석할 수 있으니 유의한다.

Check-up

>> 다음 문제를 읽고, template를 활용하여 에세이의 서론과 결론을 적어 보시오.

01 **Parents should not let their children watch TV so that they can do well at school.** Do you agree or disagree with the given statement? Please provide ample reasons to support your answer.

(1) Agree

답변 '동의'

서론	It is important to _____ _____ _____ . This is an interesting question because everyone's opinion can differ. In my opinion, _____ _____ because of _____ . 부모들이 자신의 아이들에게 TV를 보게 해서는 안 되는지 되는지를 고려하는 것은 중요하다. 모든 사람들의 의견은 다를 수 있기 때문에 이 문제는 흥미롭다. 내 생각에는, 나는 여러 가지 이유들 때문에 주어진 진술에 동의한다.
결론	_____ , I agree that _____ _____ . 결론적으로, 내가 위에서 언급한 이유들 때문에 나는 아이들이 TV를 보지 말아야 한다는 것에 동의한다.

(2) Disagree

답변 '동의하지 않음'

서론	_____ _____ _____ . This is an interesting question because everyone's opinion can differ. _____ _____ . 부모들이 자신의 아이들에게 TV를 보게 해서는 안 되는지 되는지를 고려하는 것은 중요하다. 모든 사람들의 의견은 다를 수 있기 때문에 이 문제는 흥미롭다. 내 생각에는, 나는 여러 가지 이유들 때문에 주어진 진술에 동의하지 않는다.
결론	_____ _____ because of the reasons I mentioned above. 결론적으로, 내가 위에서 언급한 이유들 때문에 나는 아이들이 TV를 보지 말아야 한다는 것에 동의하지 않는다.

02 **It is better to spend money for vacation and travel than to save it for future.** Do you agree or disagree with the given statement? Use specific reasons and examples to support your answer.

(1) Agree

답변 '동의'

서론	It is important to _____ _____ _____. This is an interesting question because everyone's opinion can differ. In my opinion, _____ _____ because of _____. 미래를 위해 돈을 저축하는 것보다 휴가와 여행을 위해 돈을 쓰는 것이 더 나은지 아닌지 고려하는 것은 중요하다. 모든 사람들의 의견은 다를 수 있기 때문에 이 문제는 흥미롭다. 내 생각에는, 나는 여러 가지 이유들 때문에 주어진 진술에 동의한다.
결론	_____, I agree that _____ _____. 결론적으로, 내가 위에서 언급한 이유들 때문에 나는 사람들이 휴가와 여행에 돈을 써야 한다는 것에 동의한다.

(2) Disagree

답변 '동의하지 않음'

서론	_____ _____ This is an interesting question because everyone's opinion can differ. _____ _____. 미래를 위해 돈을 저축하는 것보다 휴가와 여행을 위해 돈을 쓰는 것이 더 나은지 아닌지 고려하는 것은 중요하다. 모든 사람들의 의견은 다를 수 있기 때문에 이 문제는 흥미롭다. 내 생각에는, 나는 여러 가지 이유들 때문에 주어진 진술에 동의하지 않는다.
결론	_____ _____ because of the reasons I mentioned above. 결론적으로, 내가 위에서 언급한 이유들 때문에 나는 사람들이 휴가와 여행에 돈을 써야 한다는 것에 동의하지 않는다.

Lesson 01
Independent Task

Practice

>> 다음 문제를 읽고, template를 활용하여 에세이의 서론과 결론을 적어 보시오.

01

Do you agree or disagree with the following statement?

In many countries, the school day begins very early for children, while in others, classes begin later in the day. Both sides contend that their starting time allows children to study better. Which view do you agree with and why?

Use specific reasons and examples to support your answer.

(1) Begin very early

답변 '매우 일찍 시작'	
서론	
결론	

(2) Begin later in the day

답변 '더 늦게 시작'	
서론	
결론	

02

The university club that you belong to wants to do volunteer work to help people in the community. Which of the following types of volunteer work do you think they should do?

1 Build houses for homeless people
2 Perform daily tasks for elderly people
3 Tutor foreign students in English

Use specific reasons and examples to support your choice.

(1) Build houses for homeless people

답변 '노숙자들을 위한 집 짓기'

서론	
결론	

(2) Perform daily tasks for elderly people

답변 '어르신들의 일과 돕기'

서론	
결론	

(3) Tutor foreign students in English

서론	
결론	

PAGODA TOEFL 70+ Writing

Lesson 02 브레인스토밍(Brainstorming)과 주제별 필수 표현 다지기

◎ 1. 브레인스토밍(Brainstorming) 하기

(1) 문제를 파악하고 자신의 의견을 정했다면, 본론에 구체적으로 전개할 '의견을 뒷받침하는 근거와 설명, 예시'를 떠올려 보는 단계를 거치는데, 이를 브레인스토밍(Brainstorming; 아이디어 떠올리기)이라고 한다.

(2) TOEFL Writing에서는 다양한 주제의 문제가 출제됨에도 불구하고 여러 주제에 유용하게 쓸 수 있는 논리가 몇 가지 있다. 해당 논리와 관련된 어휘 및 표현을 미리 암기해 놓으면, 본론 작성 시 글을 빠르고 논리적으로 전개해 나갈 수 있다.

재빠른 브레인스토밍을 위한 여섯 가지 핵심 논리

Stress	Perspective
문제(나의 주장)에 기분 전환 요소가 있을 때, People can relieve stress. 사람들은 스트레스를 해소할 수 있다.	문제(나의 주장)를 통해 새로운 정보/경험을 쌓을 수 있을 때, People can widen their perspectives. 사람들은 자신의 시각을 넓힐 수 있다.
Money/Time	Relationships

문제(나의 주장)를 통해 돈/시간을 절약할 때,
 	
 - People can save money.
  사람들은 돈을 아낄 수 있다.
 - People can manage their time wisely.
  사람들은 시간을 현명하게 관리할 수 있다.
	문제(나의 주장)를 통해 새로운 사람을 만나거나 친해질 때,
	
	 People can improve their relationships.
	 사람들은 관계를 향상시킬 수 있다.

Success	Technology
문제(나의 주장)를 통해 경제적인/사업적인 성공을 이룰 수 있을 때, People can have successful lives. 사람들은 성공적인 삶을 살 수 있다.	문제(나의 주장)에 전자기기나 기술 관련 요소가 있을 때, Technology contributes to convenience. 기술은 편리함에 이바지한다.

Ex 예시 문제

Do you agree or disagree with the following statement?

Children today depend too much on electronic devices like smartphones and video games for their entertainment, when they should spend more time outdoors playing with simpler toys.

Use specific reasons and examples to support your answer.

당신은 다음 진술에 동의하는가, 아니면 동의하지 않은가? **오늘날 아이들은 그들이 더욱 단순한 장난감을 가지고 놀며 야외에서 더 많은 시간을 보내야 할 때에, 오락용으로 스마트폰과 비디오 게임과 같은 전자 기기에 지나치게 의존한다.** 구체적인 이유와 예시를 들어 당신의 답변을 뒷받침하시오.

⋯→ '전자 기기'의 장점을 떠올릴 때 'Perspective' 핵심 논리와 연관 짓도록 하자. 따라서 본론의 소주제문 중 하나를 'Children can widen their perspectives by using electronic devices. 전자 기기를 이용함으로써 견문을 넓힐 수 있다.'와 같이 쓸 수 있다.

주제별로 분류한 브레인스토밍 핵심 논리

문화/생활	교육	직장	기술
• Stress • Relationships • Perspective	• Success • Perspective • Relationships • Time	• Success • Money • Relationships	• Technology • Perspective

(3) 좋은 점수를 받기 위해서는 자신의 생각과 일치하는 주장보다는 30분 동안 빠르게 서술할 수 있는 주장을 선택하는 것도 하나의 좋은 전략이다.

1) 변화가 있는 주장: 논리적인 글쓰기를 요구하는 독립형 과제에서는 일반적인 사실을 서술하는 주장보다는 추측과 예측이 가능한 변화가 있는 주장을 선택하도록 한다.

2) 내가 잘 알고 있는 주장: 자신이 잘 알고 있는 주장/주제를 선택하면, 짧은 시간 안에 많은 내용을 서술할 수 있다. 그러므로, 나의 생각보다는 내가 잘 알고 있는 주장을 선택하는 것도 전략이다.

◎ 2. 주제별 필수 표현 다지기

1. 문화/생활

- **~에 어려움을 겪다 have difficulty[a hard time] in**

  My brother had difficulty[a hard time] in focusing on his academic matters.
  내 남동생은 학업에 집중하는 것에 어려움을 겪었다.

- **친구를 사귀다 make friends**

  Participating in club activities helps people to make friends.
  동아리 활동에 참가하는 것은 사람들이 친구를 사귀는 데 도움이 된다.

- **또래 압박 peer pressure**

  Peer pressure sometimes motivates students to study harder.
  또래 압박은 때때로 학생들이 더 열심히 공부할 수 있도록 동기를 부여한다.

- **사교 능력 social skills**

  My sister ended up fostering her social skills.
  내 여동생은 결국 사교 능력을 함양할 수 있었다.

- **신뢰를 쌓다 build up trust**

  Building up trust is one of the most crucial factors to maintain one's friendship.
  신뢰를 쌓는 것은 우정을 유지하기 위한 가장 중요한 요소 중 하나이다.

- **상호 교류 기술 interpersonal communication skills**

  My brother now knows the importance of both interpersonal communication skills and conversational skills.
  내 남동생은 이제 상호 교류 기술과 대화 기술 모두의 중요성을 안다.

- ## 동아리 모임 club meetings

  While engaging in club meetings, students can meet other people.
  동아리 모임에 참여하는 동안, 학생들은 다른 사람들을 만날 수 있다.

- ## 규칙을 정하다 establish a rule

  Parents should establish rules in order to guide their children in the right direction.
  부모들은 자녀를 올바른 방향으로 이끌기 위해선 규칙을 정해야 한다.

- ## 스트레스를 받다 get[be] stressed out

  People get[are] stressed out due to their heavy workloads.
  사람들은 많은 업무량 때문에 스트레스를 받는다.

  *feel stress, be under stress로 다양하게 표현할 수 있다.

- ## 스트레스를 해소하다 relieve[get rid of] stress

  Students need to relieve[get rid of] stress by enjoying outdoor activities.
  학생들은 야외 활동을 즐기면서 스트레스를 해소할 필요가 있다.

- ## 긍정적인 정신/마음 상태 one's positive state of mind

  Playing the piano made her maintain her positive state of mind.
  피아노를 치는 것이 그녀에게 긍정적인 마음 상태를 유지하게 했다.

- ## 활기차고 에너지가 넘치는 vibrant and energetic

  Humorous teachers tend to create a vibrant and energetic environment.
  재미있는 선생님들은 활기차고 에너지가 넘치는 환경을 조성하는 경향이 있다.

- ## 악순환 a vicious cycle

  Going to bed late and waking up late creates a vicious cycle.
  늦게 자고 늦게 일어나는 것은 악순환을 만든다.

- ## 시간이 소요되는 time-consuming

  Students need to deal with a lot of time-consuming assignments.
  학생들은 많은 시간이 소요되는 과제들을 해내야 한다.

- ## 현명한 시간 관리 wise time management

  Wise time management is required for students.
  학생들에게는 현명한 시간 관리가 요구된다.

- ## 책임감 a sense of responsibility

  Following rules allows students to develop a sense of responsibility.
  규칙을 따르는 것은 학생들이 책임감을 기르게 해 준다.

Practice 1

정답 및 해설 | P. 50

>> 앞에서 배운 표현을 활용하여 다음 우리말 문장을 영작하시오.

01 스포츠를 함께 하는 것은 아이들이 **신뢰를 쌓을** 수 있게 해 주었다.

_____

02 학교는 아이들에게 **책임감**을 가르쳐야 한다.

_____

_____

03 전문성을 기르는 것은 **시간이 소요되는** 작업이다.

_____

*기르다, 증진시키다: foster

04 **스트레스를 해소하는 것**은 **긍정적인 정신 상태**를 유지하는 데에 중요한 역할을 한다.

_____

*~에 있어서 중요한 역할을 하다: play a pivotal role in

05 모든 것을 공정하게 하기 위해 **규칙을 정하는 것**은 중요하다.

_____

_____

06 학생들은 치열한 경쟁과 **또래 압박**으로부터 **스트레스를 받는다.**

_____

_____

07 새로운 **친구를 사귀는 것**은 **사교 능력** 향상에 도움이 된다.

_____

_____

08 **활기차고 에너지가 넘치는** 수업은 학생들이 열정적으로 참여할 수 있게 한다.

_____

*열정적으로: enthusiastically / passionately

09 내 남동생은 미루는 것의 **악순환**을 끊기 위해 최선을 다했다.

_____

_____

*미루는 것: procrastination

10 성공적으로 프로젝트를 끝내기 위해선 효과적인 **상호 교류 기술**이 요구된다.

_____

_____

- ## 대학 입학시험 college entrance exam

  My sister tried her best to pass the college entrance exam.
  내 여동생은 대학 입학시험에 통과하기 위해 최선을 다했다.

- ## 학습 과정 a learning process

  A learning process can differ depending on each child's learning ability.
  학습 과정은 아이들 개개인의 학습 능력에 따라 달라질 수 있다.

- ## 교육을 잘 받은 사람 a well-educated person

  It is easier to be a well-educated person thanks to the advancement in technology.
  기술의 발전 덕분에 교육을 잘 받은 사람이 되는 것은 더 쉽다.

- ## 수업 출석 class attendance

  Some professors require class attendance in order to encourage students to participate more.
  어떤 교수들은 학생들이 더 많이 참여하는 것을 장려하기 위해 수업 출석을 요구한다.

- ## 의견을 공유하다 share ideas

  Students share ideas to find solutions.
  학생들은 해답을 찾기 위해 의견을 공유한다.

- ## 유학하다 study abroad

  I want to study abroad. This is why I study TOEFL.
  나는 유학 가고 싶다. 그렇기 때문에 나는 토플을 공부한다.

- ## 강제 출석 compulsory attendance

  Compulsory attendance makes students take part in a class discussion.
  강제 출석은 학생들이 수업 토론에 참여하게 한다.

- **유치원 preschool / 초등 교육 elementary education / 중등 교육 secondary education**

  As soon as my brother finished his elementary education, he started to prepare for his secondary education.

  내 남동생은 초등 교육을 마치자마자, 그는 중등 교육 준비를 시작했다.

- **학과 외 활동 extracurricular activities**

  Extracurricular activities are just as important as academic subjects.

  학과 외 활동은 교과목만큼 중요하다.

- **조별 과제 group assignments**

  The goal of group assignments is that students mingle with other classmates.

  조별 과제의 목표는 학생들이 다른 학우들과 어울리는 것이다.

- **수준 높은 교육 a quality education**

  Teachers who have updated knowledge can provide a quality education.

  최신 지식을 가지고 있는 선생님들은 수준 높은 교육을 제공할 수 있다.

- **학사/석사 학위를 취득하다 earn a college[bachelor's]/master's degree**

  It is imperative to earn a college degree to get a decent job.

  좋은 직장에 취업하기 위해선 학사 학위를 취득하는 것이 필수이다.

  *imperative: 필수적인, 반드시 해야 하는

- **등록금 tuition fees**

  My sister had a hard time paying her college tuition fees.

  내 여동생은 대학 등록금 내는 것에 어려움을 겪었다.

- **약점을 극복하다 overcome a weakness**

  My father could overcome his weakness by earning his master's degree.

  우리 아버지께서는 석사 학위를 따는 것으로 자신의 약점을 극복하실 수 있었다.

- ## 사고 능력 a thinking ability

  When students take a literature class, they can learn not only a thinking ability, but also a sense of awareness.

  학생들은 문학 수업을 들을 때, 사고 능력뿐만이 아니라 자각까지 배울 수 있다.

- ## 온라인 강의 an online lecture

  Because of her work, she had no choice but to attend online lectures to earn her degree.

  그녀의 일 때문에, 그녀는 학위를 따기 위해 온라인 강의를 들을 수밖에 없었다.

  *have no choice but to do: ~할 수밖에 없다

- ## 상식 common sense

  Common sense is the best sense I know of.

  상식은 내가 아는 최고의 양식이다.

- ## 신중하게 with discretion

  When used with discretion, online lectures can provide a valuable opportunity for many people.

  신중하게 활용된다면, 온라인 강의는 많은 사람들에게 귀중한 기회를 제공할 수 있다.

- ## 자존감, 자부심 self-esteem

  Possessing a master's degree was a source of self-esteem for him.

  석사 학위를 가진 것이 그에게는 자부심의 근원이었다.

정답 및 해설 | P. 51

>> 앞에서 배운 표현을 활용하여 다음 우리말 문장을 영작하시오.

01 **유학하는 것**은 학생들에게 자신의 견문을 넓히게 해 줄 수 있다.

_____

_____

02 **조별 과제**에 참여함으로 인해, 아이들은 상호 교류 기술을 배웠다.

_____

_____

03 내 남동생은 **대학 입학시험**을 통과하기 위해 많은 **온라인 강의**를 들었다.

_____

_____

04 이력을 쌓으려면 **학과 외 활동**에 참여하는 것이 중요하다.

_____

_____

*이력을 쌓다: build up one's résumé

05 학생들이 높은 성적을 받기 위해선 훌륭한 **사고 능력**이 요구된다.

_____

_____

*높은 성적: a high GPA(grade point average)

06 **석사 학위를 취득하는 것**은 **학사 학위를 취득하는 것**보다 더 어렵다.

_____

_____

07 **수준 높은 교육**은 학생들에게 그들의 보다 나은 미래를 위해 더 많은 기회를 줄 수 있다.

_____

_____

08 사람들은 **의견을 공유하는 것**으로부터 이득을 얻을 수 있다.

_____

_____

*이득을 얻다: benefit

09 **교육을 잘 받은 사람들**은 높은 급여를 받을 가능성이 높다.

_____

_____

*~할 가능성이 높다: be highly likely to do

10 대학생들은 **수업 출석**의 중요성에 대해 알 필요가 있다.

_____

_____

3. 직장

책임감 있는 어른이 되다 become a responsible adult

Before college students become responsible adults, they need to worry about their futures.

대학생들은 책임감 있는 어른이 되기 전에, 자신들의 미래에 대해 걱정해야 한다.

자격, 자질 a qualification

Having a high GPA is one of the important qualifications to get a job.

높은 학점을 가지고 있는 것은 직장을 얻는 데 중요한 자격 사항 중 하나이다.

실업률 unemployment rate / 직업을 구하다 find employment

Due to the high unemployment rate, people are having difficulty in finding employment.

높은 실업률 때문에, 사람들은 직업을 구하는 데 어려움을 겪고 있다.

이력을 쌓다 build up one's résumé

Participating in various activities is helpful for building up one's résumé.

다양한 활동에 참여하는 것은 한 사람의 이력을 쌓는 데 도움이 된다.

유용한 기술을 배우다 learn valuable skills

Field work allows students to learn valuable skills.

현장 업무는 학생들이 유용한 기술을 배우게 한다.

심한 경쟁 heavy competition

Workers tend to get stressed out from heavy competition.

직장인들은 심한 경쟁으로부터 스트레스를 받는 경향이 있다.

최우선 순위 a top priority

The team made finishing the project a top priority.

그 팀은 프로젝트를 끝내는 것을 최우선 순위로 했다.

- ## 관리직 a managerial position

  My uncle was promoted to a managerial position.

  우리 삼촌께서는 관리직으로 승진하셨다.

- ## ~에 돈을 투자하다[들이다]
  ### invest money in / spend money on / pour money into

  Investing money in[Spending money on/Pouring money into] beautiful public places can have a positive effect on the local economy.

  아름다운 공공장소에 돈을 투자하는 것은 지역 경제에 긍정적인 영향을 끼칠 수 있다.

- ## 경제적인 어려움 financial hardship

  Workers these days are experiencing financial hardship because they are not able to repay loans.

  요즘 직장인들은 대출을 갚을 수 없어 경제적인 어려움을 겪고 있다.

- ## 노동 시장 the labor market

  As there are thousands of rivals in the labor market, people need to build up their résumé.

  노동 시장에 수많은 경쟁자들이 있으므로, 사람들은 이력을 쌓을 필요가 있다.

- ## 업무 환경 work environment

  Many companies are changing their work environment in order to increase work efficiency.

  많은 회사가 작업 효율성을 높이기 위해 업무 환경을 바꾸고 있다.

- ## 기업 규모 축소 company downsizing

  A budget deficit led to company downsizing.

  예산 부족이 기업 규모 축소를 야기했다.

- ## 사업주 a business owner

  A business owner decided to spend money on hiring experienced workers.
  사업주는 경력직 사원을 고용하는 것에 돈을 쓰기로 결정했다.

- ## 유망한 직업 a promising job

  Students should set high goals to get promising jobs for their futures.
  학생들은 자신들의 미래를 위해 유망한 직업을 갖겠다는 높은 목표를 정할 필요가 있다.

- ## 고소득 직업 a high-paying job ↔ 저소득 직업 a low-paying job

  My aunt had a hard time covering living expenses because of her low-paying job.
  우리 고모께서는 저소득 직업 때문에 생활비를 내는 것에 어려움을 겪으셨다.

- ## 생계비를 벌다 earn one's living

  Having a job is parallel to earning one's living.
  직장을 갖는다는 것은 생계비를 번다는 것과 일맥상통한다.

- ## 물가/생필품값 prices of staple commodities

  Because of the prices of staple commodities soaring these days, it is almost impossible for people to purchase what they want.
  요즘 치솟아 오르는 물가 때문에, 사람들이 원하는 것을 구매하는 것은 거의 불가능하다.

- ## 아르바이트를 하다 work a part-time job

  Students need to work part-time jobs before they graduate from high school.
  학생들은 고등학교를 졸업하기 전에 아르바이트를 해 볼 필요가 있다.

Practice 3

정답 및 해설 | P. 51

>> 앞에서 배운 표현을 활용하여 다음 우리말 문장을 영작하시오.

01 정부는 인터넷 접근성을 향상시키는 것**에 돈을** 더 **투자해야 한다.**

_____

02 **책임감 있는 어른이 된** 후, 내 여동생은 대학 등록금을 내는 것이 얼마나 어려운지 깨달았다.

_____

*(등록금 따위를) 내다: cover

03 **아르바이트를 하는 것**은 학생들이 현명하게 시간을 관리하는 법을 배우게 한다.

_____

04 **고소득 직업**은 사람들이 거의 모든 것을 살 수 있게 해 준다.

_____

*살[할] 수 있다, (금전적·시간적) 여유가 되다: afford

05 대부분의 **사업주들**은 돈에 대한 갈망에 의해 동기 부여를 받는다.

_____

*갈망, 욕구: desire

06 **유용한 기술을 배우는 것**은 한 사람이 성공하는 데 있어 중요한 **자질**이 될 수 있다.

_____

*성공하다: succeed

07 미국의 **실업률**이 13%로 올랐다.

_____

*~로 오르다: jump to

08 대부분의 직장인들은 치열한 **노동 시장**으로 인해 고통받는다.

_____

*치열한: fierce / fiercely competitive

09 많은 **유망 직업들**은 사람들이 훌륭한 상호 교류 기술을 갖는 것을 요구한다.

_____

10 **기업 규모 축소** 때문에, 우리 삼촌께서는 직장을 잃으셨다.

_____

- **구식이 되다 become outdated**

  Most of transportation systems will become outdated.

  대부분의 교통수단 체계가 구식이 될 것이다.

- **접근하다 access / have access to**

  Thanks to the Internet, people can access[have access to] whatever information they want, whenever they want it, and wherever they are.

  인터넷 덕분에, 사람들은 그들이 원하면 언제든 그리고 어느 곳에 있든지 간에 원하는 어떤 정보에든 접근할 수 있다.

- **의료 시설 medical facilities**

  Advanced medical facilities contribute to saving people's lives.

  진보된 의료 시설은 사람들의 삶을 구하는 것에 기여한다.

- **빠르게 변화하는 세상에 발맞춰 가다
  keep up with a rapidly-changing society**

  Thanks to the advancement in technology, people can keep up with a rapidly-changing society.

  기술의 발전 덕분에, 사람들은 빠르게 변화하는 세상에 발맞춰 갈 수 있다.

- **최신 정보 up-to-date information**

  The Internet provides users with up-to-date information.

  인터넷은 사용자들에게 최신 정보를 제공한다.

- **온라인 모임 online communities**

  Online communities enable people to gather without limitations of space and time.

  온라인 모임은 사람들이 장소와 시간의 제약 없이 어울리는 것을 가능케 한다.

- 자동화된 시스템 automated system /
  전산화된 프로그램 computerized programs

  As technology develops, there are many computerized programs helping people.

  기술이 발전함에 따라, 사람들을 돕는 많은 전산화된 프로그램들이 있다.

- 비전통적인 방식, 새로운 방식 a non-traditional way

  The Internet has become a non-traditional way of learning.

  인터넷이 비전통적인 학습 방식이 되었다.

- 전문적이고 과학적인 용어 technical and scientific terms[jargon]

  Students need to learn technical and scientific terms[jargon] to keep up with a rapidly changing society.

  학생들은 빠르게 변화하는 세상에 발맞춰 가기 위해 전문적이고 과학적인 용어들을 배울 필요가 있다.

- 무선 통신 wireless communications

  Instead of face-to-face communications, people these days prefer wireless communications to meet others.

  요즘 사람들은 다른 사람들을 만날 때 대면으로 하는 소통 수단들 대신 무선 통신을 선호한다.

Lesson 02
Independent Task

Practice 4

정답 및 해설 | P. 52

>> 앞에서 배운 표현을 활용하여 다음 우리말 문장을 영작하시오.

01 다양한 산업에서의 **전산화된 프로그램들** 때문에, 많은 사람들이 직장을 잃었다.

_____

_____

02 대부분의 유망 직종들은 사람들이 **최신 정보**를 가지도록 요구한다.

_____

_____

03 공학도로서, 내 여동생은 많은 **전문적이고 과학적인 용어들**을 알고 있다.

_____

_____

04 **구식인** 시설들 때문에, 직장인들은 제시간에 프로젝트 끝내는 것에 어려움을 겪었다.

_____

_____

*제시간에: on time

05 **무선 통신** 덕분에, 사람들은 다른 이들과 더욱 쉽고 편리하게 연락하고 지낼 수 있다.

_____

_____

*연락하고 지내다: keep in touch (with somebody)

06 노인들은 **새로운 방식에 발맞춰가는 것**에 어려움을 느끼는 경향이 있다.

_____

_____

PAGODA TOEFL 70+ Writing

03 본론 적기

주제별 필수 표현을 활용하여 본론에 쓸 핵심 내용을 브레인스토밍하는 단계까지 마쳤다면, 본론을 구체적으로 구성해 보자. 본론은 말 그대로 '글에서의 주된 서술'을 담는 가장 중요한 부분이며, 서론에서 이미 드러낸 자신의 주장을 이유, 설명, 예시를 통해 본격적으로 서술한다. 서론에서 강한 첫인상을 남겼으니, 본론에서 구체적으로 나의 논리를 요목조목 설명해 보자.

◎ 1. 소주제문 적기

(1) 독립형 과제의 에세이에서 본론은 최대 2개의 문단(본론 1, 본론 2)으로 쓰고, 각 문단은 소주제문, 객관적 설명, 예시, 이렇게 크게 세 가지로 구성한다.

본론	① 소주제문 Topic sentence	나의 주장에 대한 이유
	② 객관적 설명 Supporting statements	채점자의 이해를 돕기 위한 설명(일반적인 사실을 기반으로 하는 객관적인 설명)
	③ 추가 예시 Examples	소주제문과 객관적인 설명을 뒷받침할 수 있는 예시

(2) 소주제문(Topic sentence)은 두괄식 구조*로 쓰는 독립형 에세이에서 본론 각 문단의 첫 시작이 되는 문장이다. 따라서 서론에서 확립한 주장에 대한 이유이자 주장으로 인해 이르게 된 결론이며, 문단의 핵심 내용을 담고 있다. 보통 소주제문을 쓸 때 전환어(ex. First of all 첫 번째로, Second 두 번째로 등)로 문장을 시작한다.

*두괄식은 글의 첫머리에 중심 내용이 오는 산문 구성 방식을 말한다.

소주제문을 적을 때 사용하면 유용한 구문

- 중요한 역할을 한다: 〈나의 주장〉 **plays a pivotal role in** 〈소주제문 핵심 단어〉.
- 긍정적인 영향을 끼친다: 〈나의 주장〉 **can have a positive effect on** 〈소주제문 핵심 단어〉.
- …가 ~하게 하다(5형식): 〈나의 주장〉 **allows people** 〈소주제문 - to부정사〉.
- 기여하다: 〈나의 주장〉 **contributes to** 〈소주제문 핵심 단어〉.

(3) Lesson 02에서도 설명한 것과 같이, 나의 생각과 일치하는 주장보다는 쉽게 글을 쓸 수 있는 변화가 있는 주장이나 내가 잘 알고 있는 주장을 선택하여 본론을 쓰는 것이 좋다.

Example

다음 문제를 읽고, 브레인스토밍을 해 본 후 본론의 소주제문을 적어 보시오.

> Do you agree or disagree with the following statement?
>
> **Children today depend too much on [1]electronic devices like smartphones and video games for their entertainment, when they should spend more time [2]outdoors playing with [2]simpler toys.**
>
> Use specific reasons and examples to support your answer.

Writing Tip

현대인들에게 스마트폰과 같은 전자 기기는 필수품인 사회가 되었다. 해당 주장에서는 Disagree보다는 Agree 주장이 훨씬 더 작성하기 쉬우므로, Agree 주장을 사용하여 글을 적도록 하자.

(1) Agree(동의)

Brainstorming 노트

나의 주장   **Agree**(technology) 동의(기술)

[1]electronic devices → 1) smartphones → the Internet → **convenience**
전자 기기   스마트폰   인터넷   편리성

→ 2) video games → virtual world → experience →
비디오 게임   가상 세계   경험

widen perspectives
견문을 넓힘

Writing Tip

'전자 기기'에 대한 예시가 문제에 '스마트폰'과 '비디오 게임'으로 나누어져 명시되어 있다. 이 두 가지에 대한 장점을 떠올려 브레인스토밍하게 되면 논리의 차별성을 둘 수가 있다.

위의 Brainstorming 노트를 가지고 소주제문을 써 보자.

예시 답변 '동의'

본론 1	**소주제문** First of all, using electronic devices contributes to **convenience**. 　　　　　　　　　나의 주장　　　　　　　　어휘　　　이유(소주제문의 핵심 단어) 첫 번째로, 전자 기기를 사용하는 것은 편리성에 기여할 수 있다.
본론 2	**소주제문** Second, electronic devices play a pivotal role in **widening perspectives**. 　　　　　　　나의 주장　　　　　　　어휘　　　　　　이유(소주제문의 핵심 단어) 두 번째로, 전자 기기들은 견문을 넓히는 데 중추적인 역할을 한다.

(2) Disagree(동의하지 않음)

나의 주장   **Disagree**(outdoor activities → outdoor / simpler toys) 동의하지 않음(야외 활동)

²outdoors → sports ──▶ 1) teammates → friends → **relationships**
야외   스포츠   팀 동료   친구   관계

                    ──▶ 2) work out → **healthy**
                           운동하다   건강한

Writing Tip

반대 주장은 '야외 활동'과 '장난감'이 예시로 문제에 명시되어 있는데, 사실 '장난감'의 장점을 떠올리면 '스트레스 해소'를 떠올리는 학생들이 많다. 그렇게 되면 찬성과 반대 주장 모두 '스트레스 해소'라는 공통적인 논리를 떠올리게 된다. 스마트폰을 사용했을 때와 장난감을 통해 스트레스를 푸는 행위의 차별성이 있다고 생각이 되겠지만, '스트레스 해소' 논리는 무엇을 하던 간에 아이들에게 공통적으로 '기분 전환 요소'가 되는 차별성 없는 논리로 분류되어 시험에서 좋은 점수를 얻을 수가 없다.

위의 Brainstorming 노트를 가지고 소주제문을 써 보자.

예시 답변 '동의하지 않음'

본론 1	**소주제문** First of all, spending time <u>outdoors</u> allows children **to improve** 　　　　　　　　　　　　　　　　나의 주장　　　　　　　어휘　　　이유(소주제문의 핵심 단어) **relationships**. 첫 번째로, 야외에서 시간을 보내는 것은 아이들이 관계를 개선할 수 있게 한다.
본론 2	**소주제문** Second, <u>outdoor</u> activities such as sports can have a positive effect on 　　　　　　　　　　나의 주장　　　　　　　　　　　　　어휘 **children's health**. 이유(소주제문의 핵심 단어) 두 번째로, 스포츠와 같은 야외 활동들은 아이들의 건강에 긍정적인 영향을 끼칠 수 있다.

어휘　convenience 🅝 편리성 ▮ virtual 🅐🅳🅹 가상의 ▮ widen 🆅 넓히다 ▮ perspective 🅝 견문, 관점, 시각 ▮ contribute to ~에 기여하다 ▮ play a pivotal role in ~에 중추적인 역할을 하다 ▮ teammate 🅝 팀 동료 ▮ work out 운동하다 ▮ healthy 🅐🅳🅹 건강한 ▮ allow 🆅 ~하게 하다 ▮ improve 🆅 개선하다 ▮ such as ~와 같은 ▮ have a positive effect on ~에 긍정적인 영향을 끼치다

Check-up 1

정답 및 해설 | P. 52

>> 다음 문제를 읽고, 주어진 주장을 바탕으로 브레인스토밍을 해 본 후 본론의 소주제문을 적어 보시오.

01 **Parents should not let their children watch TV so that they can do well at school.** Do you agree or disagree with the given statement? Please provide ample reasons to support your answer.

Brainstorming 노트

나의 주장   **Disagree**

1) 문제에 기분 전환 요소가 있음 →

요즘 아이들 =

2) 문제를 통해 타인과 공유할 수 있는 이야기가 있음 →

TV =

답변 '동의하지 않음'

본론 1	**소주제문** _____ _____ . 첫 번째로, TV를 보는 것은 아이들이 스트레스를 해소할 수 있게 해 준다.
본론 2	**소주제문** _____ _____ . 두 번째로, 아이들은 TV를 시청함으로써 그들의 관계를 향상시킬 수 있다.

Lesson 03 Independent Task

Lesson 03 본론 적기 **149**

02

It is better to spend money for vacation and travel than to save it for future. Do you agree or disagree with the given statement? Use specific reasons and examples to support your answer.

Brainstorming 노트

나의 주장 **Agree**

1) 문제에 기분 전환 요소가 있음 →

   요즘 사람들 =

2) 문제를 통해 타인과 공유할 수 있는 이야기가 있음 →

   여행을 타인과 함께 갈 수 있음 →

답변 '동의'

본론 1	**소주제문** _____ _____. 첫 번째로, 휴가에 돈을 쓰는 것은 사람들이 스트레스를 해소할 수 있게 해 준다.
본론 2	**소주제문** _____ _____. 두 번째로, 사람들은 휴가 동안 함께 여행함으로써 그들의 관계를 개선할 수 있다.

Practice 1

정답 및 해설 | P. 53

>> 다음 문제를 읽고, 어떤 주장이 쉬운지 브레인스토밍을 해 본 뒤, 나의 주장에 동그라미를 치고 그에 따른 본론의 소주제문을 적어 보시오.

01

Do you agree or disagree with the following statement?

In many countries, the school day begins very early for children, while in others, classes begin later in the day. Both sides contend that their starting time allows children to study better. Which view do you agree with and why?

Use specific reasons and examples to support your answer.

Brainstorming 노트

나의 주장   Begin very early / Begin later in the day

1)

2)

답변

본론 1	소주제문 _____ _____.
본론 2	소주제문 _____ _____.

02

The university club that you belong to wants to do volunteer work to help people in the community. Which of the following types of volunteer work do you think they should do?

1 Build houses for homeless people
2 Perform daily tasks for elderly people
3 Tutor foreign students in English

Use specific reasons and examples to support your choice.

Brainstorming 노트

나의 주장   1 / 2 / 3

  1)

  2)

답변

| 본론 1 | 소주제문 _____
 _____ . |
| 본론 2 | 소주제문 _____
 _____ . |

2. 객관적 설명 적기

많은 학생들이 에세이를 쓸 때 흔히 하는 착각 중의 하나가, 채점자는 전지전능한 마법사처럼 모든 문제의 정해진 답을 알고 있고, 수험자의 정보(나이, 성별, 직업, 국적)까지 가지고 있다고 생각하는 것이다. 사실 채점자는 아무런 사전 정보 없이 오로지 수험자가 쓴 글만 보고 채점한다. 그러므로 수험자는 일반적으로 알고 있다고 생각되는 객관적 사실이라도 생략하지 말고 다 서술하는 것이 글도 더 풍부해지고, 읽는 사람의 이해를 도울 수 있다.

(1) 객관적 설명(Supporting statements)은 소주제문 뒤에 오는 부분으로서, 일반적인 사실일 수도 있고, 자신이 어떤 생각을 갖고 있는지 설명하는 문장일 수도 있다.

> 객관적 설명을 적을 때 사용하면 유용한 구문
>
> - 이것은 (주로/단지) ~ 때문이다.: **This is (mainly/solely/only) because** 〈객관적 설명 문장들〉.
> - 이것은 ~한 사실 때문이다.: **This is due to the fact that** 〈객관적 설명 문장들〉.

(2) Lesson 02에서 배운 브레인스토밍 핵심 논리와 주제별 필수 표현들을 활용하면 논리 작성이 더 쉽고, 시간 단축에 도움이 된다.

Example

다음 주어진 Brainstorming 노트와 소주제문을 보고 객관적 설명을 적어 보시오.

> Do you agree or disagree with the following statement?
>
> **Children today depend too much on electronic devices like smartphones and video games for their entertainment, when they should spend more time outdoors playing with simpler toys.**
>
> Use specific reasons and examples to support your answer.

Brainstorming 노트

나의 주장　**Agree**(technology) 동의(기술)

electronic devices
전자 기기

→ 1) smartphones → **the Internet** → convenience
　　스마트폰　　　인터넷　　　　편리성

→ 2) video games → **virtual world** → experience →
　　비디오 게임　　가상 세계　　　경험

widen perspectives
견문을 넓힘

본론 1	소주제문 First of all, using electronic devices contributes to convenience. 객관적 설명 This is because children can use **the Internet**. Thanks to electronic devices, children can access whatever information they want, whenever they want it, and wherever they are. Also, **the Internet** allows children to find up-to-date information easily.
	첫 번째로, 전자 기기를 사용하는 것은 편리성에 기여할 수 있다. 이는 아이들이 인터넷을 사용할 수 있기 때문이다. 전자 기기 덕분에, 아이들은 그들이 원하면 언제든 그리고 어느 곳에 있든지 간에 원하는 어떤 정보에든 접근할 수 있다. 또한, 인터넷은 아이들이 최신 정보를 쉽게 찾을 수 있도록 해 준다.

Writing Tip

본론 1의 객관적 설명은 '전자 기기'에 대한 장점 두 가지 중 하나인 '편리성'으로 귀결될 때 떠올렸던 '인터넷'을 활용하여 객관적인 설명을 적는다.

예시 답변 '동의'

본론 2	소주제문 Second, electronic devices play a pivotal role in widening perspectives. 객관적 설명 This is due to the fact that many children can **experience** a non-traditional way for their entertainment. Thus, children can not only learn technical and scientific terms, but also **experience virtual world** that they have not been exposed to. This is why electronic devices allow children to broaden their perspectives.
	두 번째로, 전자 기기들은 견문을 넓히는 데 중추적인 역할을 한다. 이는 많은 아이들이 그들의 재미를 위해 새로운[비전통적인] 방법을 경험할 수 있기 때문이다. 따라서, 아이들은 전문적이고 과학적인 용어들을 배울 수 있을 뿐만 아니라, 그들이 경험해 보지 않은[노출된 적이 없던] 가상 세계를 경험할 수 있다. 이것이 전자 기기가 아이들이 견문을 넓힐 수 있게 하는 이유이다.

Writing Tip

본론 2의 객관적 설명은 '전자 기기'에 대한 장점 두 가지 중 하나인 '견문을 넓힘'으로 귀결될 때 떠올렸던 '가상 세계', '경험'을 활용하여 객관적인 설명을 적는다.

어휘 thanks to ~ 덕분에 I access V 접근하다 I up-to-date adj 최신의 I easily adv 쉽게 I non-traditional adj 비전통적인 I technical adj 전문적인, 기술적인 I scientific adj 과학적인 I term n 용어 I expose V 노출시키다 I broaden V 넓히다

정답 및 해설 | P. 55

>> 다음 주어진 Brainstorming 노트와 소주제문을 보고 객관적 설명을 적어 보시오.

01 **Parents should not let their children watch TV so that they can do well at school.** Do you agree or disagree with the given statement? Please provide ample reasons to support your answer.

Brainstorming 노트

나의 주장 **Disagree**

1) 문제에 기분 전환 요소가 있음 → relieve stress

요즘 아이들 = 일(숙제나 공부)이 많아 지쳐 있음 → TV 보는 것 = 기분 전환 요소 → 학교 내에서 활기찬 분위기 형성 가능

2) 문제를 통해 타인과 공유할 수 있는 이야기가 있음 → improve relationships

TV = 대화하기에 좋은 주제 → 학교의 또래 압박이 있기에, TV를 시청하는 것을 통해 학교에서 친구들과 공유할 수 있는 이야기 주제를 얻을 수 있음

답변 '동의하지 않음'

본론 1

소주제문 First of all, watching TV allows children to relieve their stress. 객관적 설명

This is because _____

_____

_____

_____

_____ .

첫 번째로, TV를 보는 것은 아이들이 스트레스를 해소할 수 있게 해 준다. 이것은 요즘 아이들이 엄청난 업무량을 감당해야 해서 스트레스를 많이 받기 때문이다. 그러므로, 아이들은 원할 때마다 TV를 보면서 스트레스를 해소할 필요가 있다. 또한, TV를 본 후, 긍정적인 정신 상태를 가진 아이들은 학교에서 활기차고 에너지가 넘치는 환경을 조성할 수 있다.

본론 2

소주제문 Second, children can improve their relationships by watching TV.

객관적 설명 This is due to the fact that _____

_____

_____

_____

_____ .

두 번째로, 아이들은 TV를 시청함으로써 그들의 관계를 향상시킬 수 있다. 이것은 TV 프로그램이 그들에게 학교에서 이야기하기에 좋은 주제를 준다는 사실 때문이다. 또한, TV 프로그램에 대한 생각을 공유함으로써, 아이들은 사회성을 기를 수 있다. 또래 압박 때문에, 반 친구들과 좋은 관계를 갖는 것은 아이들에게 중요하다.

It is better to spend money for vacation and travel than to save it for future. Do you agree or disagree with the given statement? Use specific reasons and examples to support your answer.

Brainstorming 노트

나의 주장 **Agree**

1) 문제에 기분 전환 요소가 있음 → relieve stress

   요즘 사람들 = 일이 많아 지침 → 휴가/방학 = 기분 전환 요소 → 활기찬 분위기 형성 가능

2) 문제를 통해 타인과 공유할 수 있는 이야기가 있음 → improve relationships

   여행을 타인과 함께 갈 수 있음 → 가서 다른 문화나 생각을 공유하고, 시간을 함께 보낼 수 있음

답변 '동의'

본론 1

소주제문 First of all, spending money on vacations allows people to relieve their stress. 객관적 설명 This is because _____

_____

_____

_____

_____.

첫 번째로, 휴가에 돈을 쓰는 것은 사람들이 스트레스를 해소할 수 있게 해 준다. 이것은 요즘 사람들이 엄청난 업무량을 감당해야 해서 스트레스를 많이 받기 때문이다. 따라서, 사람들은 원할 때마다 휴가에 돈을 투자함으로써 스트레스를 해소할 필요가 있다. 또한, 휴가를 즐긴 후, 긍정적인 정신 상태를 가진 사람들은 활기차고 에너지가 넘치는 환경을 조성할 수 있다.

본론 2

소주제문 Second, people can improve their relationships by traveling together during their vacations. 객관적 설명 This is due to the fact that _____

_____

_____

_____

_____.

두 번째로, 사람들은 휴가 동안 함께 여행함으로써 그들의 관계를 개선할 수 있다. 이것은 사람들이 함께 시간을 보낼 때, 그들은 생각을 공유하고 서로를 이해할 수 있다는 사실 때문이다. 또한, 함께 여행함으로써, 사람들은 심지어 사교 능력을 기를 수 있다. 여행에 돈을 씀으로써, 그들은 더 강한 신뢰를 쌓을 수 있다.

Practice 2

정답 및 해설 | P. 57

>> 다음 주어진 Brainstorming 노트와 소주제문을 보고 객관적 설명을 적어 보시오.

01

Do you agree or disagree with the following statement?

In many countries, the school day begins very early for children, while in others, classes begin later in the day. Both sides contend that their starting time allows children to study better. Which view do you agree with and why?

Use specific reasons and examples to support your answer.

(1) Begin very early

Brainstorming 노트

나의 주장　**Begin very early**

Early

1) early start → wake up early = diligent = good habit → healthier + productive

2) early dismissal → more time = do hw, extracurricular activities…

답변 '매우 일찍 시작'

본론 1	소주제문 First of all, early start times enable students to lead healthier and more productive lives. 객관적 설명 This is mainly because _____ _____ _____ _____ _____.
본론 2	소주제문 Second, an early start makes earlier dismissal possible, and it will give students more time to participate in other activities. 객관적 설명 This is due to the fact that _____ _____ _____ _____ _____.

Lesson 03
Independent Task

(2) Begin later in the day

나의 주장　**Begin later in the day**

Later = not early → wake up later in the day → more sleep

1) in life → better brain + health

2) in school → concentrate better → better performance → better grades

답변 '더 늦게 시작'

본론 1	소주제문 First of all, later starting times contribute to developing students' bodies and brains properly. 객관적 설명 This is mainly because _____ _____ _____ _____ _____.
본론 2	소주제문 Second, students who get enough sleep and are well rested perform better in school. 객관적 설명 This is due to the fact that _____ _____ _____ _____ _____.

02

The university club that you belong to wants to do volunteer work to help people in the community. Which of the following types of volunteer work do you think they should do?

1 Build houses for homeless people
2 Perform daily tasks for elderly people
3 Tutor foreign students in English

Use specific reasons and examples to support your choice.

(1) Build houses for homeless people

Brainstorming 노트

나의 주장 Build houses for homeless people

   1) 노숙자의 입장 → 집이 없음 + 직업을 구하는 것도 어려움 → 집이 생긴다면, 그들에게 기반이 됨

   2) 자원봉사자의 입장 → 집을 지어 보는 것 = 귀중한 능력/경험이 될 수 있음

답변 '노숙자들을 위한 집 짓기'

본론 1

소주제문 First of all, university students should build houses because this will give homeless people a chance to have houses. 객관적 설명 This is mainly because

_____

_____

_____

_____

_____ .

본론 2

소주제문 Second, the volunteers who build the houses gain many valuable skills from their work. 객관적 설명 This is solely because _____

_____

_____

_____

_____ .

(2) Perform daily tasks for elderly people

Brainstorming 노트

나의 주장 Perform daily tasks for elderly people

1) 어르신들의 입장: 건강 + 힘↓ → 도와주는 누군가가 있음

2) 봉사를 하는 학생의 입장: 어른들에게 배울 수 있는 삶의 지혜

답변 '어르신들의 일과 돕기'

본론 1	소주제문 First of all, performing daily tasks for elderly people is important because they are often neglected. 객관적 설명 This is only because _____ _____ _____ _____ _____ .
본론 2	소주제문 Second, the volunteers can learn a lot about life by helping elderly people with their daily tasks. 객관적 설명 This is because _____ _____ _____ _____ _____ .

(3) Tutor foreign students in English

Brainstorming 노트

나의 주장 Tutor foreign students in English

1) 외국어로 가르치며 학생들이 배울 수 있는 점: 제2외국어 → 실생활에 써 볼 수 있음 → 어휘의 확장

2) 외국 학생들과 소통하며 학생들이 배울 수 있는 점: 문화의 교류 → 타문화에 대한 이해

답변 '영어로 외국인 학생들 가르치기'

본론 1

소주제문 First of all, tutoring foreign students in English is a good way to learn English. 객관적 설명 This is mainly because _____

_____

_____

_____

_____ .

본론 2

소주제문 Second, the volunteers can widen their perspectives by helping foreign students. 객관적 설명 This is solely because _____

_____

_____

_____

_____ .

3. 추가 예시 적기

소주제문과 객관적 설명을 예시로 뒷받침해 주면 더욱더 설득력 있고 논리적인 에세이를 작성할 수 있다.

(1) 예시(Examples)는 설명보다는 상황을 조금 더 구체적으로 사실감 있게 보여주기 위한 글쓰기의 한 부분이다. 또한, 예시는 꼭 실제 나 또는 내 주변의 경험을 바탕으로 쓸 필요는 없다. 주어진 문제와 관련하여 벌어질 수 있는 상황에 맞춰 각색하는 것이다.

추가 예시를 쓸 때 반드시 사용해야 하는 전환어

- 보통 추가 예시를 쓸 때

  For example / For instance 예를 들어서

- 경험이 주가 되는 추가 예시*를 쓸 때

  The example of this is 명사. / 명사 **is the example of this.** 이것의 예시는 명사이다.

  *경험 예시라고도 하며, 상황에 대한 각색과 추가적인 설명이 들어가 실제 있던 일 같은 예시를 말한다.

- 연구가 주가 되는 추가 예시를 쓸 때

  According to the research 연구에 따르면

(2) Lesson 02에서 배운 브레인스토밍 핵심 논리와 주제별 필수 표현들을 활용하면 추가 예시 작성이 더 쉽고, 시간 단축에 도움이 된다.

| Example

다음 주어진 Brainstorming 노트와 소주제문을 보고 추가 예시를 적어 보시오.

Brainstorming 노트

나의 주장   **Agree**(technology) 동의(기술)

electronic devices —▶ 1) smartphones → the Internet → convenience
전자 기기   스마트폰   인터넷   편리성

예시 답변 '동의'

본론 1   소주제문 First of all, using electronic devices contributes to convenience.
첫 번째로, 전자 기기를 사용하는 것은 편리성에 기여할 수 있다.

(1) 본론 1의 추가 예시를 적기에 앞서 브레인스토밍을 먼저 해 보자.

본론 1 추가 예시의 Brainstorming 노트

1. 상황   내 남동생

2. 초반   부모님께서 스마트폰을 사 주시지 않아 숙제 관련된 정보를 찾는 데 어려움을 느끼는 내 동생. 매번 도서관에 갔음

3. 중반   부모님께서 스마트폰을 사 주심

4. 후반   이제 정보를 쉽게 찾을 뿐만 아니라 스스로 온라인 강의를 보면서 공부도 함

(2) 브레인스토밍한 예시를 영어로 옮겨 보자.

예시 답변 '동의'

본론 1

추가 예시 [1]My brother is the example of this. [2]He had a hard time finding information related to his homework because my parents did not allow my brother to have a smartphone. My brother always visited school library to get information. [3]Then, one day, my parents decided to buy a smartphone for my brother. [4]Thanks to the smartphone, he now can find information anytime and anywhere. He even watches online lectures to study.

내 남동생이 이것의 예이다. 우리 부모님께선 내 남동생이 스마트폰을 갖는 것을 허락하지 않으셨기 때문에 그는 그의 숙제와 관련된 정보를 찾는 데 어려움을 겪었다. 내 남동생은 항상 정보를 얻기 위해 학교 도서관을 방문했다. 그러던 어느 날, 부모님께서 내 남동생에게 스마트폰을 사 주시기로 결심하셨다. 스마트폰 덕분에, 그는 이제 언제 어디서나 정보를 찾을 수 있다. 그는 심지어 공부하기 위해 온라인 강의도 본다.

Writing Tip

추가 예시는 항상 For example / For instance 예를 들어서와 같은 전환어로 시작한다는 것에 유의한다. 예시에서는 논증에서 쓰인 '편리성'이라는 단어를 조금 더 구체적으로 '정보를 찾는 것에서 오는 편리성'으로 연결 지어 동생의 이야기로 각색한 결과, 추가 예시의 내용이 풍부해졌다는 것을 알 수 있다.

어휘   have a hard time V-ing ~하는 데 어려움을 겪다 | related to ~와 관련된 | library ⓝ 도서관 | decide ⓥ 결심하다, 결정하다 | online lecture 온라인 강의

Check-up 3

>> 다음 주어진 Brainstorming 노트와 소주제문을 보고 추가 예시를 적어 보시오.

01
Parents should not let their children watch TV so that they can do well at school. Do you agree or disagree with the given statement? Please provide ample reasons to support your answer.

Brainstorming 노트

나의 주장 **Disagree**

1) 문제에 기분 전환 요소가 있음 → relieve stress

요즘 아이들 = 일(숙제나 공부)이 많아 지쳐 있음 → TV 보는 것 = 기분 전환 요소 → 학교 내에서 활기찬 분위기 형성 가능

2) 문제를 통해 타인과 공유할 수 있는 이야기가 있음 → improve relationships

TV = 대화하기에 좋은 주제 → 학교의 또래 압박이 있기에, TV를 시청하는 것을 통해 학교에서 친구들과 공유할 수 있는 이야기 주제를 얻을 수 있음

답변 '동의하지 않음'

| 본론 1 | 소주제문 First of all, watching TV allows children to relieve their stress. |
| 본론 2 | 소주제문 Second, children can improve their relationships by watching TV. |

• 본론 1의 추가 예시를 적어 보시오.

본론 1 추가 예시의 Brainstorming 노트

1. 상황

2. 초반

3. 중반

4. 후반

답변 '동의하지 않음'

본론 1

추가 예시 [1]_____ is the example of this. [2]_____

_____

_____ .

[3]_____

_____ .

[4]_____

_____ .

내 여동생이 이것의 예이다. 그녀가 초등학교에 다닐 때, 그녀는 숙제를 하기 위해 밤을 새우곤 했기 때문에, 육체적으로나 정신적으로나 지쳤었다. 그러던 어느 날, 우리 부모님께선 그녀가 원할 때마다 TV를 보도록 결정을 내리셨고, TV를 보는 것은 그녀가 스트레스를 받는 일상에서 벗어날 수 있게 해 주었다. 게다가, 그녀는 스트레스를 관리하는 것의 중요성을 배웠다. TV 덕분에, 그녀는 이제 긍정적인 정신 상태로 학업 문제에 집중을 더 잘한다.

● 본론 2의 추가 예시를 적어 보시오.

본론 2 추가 예시의 Brainstorming 노트

1. 상황

2. 초반

3. 중반

4. 후반

답변 '동의하지 않음'

본론 2

추가 예시 [1]The example of this is _____. [2]_____

_____

_____ .

[3]_____

_____ .

[4]_____

_____ .

이것의 예는 나 자신이다. 유치원에 다닐 때, 나는 친구를 사귈 수도 없었고 반 친구들과 쉽게 어울릴 수도 없었다. 나는 집에 있으면서 혼자 TV를 보곤 했다. 그러던 어느 날, 우리 반 친구 중 한 명이 내가 본 TV 쇼에 대해 말했다. 우리는 그 쇼에 대해 의견을 나누기 시작했고, 몇몇 다른 친구들도 우리의 대화에 동참했다. 방과 후에, 나는 심지어 그들을 우리 집에 초대했고, 우리는 함께 쇼를 봤다. 지금까지, 그들은 나의 가장 친한 친구들이다.

02 **It is better to spend money for vacation and travel than to save it for future.** Do you agree or disagree with the given statement? Use specific reasons and examples to support your answer.

Brainstorming 노트

나의 주장　**Agree**

1) 문제에 기분 전환 요소가 있음 → relieve stress

요즘 사람들 = 일이 많아 지침 → 휴가/방학 = 기분 전환 요소 → 활기찬 분위기 형성 가능

2) 문제를 통해 타인과 공유할 수 있는 이야기가 있음 → improve relationships

여행을 타인과 함께 갈 수 있음 → 가서 다른 문화나 생각을 공유하고, 시간을 함께 보낼 수 있음

답변 '동의'

본론 1	소주제문 First of all, spending money on vacations allows people to relieve their stress.
본론 2	소주제문 Second, people can improve their relationships by traveling together during their vacations.

● 본론 1의 추가 예시를 적어 보시오.

본론 1 추가 예시의 Brainstorming 노트

1. 상황

2. 초반

3. 중반

4. 후반

답변 '동의'

본론 1	**추가 예시** [1] _____ is the example of this. [2] _____ _____ _____ . [3] _____ _____ . [4] _____ _____ . 내 여동생이 이것의 예이다. 그녀가 회사에 다닐 때, 그녀는 일을 끝내기 위해 밤을 새우곤 했기 때문에, 육체적으로나 정신적으로나 지쳤었다. 그러던 어느 날, 그녀는 휴가 동안 스페인을 방문하기로 결심했고, 여행은 그녀가 스트레스를 받는 일상에서 벗어날 수 있게 해 주었다. 게다가, 그녀는 스트레스를 관리하는 것의 중요성을 배웠다. 휴가 기간 덕분에, 그녀는 이제 긍정적인 정신 상태로 일에 집중을 더 잘한다.

● 본론 2의 추가 예시를 적어 보시오.

본론 2 추가 예시의 Brainstorming 노트

1. 상황

2. 초반

3. 중반

4. 후반

답변 '동의'

본론 2	**추가 예시** [1]The example of this is _____ . [2] _____ _____ _____ . [3] _____ _____ . [4] _____ _____ . 이것의 예는 나 자신이다. 내가 대학에 다닐 때, 나는 친구를 사귈 수도, 남들과 쉽게 어울릴 수도 없었다. 나는 집에 있곤 했다. 그러던 어느 날, 나는 방학 동안 내 친구 중 한 명과 함께하는 일본 여행에 돈을 쓰기로 결심했다. 처음에, 나는 그녀와 대화하는 데 어려움을 겪었다. 하지만, 우리는 함께 시간을 보내면서 일본 문화에 대해서 의견을 나누기 시작했다. 그 방학 후, 우리는 가장 친한 친구가 되었다.

Practice 3

>> 다음 주어진 Brainstorming 노트와 소주제문을 보고 추가 예시를 적어 보시오.

01 Do you agree or disagree with the following statement?

In many countries, the school day begins very early for children, while in others, classes begin later in the day. Both sides contend that their starting time allows children to study better. Which view do you agree with and why?

Use specific reasons and examples to support your answer.

(1) Begin very early

Brainstorming 노트

나의 주장 **Begin very early**

Early

1) early start → wake up early = diligent = good habit → healthier + productive

2) early dismissal → more time = do hw, extracurricular activities...

답변 '매우 일찍 시작'

본론 1	소주제문 First of all, early start times enable students to lead healthier and more productive lives.
본론 2	소주제문 Second, an early start makes earlier dismissal possible, and it will give students more time to participate in other activities.

● 본론 1의 추가 예시를 적어 보시오.

본론 1 추가 예시의 Brainstorming 노트

1. 상황

2. 초반

3. 중반

4. 후반

답변 '매우 일찍 시작'

본론 1	추가 예시 1 _____ .
	2 _____
	_____ .
	3 _____
	_____ .
	4 _____
	_____ .

● 본론 2의 추가 예시를 적어 보시오.

본론 2 추가 예시의 Brainstorming 노트

1. 상황

2. 초반

3. 중반

4. 후반

답변 '매우 일찍 시작'

본론 2	추가 예시 1 _____ .
	2 _____
	_____ .
	3 _____
	_____ .
	4 _____
	_____ .

Lesson 03
Independent Task

(2) Begin later in the day

Brainstorming 노트

나의 주장 **Begin later in the day**

Later = not early → wake up later in the day → more sleep

1) in life → better brain + health

2) in school → concentrate better → better performance → better grades

답변 '더 늦게 시작'

본론 1	소주제문 First of all, later starting times contribute to developing students' bodies and brains properly.
본론 2	소주제문 Second, students who get enough sleep and are well rested perform better in school.

• 본론 1의 추가 예시를 적어 보시오.

본론 1 추가 예시의 Brainstorming 노트

1. 상황

2. 초반

3. 중반

4. 후반

답변 '더 늦게 시작'

본론 1

추가 예시 1 _____ .

2 _____

_____ .

3 _____

_____ .

4 _____

_____ .

• 본론 2의 추가 예시를 적어 보시오.

본론 2 추가 예시의 Brainstorming 노트

1. 상황

2. 초반

3. 중반

4. 후반

답변 '더 늦게 시작'

본론 2 | 추가 예시 1 _____.

2 _____

_____.

3 _____

_____.

4 _____

_____.

02 The university club that you belong to wants to do volunteer work to help people in the community. Which of the following types of volunteer work do you think they should do?

1 Build houses for homeless people
2 Perform daily tasks for elderly people
3 Tutor foreign students in English

Use specific reasons and examples to support your choice.

(1) Build houses for homeless people

Brainstorming 노트

나의 주장　Build houses for homeless people

1) 노숙자의 입장 → 집이 없음 + 직업을 구하는 것도 어려움 → 집이 생긴다면, 그들에게 기반이 됨

2) 자원봉사자의 입장 → 집을 지어 보는 것 = 귀중한 능력/경험이 될 수 있음

답변 '노숙자들을 위한 집 짓기'

본론 1	소주제문 First of all, university students should build houses because this will give homeless people a chance to have houses.
본론 2	소주제문 Second, the volunteers who build the houses gain many valuable skills from their work.

• 본론 1의 추가 예시를 적어 보시오.

본론 1 추가 예시의 Brainstorming 노트

1. 상황

2. 초반

3. 중반

4. 후반

답변 '노숙자들을 위한 집 짓기'

본론 1	추가 예시 1 _____ . 2 _____ _____ . 3 _____ _____ . 4 _____ _____ .

● 본론 2의 추가 예시를 적어 보시오.

본론 2 추가 예시의 Brainstorming 노트

1. 상황

2. 초반

3. 중반

4. 후반

답변 '노숙자들을 위한 집 짓기'

본론 2	추가 예시 1 _____ . 2 _____ _____ . 3 _____ _____ . 4 _____ _____ .

(2) Perform daily tasks for elderly people

Brainstorming 노트

나의 주장 **Perform daily tasks for elderly people**

1) 어르신들의 입장: 건강 + 힘↓ → 도와주는 누군가가 있음

2) 봉사를 하는 학생의 입장: 어른들에게 배울 수 있는 삶의 지혜

답변 '어르신들의 일과 돕기'

| 본론 1 | 소주제문 First of all, performing daily tasks for elderly people is important because they are often neglected. |
| 본론 2 | 소주제문 Second, the volunteers can learn a lot about life by helping elderly people with their daily tasks. |

● 본론 1의 추가 예시를 적어 보시오.

본론 1 추가 예시의 Brainstorming 노트

1. 상황

2. 초반

3. 중반

4. 후반

답변 '어르신들의 일과 돕기'

본론 1	추가 예시 1 _____.
	2 _____
	_____.
	3 _____
	_____.
	4 _____
	_____.

• 본론 2의 추가 예시를 적어 보시오.

본론 2 추가 예시의 Brainstorming 노트

1. 상황

2. 초반

3. 중반

4. 후반

답변 '어르신들의 일과 돕기'

본론 2	추가 예시 1 _____.
	2 _____
	_____.
	3 _____
	_____.
	4 _____
	_____.

(3) Tutor foreign students in English

나의 주장   Tutor foreign students in English

1) 외국어로 가르치며 학생들이 배울 수 있는 점: 제2외국어 → 실생활에 써 볼 수 있음 → 어휘의 확장

2) 외국 학생들과 소통하며 학생들이 배울 수 있는 점: 문화의 교류 → 타 문화에 대한 이해

답변 '영어로 외국인 학생들 가르치기'

| 본론 1 | 소주제문 First of all, tutoring foreign students in English is a good way to learn English. |
| 본론 2 | 소주제문 Second, the volunteers can widen their perspectives by helping foreign students. |

● 본론 1의 추가 예시를 적어 보시오.

본론 1 추가 예시의 Brainstorming 노트

1. 상황

2. 초반

3. 중반

4. 후반

답변 '영어로 외국인 학생들 가르치기'

본론 1

추가 예시 1 _____ .

2 _____
_____ .

3 _____
_____ .

4 _____
_____ .

• 본론 2의 추가 예시를 적어 보시오.

본론 2 추가 예시의 Brainstorming 노트

1. 상황

2. 초반

3. 중반

4. 후반

답변 '영어로 외국인 학생들 가르치기'

본론 2	추가 예시 1 _____.
	2 _____
	_____.
	3 _____
	_____.
	4 _____
	_____.

◎ 독립형 과제의 에세이 마무리 정리

독립형 과제의 에세이를 쓸 때, 통합형 과제와 다르게 모든 부분을 외워서 쓸 수는 없지만, 문단의 틀을 익힌 뒤, 해당 내용을 설명한다는 생각으로 채워 넣으면 글쓰기가 조금 더 쉬워진다.

◎ 독립형 과제의 에세이 sample template

서론	It is important to consider whether 〈문제(절)〉 or not. This is an interesting question because everyone's opinion can differ. In my opinion, I agree/disagree with the given statement because of several reasons. 〈문제〉인지 아닌지 고려하는 것은 중요하다. 모든 사람들의 의견은 다를 수 있기 때문에 이 문제는 흥미롭다. 내 생각에는, 나는 여러 가지 이유들 때문에 주어진 진술에 **동의한다/동의하지 않는다**.
본론 1	First of all, 〈소주제문 1〉. This is (mainly/solely/only) because 〈소주제문 1에 대한 객관적 설명 문장들〉. 사람 명사 is the example of this. 〈예시〉. 첫 번째로, 〈**소주제문 1**〉. 이것은 (주로/단지/오직) 〈**소주제문 1에 대한 객관적 설명 문장들**〉 때문이다. ~가 이것의 예이다. 〈**예시**〉.
본론 2	Second, 〈소주제문 2〉. This is due to the fact that 〈소주제문 2에 대한 객관적 설명 문장들〉. For example, 〈예시〉. 두 번째로, 〈**소주제문 2**〉. 이것은 〈**소주제문 2에 대한 객관적 설명 문장들**〉이라는 사실 때문이다. 예를 들어, 〈**예시**〉.
결론	In conclusion, I agree/disagree that 〈문제(절)〉 because of the reasons I mentioned above. 결론적으로, 나는 내가 위에서 언급한 이유들 때문에 〈**문제**〉에 **동의한다/동의하지 않는다**.

PAGODA TOEFL 70+ Writing

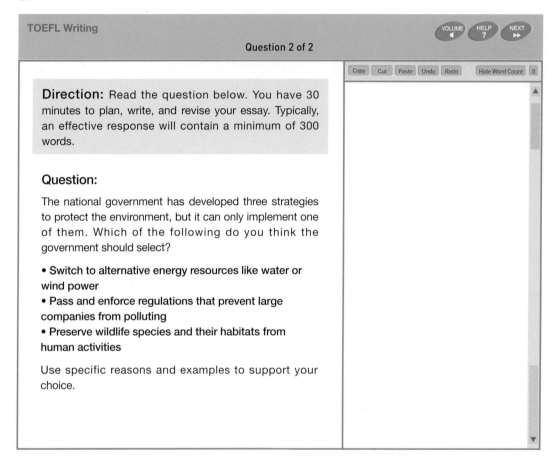

Copy Cut Paste Undo Redo   Hide Word Count 0

Direction: Read the question below. You have 30 minutes to plan, write, and revise your essay. Typically, an effective response will contain a minimum of 300 words.

Question:

The national government has developed three strategies to protect the environment, but it can only implement one of them. Which of the following do you think the government should select?

• Switch to alternative energy resources like water or wind power
• Pass and enforce regulations that prevent large companies from polluting
• Preserve wildlife species and their habitats from human activities

Use specific reasons and examples to support your choice.

Brainstorming 노트

본론 1 추가 예시의 Brainstorming 노트	본론 2 추가 예시의 Brainstorming 노트
1. 상황	1. 상황
2. 초반	2. 초반
3. 중반	3. 중반
4. 후반	4. 후반

답변

서론	
본론 1	
본론 2	
결론	

Test
Independent Task

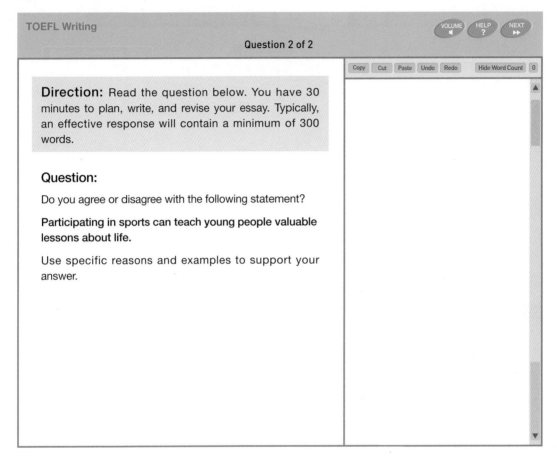

TOEFL Writing

Question 2 of 2

VOLUME   HELP   NEXT

Copy   Cut   Paste   Undo   Redo   Hide Word Count   0

Direction: Read the question below. You have 30 minutes to plan, write, and revise your essay. Typically, an effective response will contain a minimum of 300 words.

Question:

Do you agree or disagree with the following statement?

Participating in sports can teach young people valuable lessons about life.

Use specific reasons and examples to support your answer.

Brainstorming 노트

본론 1 추가 예시의 Brainstorming 노트	본론 2 추가 예시의 Brainstorming 노트
1. 상황	1. 상황
2. 초반	2. 초반
3. 중반	3. 중반
4. 후반	4. 후반

답변

서론	
본론 1	
본론 2	
결론	

IV
Actual Test

Actual Test 1

Actual Test 2

Actual Test 1

문제 듣기

Gulf sturgeons are large fish that grow to 2.5 meters long and weigh up to 90 kilograms. They spend the winter in the Gulf of Mexico, and in the summer they swim up coastal rivers in the United States, particularly in Florida. While in the rivers, they frequently leap 2 meters out of the water and crash down again. It is unclear why they do this, but many reasons have been suggested.

First, sturgeons may be leaping out of the water in order to catch and eat flying insects. A wide variety of flying insects can be found near bodies of water in Florida in the summer. They are usually present at dawn and dusk, which is when sturgeons usually leap. Therefore, it seems likely that they are jumping to catch these insects, much like other fish like trout.

Second, sturgeons may be jumping out of the water to remove parasites from their bodies. Since they are fish, sturgeons do not have any limbs they can use to remove parasites from their skin. When they leap out of the water, they usually turn on their sides to maximize their impact when they land. Striking the water with such force must have a purpose, and it would probably knock off many small parasites.

Third, sturgeons may be displaying aggression against humans when they jump out of the water. Many people have been struck by leaping Gulf sturgeons. They are large fish, and they have armor plates on their bodies that can cause serious injuries. Most of their jumping happens during the tourist season, so they may be attacking the tourists. Maybe they think the humans are invading their territory or they feel threatened by the boats.

 AT1

TOEFL Writing

Question 1 of 2

Directions: You have 20 minutes to plan and write your response. Your response will be judged on the quality of your writing and on how well your response presents the points in the lecture and the relationship to the reading passage. Typically, an effective response will be 150 to 225 words.

Questions: Summarize the points made in the lecture, being sure to explain how they oppose the specific points made in the reading passage.

Gulf sturgeons are large fish that grow to 2.5 meters long and weigh up to 90 kilograms. They spend the winter in the Gulf of Mexico, and in the summer they swim up coastal rivers in the United States, particularly in Florida. While in the rivers, they frequently leap 2 meters out of the water and crash down again. It is unclear why they do this, but many reasons have been suggested.

First, sturgeons may be leaping out of the water in order to catch and eat flying insects. A wide variety of flying insects can be found near bodies of water in Florida in the summer. They are usually present at dawn and dusk, which is when sturgeons usually leap. Therefore, it seems likely that they are jumping to catch these insects, much like other fish like trout.

Second, sturgeons may be jumping out of the water to remove parasites from their bodies. Since they are fish, sturgeons do not have any limbs they can use to remove parasites from their skin. When they leap out of the water, they usually turn on their sides to maximize their impact when they land. Striking the water with such force must have a purpose, and it would probably knock off many small parasites.

Third, sturgeons may be displaying aggression against humans when they jump out of the water. Many people have been struck by leaping Gulf sturgeons. They are large fish, and they have armor plates on their bodies that can cause serious injuries. Most of their jumping happens during the tourist season, so they may be attacking the tourists. Maybe they think the humans are invading their territory or they feel threatened by the boats.

VOLUME
HELP
?
NEXT

Copy | Cut | Paste | Undo | Redo | Hide Word Count | 0

Direction: Read the question below. You have 30 minutes to plan, write, and revise your essay. Typically, an effective response will contain a minimum of 300 words.

Question:

Do you agree or disagree with the following statement?

Universities should spend their money on improving their student facilities like libraries and computer labs instead of hiring famous professors.

Use specific reasons and examples to support your answer.

Actual Test 2

The European eel is a type of long-bodied fish that spawns in the ocean and then swims inland to grow to adulthood in lakes and rivers. Although it was once an important staple food in some parts of Europe, its popularity has declined. However, its numbers have also continued to plummet, which means that factors other than overfishing must be responsible. The following are three factors that may be contributing to the eels' decline.

First, the construction of hydroelectric dams throughout Europe may be blocking them from reaching their home waters. Since eels are born in the ocean, they must swim upstream to reach the freshwater they need to grow to adult size. Young eels are tiny fish, so when they encounter a structure like a dam, they have no way to get past it. If they cannot grow to become adults, then they will never reproduce, and the cycle repeats. This pattern would lead to a rapid and dramatic population loss.

Second, parasitic worms introduced from Asia may be reducing their numbers. Parasitic worms from Taiwan were introduced to eel farms in Europe, and they quickly destroyed the farms. Young parasites escaped into the rivers, where they were eaten by crustaceans and fish that the eels eat. Once in the eels, the parasites lay eggs in their swim bladders. This makes it difficult for the eels to swim, and it often kills them.

Third, the conditions in the eels' breeding place may have changed and led to population decline. European eels swim to a region in the Atlantic Ocean called the Sargasso Sea to spawn. Unfortunately, scientists do not know exactly where in this region they reproduce. The only reason that scientists know that eel reproduction happens there is because the adults go in and young return. It is possible that they are somehow being affected by factors like pollution and predation there.

🎧 AT2

TOEFL Writing

Question 1 of 2

VOLUME   HELP ?   NEXT

Directions: You have 20 minutes to plan and write your response. Your response will be judged on the quality of your writing and on how well your response presents the points in the lecture and the relationship to the reading passage. Typically, an effective response will be 150 to 225 words.

Questions: Summarize the points made in the lecture, being sure to explain how they oppose the specific points made in the reading passage.

Copy   Cut   Paste   Undo   Redo   Hide Word Count   0

The European eel is a type of long-bodied fish that spawns in the ocean and then swims inland to grow to adulthood in lakes and rivers. Although it was once an important staple food in some parts of Europe, its popularity has declined. However, its numbers have also continued to plummet, which means that factors other than overfishing must be responsible. The following are three factors that may be contributing to the eels' decline.

First, the construction of hydroelectric dams throughout Europe may be blocking them from reaching their home waters. Since eels are born in the ocean, they must swim upstream to reach the freshwater they need to grow to adult size. Young eels are tiny fish, so when they encounter a structure like a dam, they have no way to get past it. If they cannot grow to become adults, then they will never reproduce, and the cycle repeats. This pattern would lead to a rapid and dramatic population loss.

Second, parasitic worms introduced from Asia may be reducing their numbers. Parasitic worms from Taiwan were introduced to eel farms in Europe, and they quickly destroyed the farms. Young parasites escaped into the rivers, where they were eaten by crustaceans and fish that the eels eat. Once in the eels, the parasites lay eggs in their swim bladders. This makes it difficult for the eels to swim, and it often kills them.

Third, the conditions in the eels' breeding place may have changed and led to population decline. European eels swim to a region in the Atlantic Ocean called the Sargasso Sea to spawn. Unfortunately, scientists do not know exactly where in this region they reproduce. The only reason that scientists know that eel reproduction happens there is because the adults go in and young return. It is possible that they are somehow being affected by factors like pollution and predation there.

Copy   Cut   Paste   Undo   Redo   Hide Word Count   0

Direction: Read the question below. You have 30 minutes to plan, write, and revise your essay. Typically, an effective response will contain a minimum of 300 words.

Question:

Many secondary schools students have unsupervised free time after they finish the school day that could be used more productively. Which of the following activities would you recommend they do to fill that time?

- Gain practical experience through a part-time job
- Play sports competitively on an organized team
- Do volunteer work in their community

Use specific reasons and examples to support your choice.

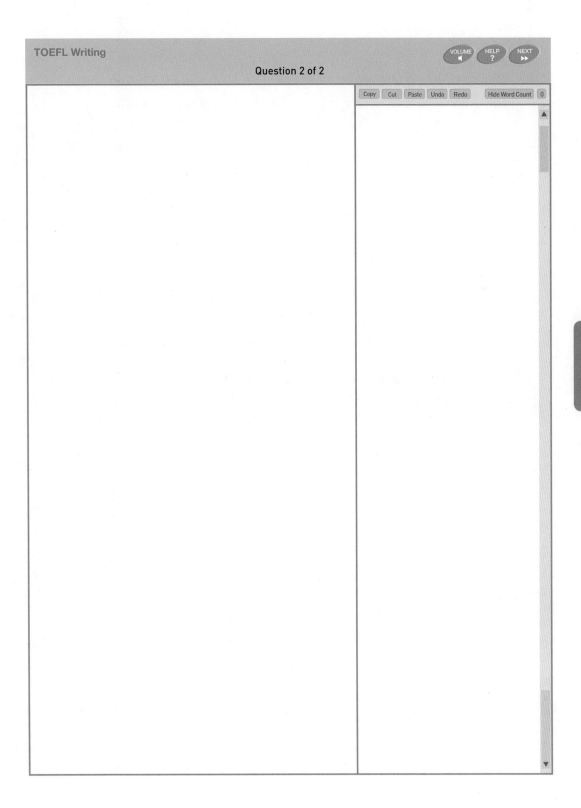

Appendix

A

a business owner 사업주

a false sense of 잘못된, 거짓된

a great deal of 많은

a high GPA(grade point average) 높은 성적

a high-paying job 고소득 직업

a large amount of 많은

a learning process 학습 과정

a low-paying job 저소득 직업

a managerial position 관리직

a promising job 유망한 직업

a qualification 자격, 자질

a quality education 수준 높은 교육

a sense of responsibility 책임감

a thinking ability 사고 능력

a top priority 최우선 순위

a variety of 다양한

a vicious cycle 악순환

a well-educated person 교육을 잘 받은 사람

ability n 능력

absorb v 흡수하다

academic adj 학문적인, 학업적인

accepting adj 수용하는

access n 접근(성) v 접근하다

accidental adj 우연한, 사고의

accommodate v 수용하다

according to ~에 따르면

account for ~을 설명하다

accumulated adj 축적된

accuracy n 정확성

accurately adv 정확히

achieve v 성취하다

acid n 산

acidic adj 신맛이 나는

acidify v 산성화하다

acidity n 신맛

acknowledge v 인정하다

add v 추가하다

adequate adj 충분한, 적절한

adjust v 적응하다

admission n 입학

adulthood n 성인, 성년

advantage n 이점, 장점

advent n 출현, 도래

advice n 충고

affect v 영향을 끼치다

afford v 살[할] 수 있다, (금전적·시간적) 여유가 있다

after-school adj 방과 후의

aggression n 공격성

agriculture n 농업

aid v 거들다, 돕다

alert adj 정신이 맑은

alike adv 똑같이, 둘 다 adj 똑같은

allow v ~하게 하다[허락하다]

allowance n 용돈

alloy n 합금

alter v 변형시키다

alternative adj 대안의 n 대안, 대체물

Alzheimer's disease n 알츠하이머병

amateur n 아마추어, 비전문가

an online lecture 온라인 강의

analyze v 분석하다

ancient adj 고대의

angle n 각도

announce v 발표하다

answer v 대답하다

anxiety n 불안

apparent adj 분명한

appear v ~처럼 보이다, ~인 것 같다, 나타나다

application n 지원서

archaeologist n 고고학자

argument ⓝ 주장

armor plate 장갑판

as a result 결과적으로

aspect ⓝ 면

assert ⓥ 주장하다

assign ⓥ 할당하다

assistance ⓝ 도움, 지원

asteroid ⓝ 소행성

astronomical adj 천문학의

at first glance 언뜻 보기에

athlete ⓝ 운동선수

athletics ⓝ 운동 경기

atmosphere ⓝ 대기

atmospheric adj 대기의

attach ⓥ 부착하다

attack ⓥ 공격하다

attend ⓥ (~에) 다니다, 참석하다

attract ⓥ 끌어들이다, 끌어모으다

automated system 자동화된 시스템

availability ⓝ 가능성

average adj 평균의

avoid ⓥ 피하다

B

barely adv 겨우, 간신히, 가까스로

barren adj 메마른, 불모의

basic adj 기본적인

bat ⓝ 박쥐

be aware of ~을 알다

be based on ~에 기반을 두다

be composed of ~로 구성되다

be interested in ~에 흥미를 가지다

be likely to do ~할 가능성이 있다

be made from ~로 만들어지다 (성질이 변할 때)

be made of ~로 만들어지다 (성질이 변할 수 없을 때)

be made up of ~로 이루어져 있다, 구성되다

be made with ~로 만들어지다 (여러 가지 재료를 사용하여 만들 때)

be satisfied with ~에 만족하다

be unable to do ~할 수 없다

be under stress 스트레스를 받다

be up to ~에 달려 있다

because of ~ 때문에[덕분에]

become a responsible adult 책임감 있는 어른이 되다

behavior ⓝ 행동

belong to ~에 속하다

bend ⓥ (규칙을) 악용하다, 구부리다, 강요하다

beneath prep ~ 아래[밑]에

beneficial adj 이로운, 유익한

benefit ⓝ 이점 ⓥ 이득을 얻다

besides adv 더욱이

bird feeder ⓝ 새 모이 장치

bitter adj 쓴

black and white 흑백 논리의, 옳고 그름의

blame ⓥ ~의 탓으로 돌리다

bleeding ⓝ 출혈

block ⓥ 막다

body fat 체지방

bond ⓝ 결합

boost ⓥ 증가시키다, 북돋우다

border ⓝ 국경

bottom feeder ⓝ 강[호수/바다]바닥에서 먹이를 찾는 물고기

breeding ⓝ 번식

brew ⓥ (커피를) 끓이다[만들다]

bring about ~을 유발[초래]하다

bring up ~을 제기하다

brittle adj 부서지기 쉬운

broaden ⓥ 넓히다

build up ~을 쌓다

build up one's résumé 이력을 쌓다

burden **n** 부담

burn **v** 태우다

by oneself 스스로, 혼자서

bypass **v** 우회하다

C

caffeinated **adj** 카페인이 함유된

calendar **n** 달력

capture **n** 포획

carbon dioxide **n** 이산화탄소

care for ~를 보살피다, 돌보다

career **n** 직업

carry away ~을 가져가 버리다, 휩쓸어 가다

carry over 이어지다, 가져가다

carve A into[on/in] B A를 B에 새기다

cause **v** 일으키다, 초래하다, 유발하다

cave **n** 동굴

cavity **n** (치아에 생긴) 구멍

celestial body **n** 천체

celestial object **n** 천체

century **n** 세기

certainly **adv** 확실히

cheap **adj** (가격이) 저렴한, 싼

chemical **adj** 화학의, 화학적인 **n** 화학 물질

chiefly **adv** 주로

chore **n** (정기적으로 하는) 일, 자질구레한 일, 심부름

circular **adj** 원형의

class attendance 수업 출석

classmate **n** 반 친구

clearly **adv** 분명히

climate change **n** 기후 변화

cling **v** 매달리다, 달라붙다

club **n** 동아리, 동호회

coal **n** 석탄

coastal **adj** 해안의, 연안의

coincidence **n** 우연의 일치

collapse **v** 무너지다

collection **n** 모음(집)

college entrance exam 대학 입학시험

collide **v** 충돌하다

collision **n** 충돌

common **adj** 평소의, 보통의, 공통의

common sense **n** 상식

communication **n** 소통

community **n** 지역 사회

company downsizing 기업 규모 축소

compared to ~와 비교해서

compete **v** 경쟁하다, 대립하다

competition **n** 대회, 경쟁

competitive **adj** 경쟁적인, 경쟁하는, 치열한

competitively **adv** 경쟁적으로

complain of/about ~에 대해 불평하다

complaint **n** 불평

complete **v** 끝내다, 완료하다, 완수하다

completely **adv** 완전히

complicated **adj** 까다로운, 복잡한

composed of ~로 구성된

compound **n** 화합물, 혼합물

compulsory attendance 강제 출석

computerized programs 전산화된 프로그램

concentrate on ~에 집중하다

concentration **n** 집중, 농도

concern **n** 우려, 걱정

concerned **adj** 걱정하는, 염려하는

conclusively **adv** 결정적으로

condition **n** 조건, 환경

conduct **v** (특정한 활동을) 하다

conference **n** 학회

confirm **v** 확인하다

connection **n** 연결 고리, 연관성

consent to ~에 동의하다

consequence ⓝ 결과

conserve ⓥ 보존하다, 아끼다, 아껴 쓰다

considerable adj 상당한, 많은

considering prep ~을 고려하면

consist in ~에 존재하다

consist of ~으로 구성되다[이루어지다]

consistency ⓝ 일관성

constant adj 끊임없는, 부단한

constantly adv 지속적으로, 끊임없이

constellation ⓝ 별자리, 성좌

construct ⓥ 짓다, 건설하다

construction ⓝ 건설, 공사

consume ⓥ 쓰다, 소비하다, 먹다, 마시다

consumer ⓝ 소비원, 소비자

contagious adj 전염성의

contain ⓥ 포함하다, ~이 들어 있다, 보유하다

contemporary adj 현대적인

contend ⓥ 주장하다

continuous adj 계속되는

contribute to ~에 기여하다, ~의 원인이 되다

contributing adj 기여하는

contribution ⓝ 기여

contributor ⓝ 기여자

control ⓥ 통제하다

convenience ⓝ 편의, 편리함

conveniently adv 편리하게

conventional adj 기존의, 관습적인

conversation ⓝ 대화

convert ⓥ 전환시키다

convincing adj 설득력이 있는, 확실한

cooperate ⓥ 협동하다

copper ⓝ 구리

correspond to ~와 일치하다

cost ⓥ 비용이 들다

cover ⓥ (등록금 따위를) 내다

coworker ⓝ 동료

cram ⓥ 벼락치기 공부를 하다

crash down 떨어져 내리다

crater ⓝ 분화구

create ⓥ 만들다

creation ⓝ 창조

cross ⓥ 서로 겹치게 놓다

crucial adj 중요한, 결정적인

crustacean ⓝ 갑각류

cue ⓝ 신호

cuisine ⓝ 요리(법)

culture ⓝ 문화, 문명

curb ⓥ 억제하다

current adj 지금의, 현재의

custom ⓝ 관습

cut down ~을 자르다

cycle ⓝ 순환, 주기

D

daily adj 매일의

daily routine ⓝ 일상생활

damage ⓥ 손상을 입히다

dawn ⓝ 새벽, 동틀 무렵

daylight ⓝ 햇빛

deal with ~을 해결하다, 처리하다

debate ⓥ 논쟁하다

debt ⓝ 빚

decade ⓝ 10년

decent adj 괜찮은, 제대로 된

decide ⓥ ~하기로 하다, 결정하다, 결심하다

decline ⓥ 감소하다, 하락하다 ⓝ 감소

defeat ⓝ 패배 ⓥ 이기다, 패배시키다

definitely adv 분명히

definitive adj 결정적인, 최종적인

definitively **adv** 명확하게

democratization **n** 민주화

demonstrate **v** 보여 주다, 설명하다

dense **adj** 밀집한, 빽빽한

depend upon[on] ~에 의지하다, ~에 달려 있다

depict **v** 그리다, 묘사하다

depression **n** 움푹 패인 곳[땅]

deprivation **n** 부족, 박탈

describe **v** 묘사하다

desert **n** 사막

desertification **n** 사막화

design **v** 고안하다

desire **n** 갈망, 욕구

despite **prep** ~에도 불구하고

determine **v** 알아내다

develop **v** 발달시키다, 발달하다, 개발하다

device **n** 기기, 장치

diarrhea **n** 설사

diet **n** 식습관, 음식물

differ from ~와 다르다

digestive **adj** 소화의

diligent **adj** 부지런한

directly **adv** 직접적으로

disappear **v** 사라지다

disappearance **n** 실종, 없어짐

discover **v** 발견하다

discovery **n** 발견

discuss **v** 논의하다

disease **n** 질병

dismissal **n** 해산, 하교

display **v** 보이다

disposal **n** 처리, 처분

disrupt **v** 방해하다

dissolve **v** 용해하다

diverse **adj** 다양한

diversity **n** 다양성

do well 잘 하다[성공하다]

dominant **adj** 우세한, 지배적인

dopamine **n** 도파민(신경 전달 물질 등의 기능을 하는 체내 유기 화합물)

double **v** 두 배로 되다

doze off (꾸벅꾸벅) 졸다, 깜빡 잠이 들다

drain **n** 하수구, 배수관

dramatic **adj** 극적인

drastic **adj** 극단적인

drawback **n** 결점, 문제(점)

drive **v** 몰다, ~하게 하다

due to ~ 때문에[덕분에]

dump **v** 버리다

dune **n** 사구, 모래 언덕

durable **adj** 내구성이 있는, 오래 가는

dusk **n** 황혼, 땅거미

dynamic **adj** 역동적인

E

earn **v** 얻다, 받다

earn a college[bachelor's]/master's degree
학사/석사 학위를 취득하다

earn one's living 생계비를 벌다

easily **adv** 쉽게

eating habit **n** 식습관

eccentric **adj** 편심의, 중심을 벗어난, 기이한

eccentricity **n** 이심률

economic **adj** 경제의

ecosystem **n** 생태계

education **n** 교육

eel **n** 장어

effective **adj** 효과적인

efficiency **n** 효율(성)

efficiently **adv** 효율적으로

effort **n** 노력

elderly **adj** 연세가 드신

electronic **adj** 전자의

elemental **adj** 원소의

elementary education 초등 교육

eliminate **v** 없애다, 박멸하다

elliptical **adj** 타원형의

embrace **v** 포용하다

emphasize **v** 강조하다

employed **adj** 취직하고 있는

employment **n** 직업

enable **v** ~할 수 있게 하다

encounter **v** 맞닥뜨리다

encourage **v** 격려하다, 고무하다

encyclopedia **n** 백과사전

end up V-ing 결국 ~하게 되다

energetic **adj** 에너지 있는, 활기찬

energize **v** 기운[활기]을 북돋우다

energy resource **n** 에너지원

enforce **v** 시행하다, 실시하다

engage in ~에 참여[관여]하다

engineer **n** 공학도, 기술자, 기사

enhance **v** 증가시키다, 향상시키다

enjoy **v** 즐기다, 즐거운 시간을 보내다

enormous **adj** 엄청난, 거대한

enrich **v** 풍요롭게 하다, 질을 높이다

ensure **v** 보장하다, 확실히 하다

entertainment **n** 오락

enthusiastically **adv** 열정적으로

environment **n** 환경

environmental **adj** 환경의, 환경적인

environmentalist **n** 환경 운동가

equal **n** 동등한 사람

equator **n** 적도

erosion **n** 침식

escape **v** 탈출하다

escape **v** 피하다, 모면하다

establish a rule 규칙을 정하다

evaporate **v** 증발하다

eventually **adv** 결국, 종내

everyday **adj** 일상의

exercise **n** 운동

exhausted **adj** 지친, 기진맥진한

exist **v** 존재하다

existence **n** 존재

existing **adj** 현존하는

expand **v** 확장되다, 확장하다

expansion **n** 팽창

expensive **adj** 비싼

expert **n** 전문가

expertise **n** 전문성

explain **v** 설명하다

expose **v** 노출시키다

external **adj** 외부의

extracurricular **adj** 학과 외의

F

facility **n** 시설

factor **n** 요인

fail to do ~하지 못하다, ~하는 데 실패하다

failure **n** 실패

fair **adj** 공정한

fairly **adv** 꽤, 상당히

fall asleep 잠들다

farmland **n** 농지, 경지

fatigue **n** 피로

feature **n** 특징, 특성

feed **v** 먹이를 먹다

feed on ~을 먹고 살다

fierce **adj** 치열한

figure **n** 모양, 형상

figure out ~을 알아내다

fill v 채우다

fill time 시간을 채우다[때우다]

filling n 충전재

finance n 재정

financial adj 재정적인

find employment 직업을 구하다

first-hand adj 직접적인, 직접 경험한

fish farm n 양식장

fit v 맞다

flag v 표시를 하다

flaw n 결점, 흠

flipside n 다른 면, 이면

flock n 무리

focus v 집중시키다, 집중하다

food chain n 먹이 사슬

footnote n 각주

footprint n 발자국

for free 무료로

force n 힘 v 강제로 ~하게 하다

foreign adj 외국의

form v 형성하다

format n 형식

former adj 전자의

fossil fuel n 화석 연료

foster v 기르다, 증진시키다

foundation n 기반

frequently adv 자주, 흔히

freshwater n 민물

friendly adj 친근한

furthermore adv 더욱이

fuse v 융합하다

G

gain v 얻다

gather v 모이다

gather together 모이다

general adj 일반적인, 보통의

geometric adj 기하학적인

get ahead 앞서다, 성공하다

get along with ~와 어울리다

get away from ~에서 벗어나다

get past ~의 곁을 지나가다

get rid of ~을 없애다

get to do ~하게 되다

get[be] stressed out 스트레스를 받다

giant adj 거대한

global warming n 지구 온난화

go away 사라지다

grade n 성적

graduate v 졸업하다

grassland n 목초지

greatness n 위대함, 위업

greenhouse effect n 온실 효과

group assignments 조별 과제

growth n 증가, 성장

guidance n 지도

gulf sturgeon n 걸프 철갑상어

H

habitat n 서식지

handle v 처리하다, 다루다

hang out with ~와 어울리다

happen v 일어나다

hardship n 어려움, 곤란

harm n 해, 피해, 손해 v 다치게 하다

harmful **adj** 해로운

have access to ~에 접근하다

have an effect on ~에 영향을 미치다

have an influence on[over] ~에 영향을 미치다

have difficulty[a hard time] (in) V-ing
~하는 데 어려움을 겪다

have nothing to do with ~와는 전혀 관계가 없다

have trouble 어려움을 겪다, 고생하다

hawk **n** 매

head **n** (학교의) 교장

headache **n** 두통

healthy **adj** 건강한

heart disease 심장병

heat **n** 열기

heavy competition 심한 경쟁

helpful **adj** 도움이 되는

hence **adv** 따라서

hire **v** 채용하다

hold down ~을 붙잡아 두다, 유지하다

homeless **adj** 노숙자의

hometown **n** 고향

honors student **n** 우등생

house finch **n** 멕시코양지니(북미 서부·멕시코산(産)의 작은 새)

however **adv** 그러나

hurt **v** 다치게 하다

hydrocarbon **n** 탄화수소

hydroelectric dam 수력 발전 댐

| I |

icecap **n** 만년설

ignore **v** 무시하다, 간과하다

ill **adj** 아픈

imagine **v** 상상하다

immediately **adv** 즉시

immune system **n** 면역 체계

impact **n** 충돌, 충격

impairment **n** 손상

imperative **adj** 필수적인, 반드시 해야 하는

implement **v** 시행하다

importance **n** 중요성

impress **v** 깊은 인상을 주다

imprint **n** 자국

improve **v** 개선하다, 발전하다, 향상하다

in addition 게다가, 더욱이

in contrast 반면에

in deed 사실상

in fact 사실상

in order to do ~하기 위해서

in response 이에 대응하여

in spite of ~에도 불구하고

in terms of ~라는 점에서

in the long run 장기적으로 보면, 결국에는

inaccuracy **n** 부정확성

incident **n** 일, 사건

increase **n** 증가

increasingly **adv** 점점

indeed **adv** 실제로, 사실

independent **adj** 독립적인

indicate **v** 드러내다, 나타내다

individual **adj** 각각의

industry **n** 산업

inexpensive **adj** 비싸지 않은

infected **adj** 감염된, 오염된

infectious **adj** 전염성의

infest **v** 들끓다, 우글거리다

ingredient **n** 성분, 재료, 원료

injury **n** 부상

injustice **n** 부당함

inland **adv** 내륙으로

insect **n** 곤충

insomnia ⓝ 불면증

install ⓥ 설치하다

instead of ~ 대신에

intend ⓥ 어떤 목적에 쓰고자 하다, 의도하다

interact with ~와 교류하다

interaction ⓝ 교류

interconnected adj 상호 연결된

interest ⓥ ~의 관심을 끌다

interested adj 관심이 있는

interesting adj 흥미로운

interfere with ~을 방해하다

internal adj 내부의

interpersonal communication skills 상호 교류 기술

interrupt ⓥ 방해하다

introduce ⓥ 도입하다

invade ⓥ 침략하다

invent ⓥ 발명하다

invertebrate ⓝ 무척추동물

invest money in ~에 돈을 투자하다[들이다]

investigate ⓥ 조사하다

invite ⓥ 초대하다

involve ⓥ 수반하다

irrigation ⓝ 관개

irritability ⓝ 짜증

J

join ⓥ 가입하다, 합류하다, 함께하다

jump to ~로 오르다

Jupiter ⓝ 목성

K

keep A from V-ing A가 ~하지 못하게 막다

keep an eye on ~을 주시하다

keep in touch (with somebody) (~와) 연락하고 지내다

keep up with a rapidly-changing society
빠르게 변화하는 세상에 발맞춰 가다

knock off ~을 해치우다

knowledge ⓝ 지식

L

lab ⓝ 연구소, 실험실 (= laboratory)

labor market ⓝ 노동 시장

lack ⓥ ~이 부족하다 ⓝ 부족, 결여

ladder ⓝ 사다리

land ⓥ 내려앉다, 착륙하다

large numbers of 많은

latter adj 후자의

lay ⓥ (알을) 낳다

layer ⓝ 층, 막·

lead a life 삶을 영위하다

lead to ~로 이어지다

leap ⓥ 뛰어오르다

leftover adj 남은, 나머지의 ⓝ 남은 것, 잔재

lengthen ⓥ 연장하다

lesson ⓝ 교훈

let ⓥ ~하게 해 주다

library ⓝ 도서관

lifespan ⓝ 수명

lifestyle ⓝ 생활 방식

limb ⓝ 사지

limit ⓥ 제한하다

limited adj 제한된

line up with ~을 나란히[일렬로] 배열하다

liquid adj 액체의 ⓝ 액체

locate ⓥ 위치를 알아내다

location ⓝ 위치

look up ~을 찾아보다

lose weight 살을 빼다

loss n 감소, 손실, 상실

lung n 폐

M

main adj 가장 큰, 주된

maintain v 유지하다

major in ~을 전공하다

majority n 대다수

make errors 실수를 하다

make friends 친구를 사귀다

make mistakes 실수를 하다

make sure ~을 확인하다, 확실히 하다

manage v 관리하다

management n 관리

mark v 표시하다

massive adj 거대한

match n 경기, 시합 v 일치하다

mate v 짝짓기를 하다

material n 물질, 재료, 자료

matter n 문제

mature v 성숙하다, 완전히 자라다

maximize v 최대화하다

maze n 미로

mean v ~의 의미[가치]가 있다, 의도하다, 뜻하다

meanwhile adv 한편으로는

medical facilities 의료 시설

melt v 녹다

memory loss 기억 상실

mentally adv 정신적으로

mention v 언급하다

mercury n 수은

mess n 엉망인 상황

metabolic rate 신진 대사율

method n 방법

migration n 이주

mingle v (사람들과) 어울리다

misquote v 잘못 인용하다

mission n 우주 비행, 임무

mistake n 실수

misuse v 잘못 사용하다

moderator n 조정자, 중재자

moisture n 습기

monitor v 추적 관찰하다

monopolize v 독점하다

moon n (지구 외 행성의) 위성

moreover adv 게다가, 더욱이

mosquito n 모기

motivate v 동기를 부여하다

motivated adj 동기 부여가 된

motivation n 동기 부여

mountain range n 산맥

move away 이사 가다

muscle n 근육

mysterious adj 신기한

N

national adj 국가의

natural gas n 천연가스

naturally adv 자연스럽게

nausea n 메스꺼움

Nazca Lines 나스카 지상화, 나스카 평원

negative adj 부정적인

neglect v 방치하다

neglected adj 간과된, 등한시된

neighbor n 인근에 사는 사람, 이웃

neighboring adj 인근의, 이웃의

neither A nor B A도 B도 둘 다 아닌

neurological **adj** 신경의, 신경학의

nevertheless **adv** 그럼에도 불구하고

nonetheless **adv** 그럼에도 불구하고

non-traditional **adj** 비전통적인

not only A (but) also B A뿐만 아니라 B도

note **v** 주목하다

notice **v** 알아차리다

numerous **adj** 다수의, 수많은

nutrition **n** 영양분

O

obvious **adj** 확실한, 명백한

occur **v** 발생하다

occurrence **n** 발생하는 것

official **adj** 공식의

oil **n** 석유

on one's own 스스로, 혼자서

on the contrary 반면에

on the other hand 반면에

on time 제시간에

once **conj** 일단 ~하면

online communities 온라인 모임

online lecture 온라인 강의

operate **v** 운영하다, 가동하다

opportunity **n** 기회

opposite **adj** 반대의 **n** 반대(되는 것)

optimal **adj** 최적의

orbit **n** 궤도

orbital path 궤도

organism **n** 생물

organized **adj** 조직된

orientation **n** 방향

origin **n** 기원

otherwise **adv** 그렇지 않으면

outcompete **v** (경쟁에서) 앞서다, 우월하다, 능가하다

outdated **adj** 구식의

outdoor **adj** 야외의

outdoors **adv** 야외에서

outright **adv** 단번에, 즉각, 즉석에서

oval-shaped **adj** 계란형의, 타원형의

overcome **v** 극복하다

overcome a weakness 약점을 극복하다

overfish **v** 남획하다

overpriced **adj** 너무 비싼

overseas **adv** 외국에, 해외에

owing to ~ 때문에[덕분에]

owner **n** 주인, 소유주

P

pain **n** 통증

parasite **n** 기생충

parasitic worm 기생충

Parkinson's disease **n** 파킨슨병

participate in ~에 참여하다

particle **n** 입자

particularly **adv** 특히

particulate **n** 입자성 물질, 미립자

part-time **adj** 파트타임의, 시간제의

pass **v** 통과하다, 통과시키다

path **n** 경로, 길

pay for ~에 대한 값을 지불하다

pay off 결실을 맺다

peer **n** 또래

penalize **v** 처벌하다

penalty **n** 페널티

perform **v** 행하다

performance **n** 성과, 실적

period **adj** 주기적인, 시대의

periodic **adj** 주기적인

permanently **adv** 영구적으로

perspective **n** 견문, 관점, 시각

pest **n** 유해 동물, 해충

pesticide **n** 농약

petroleum **n** 석유

physical **adj** 신체의

physically **adv** 육체적으로

plain **n** 평야

plant **v** 심다

play a pivotal role in ~에 중추적인 역할을 하다

pleasing **adj** 좋은, 만족스러운

plummet **v** 곤두박질치다, 급락하다

point **n** 의견, 주장

point out ~을 지적하다

poisonous **adj** 유독한

polar **adj** 극지의

pole **n** (지구의) 극

political science **n** 정치학

pollutant **n** 오염 물질, 오염원

pollute **v** 오염시키다

pollution **n** 오염

poor **adj** 나쁜, 좋지 못한

popular **adj** 인기 있는

popularity **n** 인기

population **n** 인구, 개체 수

porcelain **n** 자기

positive **adj** 긍정적인

positively **adv** 긍정적으로

possibility **n** 가능성

possible **adj** 가능한

potential **adj** 잠재적인

pour money into ~에 돈을 투자하다[들이다]

practical **adj** 실제적인, 현실적인

practice **n** 관행, 연습 **v** 연습하다

prayer **n** 기도

precisely **adv** 정확히

predation **n** 포식

predator **n** 포식자, 포식 동물

prefer **v** 선호하다

prepare **v** 준비하다

preschool **n** 유치원

present **adj** 있는, 존재하는 **v** 제시하다

preserve **v** 보존[보호]하다, 지키다

pressure **n** 압박

prestigious **adj** 권위 있는

prevailing **adj** 우세한

prevailing wind **n** 우세풍

prevent A from V-ing A가 ~하는 것을 막다[방해/예방하다]

prices of staple commodities 물가/생필품값

process **n** 과정, 절차

procrastination **n** 미루는 것[버릇], 지연

production **n** 생산

productive **adj** 생산적인

productively **adv** 생산적으로

professional **adj** 전문의, 직업적인

promote **v** 촉진하다

properly **adv** 적절하게

protect **v** 보호하다

prove **v** 증명하다

punish **v** 벌을 주다

purchase **v** 구매하다

purpose **n** 목적

put together 합하다, 조립하다, ~을 만들다

puzzle **v** 어리둥절하게[이해할 수 없게] 만들다

Q

quality **n** 질

quantity **n** 양

questionable **adj** 의심스러운

quit 🔲 그만두다

R

race 🔲 경주

racetrack 🔲 경주로

rampant 🔲 만연하는, 횡행하는

rapid 🔲 빠른

rapidly 🔲 빠르게

rarely 🔲 드물게, 좀처럼[거의] ~하지 않는

rate 🔲 속도

rather 🔲 오히려

rather than ~보다는, ~ 대신에

reach 🔲 ~에 도달하다

realize 🔲 깨닫다

recent 🔲 최근의

recommend 🔲 추천하다

recover 🔲 회복하다

reddish 🔲 불그스름한, 붉은빛을 띤

reduce 🔲 감소시키다, 줄이다

reflux 🔲 역류

regarding 🔲 ~에 관하여

region 🔲 지역

regular 🔲 잦은, 정기적인, 규칙적인

regularly 🔲 정기적으로

regulation 🔲 규제

reintroduce 🔲 재도입하다, 다시 들여오다

related to ~와 관련이 있는

release 🔲 방출 🔲 배출[방출]하다

reliability 🔲 신뢰성

reliable 🔲 신뢰할 수 있는

relieve[get rid of] stress 스트레스를 해소하다

religious 🔲 종교적인

rely on[upon] ~에 의존하다

remove 🔲 들어내다[옮기다], 제거하다

repair 🔲 수리 🔲 고치다

repay 🔲 갚다, 상환하다

repeat 🔲 반복되다, 반복하다

replace 🔲 대체하다

replant 🔲 옮겨 심다

reproduce 🔲 번식하다

reproductive 🔲 번식의, 생식의

require 🔲 요구하다, 필요로 하다

research 🔲 연구 🔲 연구하다

resin 🔲 합성수지

resistant 🔲 ~에 잘 견디는, 저항하는

resolve 🔲 해결하다

responsibility 🔲 책임(감)

responsible 🔲 담당하는, 책임이 있는

rested 🔲 피로가 풀린

restless 🔲 가만히 못 있는, 들썩이는

result from ~에서 기인하다, ~의 결과로 발생하다

result in ~을 야기하다[초래하다], 그 결과 ~가 되다

reveal 🔲 드러내다

rise 🔲 (해가) 뜨다

risk 🔲 위험 🔲 ~의 위험을 무릅쓰다

ritual 🔲 의식

rough 🔲 거친

ruin 🔲 망치다

run out 고갈되다

S

sacrifice 🔲 희생

safely 🔲 안전하게

satisfaction 🔲 만족

Saturn 🔲 토성

save 🔲 (돈을) 저축하다, 모으다

scarce 🔲 부족한

scare 🔲 겁먹게[놀라게] 하다

schedule n 스케줄, 일정

scholar n 학자

school day n 학교 수업, 학창 시절

scientific adj 과학적인

secondary education 중등 교육

secondary school n 중/고등학교

self-esteem n 자존감, 자부심

semester n 학기

separate v 분리되다

serious adj 심각한

serve as ~의 역할을 수행하다

set up ~을 설치하다

set v (해가) 지다

severely adv 몹시, 심하게

shape A into B A를 B 모양으로 만들다

share v 공유하다

shellfish n 조개, 갑각류

shelter forest 방풍림

side effect n 부작용

sign n 조짐, 징후, 표시

silicate n 규산염

similar adj 비슷한

sincere adj 진실된

skill n 능력, 기술

sleep in 늦잠을 자다

sleeplessness n 불면

slightly adv 약간

slow down (속도를) 늦추다

sociable adj 사교적인

social skill n 사교 능력, 사회성

socialize v (사람들과) 어울리다, 사회적으로 활동하다

society n 사회

solar system n 태양계

solution n 해결책

solve v 해결하다

source n (자료의) 출처, 원천, 근원

spawn v 알을 낳다

specialization n 전문성

specialize in ~을 전문으로 하다

species n 종

specific adj 한정된, 구체적인

spend v (돈·시간 등을) 쓰다, 들이다, 소비하다

spread n 확산

stable adj 안정된, 안정적인

staple food 주식

state v 말하다, 주장하다

state of mind 정신 상태

statement n 표현

statue n 조각상

status n 지위, 신분

stay up all night 밤을 새우다

steadily adv 꾸준히, 한결같이

stimulant n 자극제, 흥분제

stimulate v 자극하다

straightforward adj 간단한

stranger n 모르는 사람, 이방인

strategy n 전략

stressful adj 스트레스가 많은

strict adj 엄격한

strike v 치다, 때리다

strip away ~을 벗겨 내다

structure n 구조, 구조물

struggle with ~에 시달리다

study abroad 유학하다

stun v 기절시키다

substance n 물질

substantial adj 상당한

substitute n 대체물, 대용물

succeed v 성공하다

successfully adv 성공적으로

such as ~와 같은

suffer from ~로부터 고통받다

support **v** 지원하다, 지지하다, 지속시키다

surface soil 표층토, 표토

surface wind **n** 지상풍

survive **v** 살아남다, 생존하다

sweeten **v** 달게 하다

sweetener **n** 감미료

swim bladder **n** 부레

switch **v** 바꾸다

symbol **n** 상징

T

take care of ~을 돌보다

take on (책임 등을) 떠안다[따맡다]

take part in ~에 참여하다

target **n** 사냥감, 목표[표적]물

tax **n** 세금

teammate **n** 팀 동료

technical **adj** 전문적인, 기술적인

technical and scientific terms[jargon]
전문적이고 과학적인 용어

technique **n** 기술

teen **n** 십 대

temperate **adj** 온화한, 온대의

temperature **n** 기온, 온도

tendency **n** 경향

term **n** 용어

territory **n** 구역, 영토

textbook **n** 교과서

thanks to ~ 때문에[덕분에]

the majority of 대부분의, 대다수의

theory **n** 이론

therefore **adv** 따라서

think of ~가 떠오르다

threat **n** 위협

threaten **v** 위협하다

threatened **adj** 위협을 당한

thrive **v** 번성하다

throughout **prep** ~를 통틀어, ~ 동안 죽

thus **adv** 따라서

time-consuming **adj** 시간이 소요되는

tin **n** 주석

tired **adj** 피곤한

Titan **n** 타이탄(토성의 위성 가운데 하나)

tolerant **adj** 관대한

topic **n** 주제

topsoil **n** 표토

toxic **adj** 유독성의, 유독한

track **v** 추적하다

tracking device **n** 추적 장치

train **v** 훈련하다

trap **v** 가두다, 잡다, 막다

treat **v** 대하다

trend **n** 추세, 동향

tropical rainforest **n** 열대 우림

trout **n** 송어

trust **n** 신뢰

trustworthy **adj** 신뢰할 만한

tube **n** 관

tuition fee **n** 등록금

tutor **n** 개인 지도 교사 **v** 가르치다

twists and turns (길이) 굴곡짐, 구불구불함

typically **adv** 전형적으로

U

unable **adj** ~할 수 없는

uncertain **adj** 불분명한

unclear **adj** 명확하지 않은

uncommon **adj** 드문

underwater **adv** 물속으로 **adj** 물속의, 수중의

undesirable **adj** 바람직하지 않은, 달갑지 않은

unemployment rate 실업률

unexplained **adj** 설명되지 않은

unfair **adj** 불공평한

unfamiliar **adj** 익숙하지 않은, 낯선

unfortunately **adv** 안타깝게도, 유감스럽게도

unimportant **adj** 중요하지 않은

unique **adj** 독특한, 유일무이한

unless **conj** ~하지 않는 한

unlike **prep** ~와는 달리

unlikely **adj** 있음 직하지 않은

unrelated **adj** 관련이 없는

unsupervised **adj** 감독받지 않는, 자율의

unusual **adj** 특이한

unusually **adv** 유난히, 극히

upriver **adv** 강 위로

upstream **adv** 상류로

up-to-date **adj** 최신의

use up ~을 다 써버리다

useful **adj** 유용한

utilize **v** 이용[활용]하다

V

vacation **n** 휴가, 방학

valid **adj** 타당한

valuable **adj** 귀중한

value **n** 가치

various **adj** 다양한

vast **adj** 막대한

via **prep** ~을 통해

vibrant **adj** 활기찬

view **n** 견해, 의견

viewership **n** 시청자 (수·층)

violate **v** 위반하다

virtual **adj** 가상의

visible **adj** 눈에 보이는

vocabulary **n** 어휘

volcano **n** 화산

volunteer **n** 자원봉사(자) **v** 자원봉사를 하다

volunteer work **n** 자원봉사 활동

vulnerable **adj** 취약한

W

wait for ~을 기다리다

wake up (잠에서) 깨다, 일어나다

wary **adj** 경계하는, 조심하는

wasteland **n** 황무지, 불모지

water power **n** 수력

water supply **n** 상수도

way **n** 방법

wear **v** 닳다

web **n** 거미줄

weigh **v** 무게가 나가다, 무게를 재다

well-known **adj** 유명한, 잘 알려진

westward **adv** 서쪽으로

widen **v** 넓히다

wildlife **adj** 야생 생물의

wind power **n** 풍력

windshield **n** 자동차의 앞 유리

windstorm **n** 폭풍

winter solstice **n** 동지

wireless communications 무선 통신

wisdom **n** 지혜

wise time management 현명한 시간 관리

wisely **adv** 현명하게

with discretion 신중하게

wonder **v** 궁금해하다

work environment 업무 환경

work out 운동하다

work part time 파트타임[시간제]으로 일하다

workload n 업무량

worth adj ~할 가치가 있는

순다에, 파고다교육그룹 언어교육연구소 | 저

PAGODA
TOEFL

70+
Writing

정답 및 해설

PAGODA Books

PAGODA
TOEFL

70+
Writing

정답 및 해설

Lesson 01 주어

Practice

본서 P. 25

A

01 Tutoring foreign students in English is a good way to expand English vocabulary.
　　　　　동명사구

외국인 학생들에게 영어를 가르치는 것은 영어 어휘를 확장시킬 수 있는 좋은 방법이다.

02 It is true that grades are important to survive in this competitive society.
　　가주어 It　　　　　　　　진주어 that절(명사절)

이러한 경쟁이 치열한 사회에서 살아남기 위해선 성적이 중요한 것은 사실이다.

03 Volunteers can learn about other cultures by participating in various activities.
　　명사

자원봉사자들은 다양한 활동에 참여함으로써 다른 문화에 대해 배울 수 있다.

04 This oldest of deserts is scarred by dry riverbeds.
　　대명사

이 오래된 사막은 메마른 강바닥에 의해 흉물스럽게 되었다.

05 She was one of the most intelligent people I knew.
　　대명사

그녀는 내가 아는 가장 똑똑한 사람들 중 한 명이었다.

06 Taking part in sports teaches young people how to accept defeat and use it as motivation.
　　　동명사구

스포츠에 참여하는 것은 젊은이들에게 패배를 받아들여 그것을 동기 부여로 이용하는 방법을 가르친다.

07 It was Wednesday when I took the TOEFL test.
　비인칭주어 It

내가 토플 시험을 본 때는 수요일이었다.

08 These birds naturally form large flocks that often move around.
　　　명사구

이 새들은 자연스럽게 종종 이동하는 큰 무리를 형성한다.

09 That workers cannot attend is unfortunate.
　　　　명사절

직원들이 참석할 수 없다는 것은 유감스러운 일이다.

10 To play an instrument plays a pivotal role in enhancing creativity.
　　　　to부정사구

악기를 연주하는 것은 창의력을 향상시키는 데 중추적인 역할을 한다.

11 A fifth of the land on our planet is covered by desert.
　　　　　명사구

지구상 땅의 5분의 1은 사막으로 덮여 있다.

12 Building more libraries and computer labs is necessary for students to learn.
　　　　　동명사구

더 많은 도서관과 컴퓨터실을 짓는 것은 학생들이 배우는 데에 필요하다.

13 What is important is not the result of the game.
  명사절
중요한 것은 경기의 결과가 아니다.

14 Students who keep their hair neat are more likely to be well-behaved.
  명사구
머리를 단정하게 유지하는 학생들은 품행이 단정할 가능성이 더 높다.

15 In a tropical forest, there are many species living that we still know virtually nothing about.
  명사구
열대 숲에는, 우리가 아직 사실상 아무것도 알지 못하는 많은 종들이 살고 있다.

B

01 There is a group of students.
한 무리의 학생들이 있다.

02 The children walked to school.
그 아이들은 걸어서 학교에 갔다.

03 She likes to read a book.
그녀는 책 읽는 것을 좋아한다.

04 The Nile is longer than the Mississippi.
나일강은 미시피강보다 더 길다.

05 It is exciting to experience new cultures.
새로운 문화를 경험하는 것은 신난다.

06 My friend lives in a great apartment.
내 친구는 멋진 아파트에 산다.

07 Deserts appear to be barren and empty.
사막은 척박하고 텅 빈 것처럼 보인다.

08 Living without friends can make people feel depressed.
친구 없이 사는 것은 사람들을 우울하게 만들 수 있다.

09 It is surprising that ants are able to carry up to twenty times their own body weight.
개미가 자기 몸무게의 20배까지 운반할 수 있다는 것은 놀라운 일이다.

10 This book has a lot of information regarding history.
이 책은 역사에 관한 많은 정보를 담고 있다.

11 There are places where rain has never been recorded.
비가 기록된 적이 없는 곳들이 있다.

12 Parents do not want their children to play computer games.
부모들은 자녀들이 컴퓨터 게임을 하는 것을 원하지 않는다.

13 I saw a man baking delicious-looking cakes.
나는 한 남자가 맛있어 보이는 케이크를 굽는 것을 보았다.

14 It takes time and patience to protect wildlife.
야생동물을 보호하는 데에는 시간과 인내가 필요하다.

15 It is students' right to wear whatever hairstyles they want based on their preference.
자신의 기호에 따라 원하는 어떤 헤어스타일이든 하는 것은 학생들의 권리이다.

Lesson 02 동사와 시제

A

01 could learn / learned
학생들은 다른 사람들과 협력하는 방법을 배울 수 있었다/배웠다.

해설 조동사 뒤에는 동사원형을 쓴다.

02 are
수백 척의 새우잡이 배가 미국 남부 해안에서 운항되고 있다.

해설 유도부사 there를 사용하는 도치 구문에서는 뒤에 오는 진주어에 동사의 수를 일치시킨다. 진주어 hundreds of shrimp boats가 복수 명사이므로 복수 동사 are를 써야 한다.

03 wake
노인들은 보통 매일 아침 일찍 일어난다.

해설 반복적인 일·습관을 서술할 때 쓰는 부사 usually와 every morning이 있기 때문에 현재 시제를 사용한다. be동사와 일반 동사의 원형은 한 문장에 함께 쓰지 않는다.

04 옳은 문장
수소는 물에서 쉽게 추출될 수 있는 물질이다.

해설 물질 명사인 수소(Hydrogen)는 단수 취급하므로 뒤에 단수 동사가 오고, 일반적인 사실을 이야기할 때는 현재 시제를 쓴다. 따라서 현재 시제의 단수 동사 is가 올바르게 쓰인 문장이다.

05 finished
나는 두 시간 전에 그 프로젝트를 끝냈다.

해설 과거 시간 표현 two hours ago가 있기 때문에 과거 시제를 사용한다.

06 can be / is
이국적인 음식을 먹어보는 것은 다른 문화를 경험할 수 있는 좋은 방법일 수 있다/방법이다.

해설 조동사 뒤에는 동사원형을 쓴다.

07 bought
우리 어머니께선 이 차를 2019년에 구매하셨다.

해설 과거 시간 표현 in 2019이 있기 때문에 과거 시제를 사용한다.

08 agrees
거의 모든 시민이 정부가 더 많은 공원을 건설할 필요가 있다는 것에 동의한다.

해설 「every + 단수 명사」가 주어일 때 뒤에는 단수 동사가 온다.

09 (who are) updating
자신의 지식을 갱신하는 선생님들은 학생들에게 틀림없이 도움이 될 것이다.

해설 현재 분사구(updating their knowledge)가 명사를 뒤에서 수식하는 경우 관계대명사(who)는 쓰지 않는다. 명사(선행사)를 수식하는 주격 관계대명사절에서 「주격 관계대명사(who) + be동사(are)」를 생략할 수 있는데, 생략되어 남은 형태가 현재 분사구 또는 과거 분사구가 된다.

10 had[needed] to figure out
작년에, 과학자들은 무엇이 그 연구를 실패하게 했는지 알아내야 했다.

해설 과거 시간 표현 Last years가 있기 때문에 과거 시제를 써야 한다. 하지만 의무를 나타내는 조동사 should는 과거 시제로 쓸 수 없기 때문에, 비슷한 의미를 갖는 have to, need to의 과거형을 쓴다.

11 has spent
내 여동생은 프리랜서 기자로 지난 20년을 보냈다.

해설 과거와 현재를 아우르는 시간 표현 the last 20 years가 서술되어 있기 때문에 현재 완료 시제를 사용한다.

12　**are able to earn**
프로 운동선수들은 많은 돈을 벌 수 있다.

[해설] 주어(Professional athletes)가 복수 명사이므로 복수 동사 are를 쓰고, be able to 뒤에는 동사원형 earn이 와야 옳다.

13　**옳은 문장**
Nancy는 이미 그 영화를 보았다.

[해설] 현재 완료 시제의 완료적 용법과 자주 함께 쓰이는 부사 already로 이루어진 올바른 문장이다.

14　**was**
익룡이라고 불리는 공룡은 날기엔 너무 무거웠다.

[해설] 공룡은 이미 멸종된 생명체이고 역사적 사건이므로 과거 시제를 사용한다.

15　**is**
많은 정보를 갖는 것은 성공하는 데에 중요하다.

[해설] 동명사구가 주어로 쓰일 때 단수 취급하므로 뒤에 단수 동사 is가 와야 한다.

B

01　**is**
수컷 고릴라는 사람만큼 키가 크지만, 몸무게는 두 배다.

[해설] 일반적인 사실을 나타낼 때는 현재 시제를 쓴다. 주어(A male gorilla)가 단수 명사이므로 현재 시제의 단수 동사 is로 쓴다.

02　**has lived**
내 여동생은 이곳에서 오랫동안 살고 있다.

[해설] 시간 표현 for a long time(오랫동안)은 현재 완료 시제의 계속적 용법과 함께 쓰인다.

03　**is used**
그 알람 시계는 매일 나를 일찍 깨우는 데에 사용된다.

[해설] 주어(The alarm clock)가 '사용되는' 대상이므로 수동태를 쓰며, 매일(every day) 일어나는 반복적인 일·습관은 현재 시제를 쓰므로 현재 시제의 수동태로 바꿔 쓴다.

04　**studied**
학생들은 어제 기말고사를 위해 열심히 공부했다.

[해설] 특정한 과거 시점을 나타내는 부사 yesterday가 있으므로 과거 시제로 쓴다.

05　**decided**
David는 일 때문에 스트레스를 받아서 상담사를 찾아가기로 결심했다.

[해설] 주절과 종속절은 문맥상 과거의 동일한 시점에 일어난 인과 관계의 일을 서술하고 있으므로, 종속절과 마찬가지로 주절도 과거 시제를 쓴다.

06　**is**
세계 일주를 하는 것은 대개 흥미롭다.

[해설] 일반적인 사실을 이야기할 때는 현재 시제를 쓴다.

07　**has run**
그 CEO는 5년간 그 사업을 운영해 왔다.

[해설] 시간 표현 「for + 숫자 기간 (~ 동안)」은 현재 완료 시제의 계속적 용법과 함께 쓰인다.

08　**plays**
Minji는 매주 일요일에 배드민턴을 친다.

[해설] 매주 일요일(every Sunday)에 일어나는 반복적인 일·습관은 현재 시제로 쓴다.

09　**has just changed / just changed**
정부가 방금 막 정책을 바꿨다.

[해설] 부사 just(방금 막)는 주로 현재 완료 시제의 완료적 용법 혹은 과거 시제와 함께 쓰인다.

10 was
선사시대 조류인 Argentavis Magnificens가 선 자세로 스스로 이륙하는 것은 불가능했다.

해설 선사시대 조류(prehistoric bird)라는 어떤 역사적 사실에 대해 말하기 때문에 과거 시제를 써야 한다.

11 rises
태양은 동쪽에서 뜬다.

해설 불변의 진리를 나타낼 때는 현재 시제를 쓴다.

12 lost
우리 고모는 최근에 직장을 잃으셨다.

해설 부사 recently(최근에)는 주로 과거 시제 혹은 현재 완료 시제와 함께 쓰인다. recently 뒤에 오는 동사이므로 과거 시제로 쓴다.

13 have been
그 근로자들은 인도에 간 적이 한 번 있다.

해설 빈도수를 나타내는 표현인 once(한 번)가 있고, 문맥상 '인도에 간 적이 한 번 있다'라는 뜻이므로 현재 완료 시제의 경험적 용법으로 쓴다.

14 are going to finish
내 친구와 나는 다가오는 이번 토요일에 그 프로젝트를 끝낼 것이다.

해설 다가오는 이번 토요일(this coming Saturday)은 미래 시점이고, 미래의 이미 정해진 일을 말할 때는 현재 진행 시제 be going to로 쓴다.

15 ruined
1950-1953년의 한국 전쟁은 경제를 완전히 무너뜨렸다.

해설 한국 전쟁(The Korean War)이라는 역사적인 사건을 말하기 때문에 과거 시제를 써야 한다.

Lesson 03 문장의 형식

Practice
본서 P. 48

A

01 My mother serves as the director of the company. 1형식
우리 어머니께서는 회사의 이사로 일하신다.

해설 「주어 + 자동사(serve) + 전치사구(as 명사구)」

02 Mr. Kim teaches us history. 4형식
Mr. Kim은 우리에게 역사를 가르치신다.

해설 「주어 + 수여 동사(teach) + 간접목적어 + 직접목적어」

03 The lecturer explains that some scholars have been criticizing new discoveries. 3형식
그 강연자는 일부 학자들이 새로운 발견을 비판해 왔다고 설명한다.

해설 「주어 + 타동사(explain) + 목적어(that절)」

04 Your smartphone looks nicer than mine. 2형식
당신의 스마트폰이 내 것보다 더 좋아 보인다.

해설 「주어 + 감각 동사(look) + 주격 보어(형용사)」

05 Thomas A. Edison invented a lot of things including the light bulb, the typewriter, and the radio. 3형식
Thomas A. Edison은 전구, 타자기, 라디오를 포함한 많은 것들을 발명했다.

해설 「주어 + 타동사(invent) + 목적어(명사구)」

06 Using renewable energy results in reduced air pollution. 1형식
재생 가능한 에너지를 사용하는 것은 대기 오염을 감소시키는 결과를 야기한다.

해설 「주어 + 자동사(result) + 전치사구(in 명사구)」

07 Amy had me take care of her children yesterday. 5형식
Amy는 어제 나에게 그녀의 아이들을 돌보게 했다.

[해설] 「주어 + 사역 동사(have) + 목적어 + 목적격 보어(동사원형)」
참고로, 이 문장은 주어와 동사 take care of의 목적어를 바꾸어 Her children had me take care of Amy yesterday.(그녀의 아이들이 어제 나에게 Amy를 돌보게 했다.)로 쓸 수도 있는데 문법적으로 틀리지는 않다.

08 The academic advisor gave me some advice. 4형식
그 지도 교수님께서는 내게 몇몇의 조언을 해 주셨다.

[해설] 「주어 + 수여 동사(give) + 간접목적어 + 직접목적어」

09 All employees must attend the meeting. 3형식
모든 직원이 그 회의에 참석해야 한다.

[해설] 「주어 + 타동사(attend) + 목적어(명사)」

10 This new policy will help the city to become a touristic place. 5형식
이 새로운 정책은 그 도시가 관광지가 되도록 도와줄 것이다.

[해설] 「주어 + 준사역 동사(help) + 목적어 + 목적격 보어(to부정사)」

11 It is interesting to answer this question. 2형식
이 질문에 답하는 것은 흥미롭다.

[해설] 「가주어(It) + 상태 동사(be) + 주격 보어(형용사) + 진주어(to부정사)」

12 My biology teacher wanted me to study hard. 5형식
생물학 선생님께서는 내가 열심히 공부하기를 원하셨다.

[해설] 「주어 + 5형식 동사(want) + 목적어 + 목적격 보어(to부정사)」

13 People can reach the station easily. 3형식
사람들은 역까지 쉽게 갈 수 있다.

[해설] 「주어 + 타동사(reach) + 목적어(명사)」

14 I need you to be on my side. 5형식
네가 내 편이 되어 줘야 한다.

[해설] 「주어 + 5형식 동사(need) + 목적어 + 목적격 보어(to부정사)」

15 The high temperature made the milk sour. 5형식
높은 온도가 우유를 쉬게 만들었다.

[해설] 「주어 + 사역 동사(make) + 목적어 + 목적격 보어(형용사)」

B

01 Studying for 4 hours every day is amazing. /
It is amazing to study for 4 hours every day.

[해설] 2형식 '주어는 ~이다[~한 상태이다]'는 「주어(동명사구) + 상태 동사(be) + 주격 보어(형용사)」로 나타낸다. 또한 가주어 it을 사용하여 2형식 문장을 만들 수 있다.

02 This report mentions the significant problems of health care systems.

[해설] '~을 언급하다'라는 의미의 타동사 mention을 사용하여 3형식 「주어(명사구) + 타동사(mention) + 목적어(명사구)」로 나타낸다.

03 A pure liquid state of hydrogen will result from a sudden drop in temperatures.

[해설] '~으로 인해 발생하다'라는 의미의 구동사 result from을 사용하여 1형식 「주어(명사구) + 자동사(result) + 전치사구(from 명사구)」로 나타낸다.

04 I could not make the baby stop crying.

[해설] '~가 …하게 만들다[하다]'라는 의미의 사역 동사 make를 사용하여 5형식 「주어(명사) + 사역 동사(make) + 목적어(명사) + 목적격 보어(동사원형)」로 나타낸다.

05 Students bought their teacher some beautiful flowers.

해설 '~에게 …을 사 주다'라는 의미의 수여 동사 buy를 사용하여 4형식 「주어(명사) + 수여 동사(buy) + 간접목적어(사람 명사) + 직접목적어(사물 명사)」로 나타낸다.

06 People can easily access a lot of information by using their smartphone.

해설 '~에 접근하다'라는 의미의 타동사 access를 사용하여 3형식 「주어(명사) + 타동사(access) + 목적어(명사구)」로 나타낸다. 또한 '~을 하여, ~을 함으로써'는 수단을 나타내는 전치사구 「by + V-ing」를 이용하여 표현한다.

07 I am a student who goes to one of prestigious universities.

해설 동격의 2형식 '주어는 ~이다'는 「주어(명사) + 상태 동사(be) + 주격 보어(명사)」로 나타낸다. 주격 보어 a student를 수식하는 '명성 높은 대학교 중 한 곳에 다니는'은 관계대명사절을 이용하여 표현한다.

08 Parents want their children to get a quality education.

해설 5형식 '~가 …하길 원하다'는 「주어(명사) + 5형식 동사(want) + 목적어(명사) + 목적격 보어(to부정사)」로 나타낸다. 5형식 동사 want는 목적격 보어로 to부정사를 갖는다.

09 An academic advisor's role is to advise students.

해설 동격의 2형식 '주어는 ~이다'는 「주어(명사) + 상태 동사(be) + 주격 보어(to부정사)」로 나타낸다. 주격 보어 자리의 '~하는 것'은 to부정사로 쓴다.

10 Earning a lot of money motivates workers to work harder.

해설 5형식 '~가 …하도록 동기를 부여하다'는 「주어(동명사구) + 5형식 동사(motivate) + 목적어(명사) + 목적격 보어(to부정사)」로 나타낸다. 주어 자리의 '~하는 것'은 동명사로 쓴다.

11 Experts discussed how to solve the problems.

해설 '~에 대해 논의하다'라는 의미의 타동사 discuss를 사용하여 3형식 「주어(명사) + 타동사(discuss) + 목적어(명사구)」로 나타낸다. 또한 '~하는 방법, 어떻게 ~할 것인지'는 「how to + 동사원형」을 이용하여 표현한다.

12 I asked a question of a top-notch student. 3형식 /
I asked a top-notch student a question. 4형식

해설 '~에게 …을 묻다'라는 의미의 수여 동사 ask를 사용하여 4형식 「주어(명사) + 수여 동사(ask) + 간접목적어(사람 명사) + 직접목적어(사물 명사)」로 나타낸다. 동사 ask의 4형식 문장을 3형식으로 변환할 때는 간접목적어 앞에 전치사 of를 쓴다.

13 This policy seems beneficial for the society as a whole.

해설 2형식 '주어는 ~해 보이다'는 「주어(명사) + 상태 동사(seem) + 주격 보어(형용사)」로 나타낸다.

14 Participating in discussions allows people to broaden their perspectives.

해설 5형식 '~가 …하게 하다[허락하다]'는 「주어(동명사구) + 5형식 동사(allow) + 목적어(명사) + 목적격 보어(to부정사)」로 나타낸다. 주어 자리의 '~하는 것'은 동명사로 쓴다.

15 A great deal of hard work resulted in the success of this project.

해설 '(결과적으로) ~을 가져오다[낳는다/야기하다]'라는 의미의 구동사 result in을 사용하여 1형식 「주어(명사구) + 자동사(result) + 전치사구? (in 명사구)」로 나타낸다.

Lesson 04 연결사

Practice

본서 | P. 57

A

01 [l]

My family decided to watch a movie at home. So, we didn't leave the house to watch the movie.

··· My family decided to watch a movie at home, so we didn't leave the house to watch the movie.
우리 가족은 집에서 영화를 보기로 해서, 우리는 영화를 보기 위해 집을 떠나지 않았다.

⋯ My family decided to watch a movie at home. Thus[Hence/Therefore], we didn't leave the house to watch the movie.
우리 가족은 집에서 영화를 보기로 했다. 그러므로, 우리는 영화를 보기 위해 집을 떠나지 않았다.

해설 등위 접속사 so(~해서)는 문장과 문장을 연결하여 한 문장으로 만든다. 두 문장으로 분리하여 쓸 경우에는 접속부사로 의미상 연결한다.

02 [I]

(Although) I heard from Brandon that you had a great time at the party, (but) I was not disappointed.

⋯ Although[Even though/Though] I heard from Brandon that you had a great time at the party, ~~but~~ I was not disappointed.
Brandon에게 네가 파티에서 즐거운 시간을 보냈다는 말을 들었음에도 불구하고, 나는 실망하지 않았다.

⋯ ~~Although~~ I heard from Brandon that you had a great time at the party, but I was not disappointed.
Brandon에게 네가 파티에서 즐거운 시간을 보냈다는 말을 들었으나, 나는 실망하지 않았다.

해설 절이 두 개로 이루어진 한 문장 안에 접속사가 두 개 쓰였다. 두 절을 연결할 때는 하나의 접속사만 있어야 한다.

03 [C]

(Since) the weather was bad, I didn't go out to play soccer.
날씨가 좋지 않았기 때문에, 나는 축구를 하러 나가지 않았다.

해설 부사절 접속사 since(~ 때문에)가 두 절을 연결하여 올바르게 쓰였다.

04 [I]

I was able to present my views effectively, (after) I practiced so hard.

⋯ I was able to present my views effectively; after I practiced so hard.
나는 열심히 연습한 후에 내 의견을 효과적으로 발표할 수 있었다.

해설 부사절 접속사(after, if, when, while, since 등)가 이끄는 부사절은 문장의 앞 또는 뒤에 올 수 있는데, 문장의 앞에 쓰일 때는 부사절이 끝나는 지점에 쉼표를 쓰지만, 뒤에 쓰일 때는 쉼표를 쓰지 않는다.

05 [I]

(Unless) you meet her, please tell her that I'm sorry.

⋯ If[When] you meet her, please tell her that I'm sorry.
그녀를 만나면, 미안하다고 전해 주세요.

해설 연결사는 문장과 문장의 연결고리이므로, 문법상으로도 맞아야 할 뿐만 아니라 문맥상으로도 매끄럽게 연결되어야 한다. 이 문장은 접속사 unless(만일 ~하지 않으면)보다는 if(만일 ~한다면)가 문맥상 어울린다.

06 [C]

Visiting the Louvre Museum, (in deed), was an amazing experience.
루브르 박물관을 방문한 것은 정말 놀라운 경험이었다.

해설 접속부사가 문장의 중간에 쓰일 경우, 의미를 강조하는 역할을 한다.

07 [I]

(Nevertheless) he was afraid of having a presentation in front of many people, he finally got over the fear and started to talk.

⋯ Although[Even though/Though] he was afraid of having a presentation in front of many people, he finally got over the fear and started to talk.
그는 많은 사람들 앞에서 발표를 하는 것이 두려웠음에도 불구하고, 그는 마침내 그 두려움을 극복하고 이야기를 시작했다.

⋯ He was afraid of having a presentation in front of many people. Nevertheless, he finally got over the fear and started to talk.
그는 많은 사람들 앞에서 발표를 하는 것이 두려웠다. 그럼에도 불구하고, 그는 마침내 그 두려움을 극복하고 이야기를 시작했다.

해설 접속부사 nevertheless(그럼에도 불구하고)는 접속사와 같은 의미를 가지지만, 절과 절을 실질적으로 연결해 주지 못한다. 단지 문장과 문장 사이에서 의미 연결을 위해 징검다리의 역할을 한다는 것을 잊지 말자. 따라서 접속사 although[even though/though]로 두 절을 연결하거나 접속부사로 분리된 두 문장을 의미상 연결하도록 한다.

08 [Ⅰ]

All the students seem like they are adjusted to the new regulation the school made (meanwhile) my sister could not accept it.

⋯ All the students seem like they are adjusted to the new regulation the school made. Meanwhile, my sister could not accept it.

모든 학생들은 학교에서 만든 새로운 규정에 적응하고 있는 것 같다. 반면에, 내 여동생은 그것을 받아들일 수 없었다.

⋯ Although[Even though / Though / While] all the students seem like they are adjusted to the new regulation the school made, my sister could not accept it.

모든 학생들은 학교에서 만든 새로운 규정에 적응하고 있는 것 같음에도 불구하고[있는 것 같은 반면], 내 여동생은 그것을 받아들일 수 없었다.

해설 meanwhile(반면에)은 접속부사이므로 절과 절을 연결하지 못한다. 따라서 접속사 although[even though/though/while]로 두 절을 연결하거나 접속부사로 분리된 두 문장을 의미상 연결하도록 한다. 두 개의 절의 의미가 정반대이기 때문에 절과 절의 앞뒤가 바뀌어도 상관없다.

09 [Ⅰ]

She is a very pleasant person to talk to, (however,) her mother is not so much as she is.

⋯ She is a very pleasant person to talk to. However, her mother is not so much as she is.

그녀는 대화하기에 매우 즐거운 사람이다. 그러나, 그녀의 어머니는 그녀만큼은 아니다.

⋯ She is a very pleasant person to talk to, but her mother is not so much as she is.

그녀는 대화하기에 매우 즐거운 사람이지만, 그녀의 어머니는 그녀만큼은 아니다.

해설 however(그러나, 하지만)는 접속부사이므로 절과 절을 연결하지 못한다. 따라서 같은 의미의 등위 접속사 but으로 두 절을 연결하거나 접속부사로 분리된 두 문장을 의미상 연결하도록 한다.

10 [Ⅰ]

The writer mentions three reasons. (While,) the scholar argues otherwise.

⋯ The writer mentions three reasons while the scholar argues otherwise.

글쓴이는 세 가지 이유를 언급하는 반면 그 학자는 다르게 주장한다.

⋯ The writer mentions three reasons, but the scholar argues otherwise.

글쓴이는 세 가지 이유를 언급하지만, 그 학자는 다르게 주장한다.

해설 부사절 접속사 while(~인 반면)은 문장과 문장을 연결하여 한 문장으로 만든다. 한 문장을 「주절 while 부사절」 또는 「While 부사절, 주절」의 형태로 쓰거나 등위 접속사 but으로 절과 절을 대등하게 연결한다.

B

01 Once he got used to the task, he successfully completed it.

해설 '~하자마자'라는 의미의 부사절 접속사 once를 이용하여 한 문장으로 쓴다.

02 The Internet is convenient because people can access whatever materials, whenever they want them, and wherever they are.

해설 '(왜냐하면) ~하기 때문에'라는 의미의 부사절 접속사 because를 이용하여 한 문장으로 쓴다.

03 If students study hard, they can get good grades.

해설 '(만일) ~한다면'이라는 의미의 부사절 접속사 if를 이용하여 한 문장으로 쓴다.

04 Despite late night, I had to finish my assignments. /
Even though it was late night, I had to finish my assignments.

해설 '~에도 불구하고'라는 의미의 전치사 despite를 쓰거나 부사절 접속사 even though를 쓴다. 전치사 뒤에는 명사(구)가 오고, 부사절 접속사 뒤에는 절이 온다.

05 When a[the] family spends quality time, their relationships can be improved.

해설 '~할 때'라는 의미의 부사절 접속사 when을 이용하여 한 문장으로 쓴다.

06 Famous professors can provide a high-quality education. In addition, famous professors will attract more interest in the university, which will increase the number of students.

해설 주어진 우리말이 두 문장으로 이루어져 있다. 문맥상 뒤에 오는 문장이 앞의 문장을 부가적으로 설명하고 있으므로 '더욱이'라는 의미의 접속부사 in addition을 이용하여 두 문장으로 쓴다.

07 Even though adjusting to the new culture was challenging, it was interesting to learn about diversity. / Despite the fact that adjusting to the new culture was challenging, it was interesting to learn about diversity.

해설 '~에도 불구하고'라는 의미의 부사절 접속사 even though를 쓰거나 전치사 despite를 쓴다. 부사절 접속사 뒤에는 절이 오고, 전치사 뒤에는 명사(구)가 온다. 전치사 despite 뒤에 절을 쓰고 싶을 때는「despite the fact that 절」로 쓸 수 있다.

08 His business failed due to the company's insufficient budget.

해설 '~ 때문에'라는 의미의 전치사 due to를 이용하여 한 문장으로 쓴다.

09 Children these days are having difficulty making friends. Thus, schools need to educate them on how to socialize with others.

해설 주어진 우리말이 두 문장으로 이루어져 있다. 문맥상 인과 관계의 두 문장이므로 '그러므로'라는 의미의 접속부사 thus를 이용하여 두 문장으로 쓴다.

10 Sharks do not attack humans unless they are provoked.

해설 '~하지 않는 한, (만일) ~하지 않으면'이라는 의미의 부사절 접속사 unless를 이용하여 한 문장으로 쓴다.

II. Integrated Task

Lesson 01 Reading 〈패러프레이징(Paraphrasing)〉

Check-up 1

본서 P. 68

01

There has been a great deal of concern about the rate at which tropical rainforests have been disappearing over the last few decades. However, this ignores the fact that there are many temperate forests that are threatened or were already cut down much longer ago. Many environmentalists believe that replacing temperate forests is just as important as saving the tropical rainforests. These forests can be considered "²shelter forests," since they create natural shelter from the wind. ¹/³They are important for humans and animals alike for many reasons.

지난 수십 년간 열대 우림이 사라지는 속도에 대한 많은 우려가 있어 왔다. 하지만, 이것은 현재 위협받고 있거나, 이미 훨씬 더 오래전에 잘려 나간 온대림(溫帶林)이 많다는 사실을 간과한 것이다. 많은 환경 운동가들은 온대림을 교체하는 것이 열대 우림을 구하는 것만큼이나 중요하다고 믿는다. 이 숲은 바람으로부터 자연적인 보호막을 만들어 내기에 '방풍림'으로 여겨질 수 있다. 이 숲은 많은 이유에서 인간과 동물에게 똑같이 중요하다.

노트

문제 유형	¹reasons(이유)
핵심 단어	²shelter forests 방풍림
주장	³Shelter forests are important. 방풍림은 중요하다.

Writing Tip

마지막 문장 They(= shelter forests) are important ~ for many reasons.가 읽기 지문의 큰 주장이며, 문제 유형을 직접적으로 'reasons'라고 제시한 것을 파악할 수 있다. 지문 전반적으로 자주 등장하고 주로 얘기하는 주제가 shelter forests(방풍림)에 관한 것이므로 이를 핵심 단어로 선택한다.

어휘 a great deal of 많은 | concern ⓝ 우려, 걱정 | rate ⓝ 속도 | tropical rainforest ⓝ 열대 우림 | disappear ⓥ 사라지다 | ignore ⓥ 간과하다 | temperate 졥j 온대의, 온화한 | threaten ⓥ 위협하다 | cut down ~을 자르다 | environmentalist ⓝ 환경 운동가 | shelter forest 방풍림 | alike 졥dv 똑같이, 둘 다 졥j 똑같은

02

[2]The Nazca Lines are a collection of giant images carved into the soil of the Nazca Desert in southern Peru. Many of the lines are simple geometric shapes, but over 70 of them depict animals, people, and plants. They were made by removing the reddish surface soil to reveal a light gray layer beneath it. [1/3]Created between 500 BCE and 500 CE by the Nazca culture, their actual purpose remains a mystery, but there are many theories.

나스카 지상화는 페루 남부에 있는 나스카 사막의 땅에 새겨진 거대한 그림 모음이다. 많은 지상화들이 단순한 기하학적 모양이지만, 70개가 넘는 지상화들이 동물, 사람과 식물을 묘사한다. 이 지상화들은 붉은 표층토(땅 표면의 흙)를 들어내서 그 밑의 옅은 회색 층이 드러나게 하는 방식으로 만들어졌다. 나스카 문명에 의해 기원전 500년에서 기원후 500년 사이에 만들어진 이 지상화들의 실제 목적은 미스터리로 남아 있지만, 이론은 많다.

노트

문제 유형	[1]theories(이론)
핵심 단어	[2]the Nazca Lines 나스카 지상화
주장	[3]the Nazca Lines' actual purpose (혹은 theories why the Nazca Lines were created) 나스카 지상화의 실제 목적 (혹은 왜 나스카 지상화가 만들어졌는가에 관한 이론)

Writing Tip

마지막 문장 Created between ~ many theories.가 읽기 지문의 큰 주장이며, 문제 유형을 직접적으로 'theories'라고 제시한 것을 파악할 수 있다. 지문 전반적으로 자주 등장하고 주로 얘기하는 주제가 the Nazca Lines(나스카 지상화)에 관한 것이므로 이를 핵심 단어로 선택한다.

어휘 Nazca Lines 나스카 지상화, 나스카 평원 | collection ⓝ 모음(집) | giant ⓐⓓⓙ 거대한 | carve A into[on/in] B A를 B에 새기다 | geometric ⓐⓓⓙ 기하학적인 | depict ⓥ 그리다, 묘사하다 | remove ⓥ 들어내다[옮기다], 제거하다 | reddish ⓐⓓⓙ 불그스름한, 붉은 빛을 띤 | surface soil 표층토, 표토 | reveal ⓥ 드러내다 | layer ⓝ 층, 막 | beneath ⓟⓡⓔⓟ ~ 아래[밑]에 | culture ⓝ 문화, 문명 | purpose ⓝ 목적

Check-up 2	본서 P. 72

01

First, (Main point 1) shelter forests are very useful to farmers because they help to [1]prevent desertification. Plains areas are excellent for agriculture, but역접의 연결사 [1]they are also exposed to almost constant wind. This wind carries away moisture, and periodic windstorms can actually strip away the topsoil that plants need to grow. When forests are planted around farmland, they can block the wind, and the trees' roots also hold down the topsoil. This prevents cool deserts from expanding into agricultural areas and natural habitats.

Second, (Main point 2) shelter forests can [2]increase the number of animals and animal species that live in an area. Cutting down forests is a clear threat to the animals that live in them as [2]different habitats support different animals. Grasslands have very different animals than those found in forests, and barren desert or other wastelands support very few animals at all. Therefore,결과의 연결사 preserving shelter forests protects [2]existing animals, and replanting them can allow other species to be reintroduced to the area.

Third, (Main point 3) shelter forests can help with [3]climate change. The main gas that causes [3]climate change반복 단어 is carbon dioxide (CO₂), which causes the greenhouse effect and acidifies the oceans. Humans produce huge amounts of CO₂, but trees

첫째, 방풍림은 사막화 예방에 도움이 되기 때문에 농부들에게 매우 유용하다. 평야 지역은 농업에 우수하지만, 그것은 또한 거의 꾸준하게 부는 바람에 노출된다. 이 바람이 습기를 제거하고, 주기적인 폭풍이 식물들이 자라는 데 필요한 표토를 사실상 벗겨낼 수가 있다. 농지 주변에 숲을 심을 경우, 숲이 바람을 막아 주기도 하고, 나무뿌리가 표토를 붙잡아 주기도 한다. 이로 하여금 서늘한 사막이 농경지 및 자연 서식지로 퍼지는 것을 예방한다.

둘째, 방풍림은 어느 한 지역에 사는 동물과 동물 종의 수를 늘릴 수 있다. 서로 다른 서식지는 서로 다른 동물들을 지탱하기 때문에 삼림을 벌채하는 것은 그곳에 사는 동물들에게 명백한 위험이다. 목초지에는 삼림에서 발견되는 것과는 아주 다른 동물들이 있고, 메마른 사막이나 다른 황무지들은 동물들을 거의 지탱하지 못한다. 그러므로, 방풍림을 보존하는 것은 현존하는 동물들을 보호하는 것이고, 그것들을 옮겨 심는 것은 다른 종들이 해당 지역으로 재유입되게 만들 수 있다.

셋째, 방풍림은 기후 변화에 도움이 될 수 있다. 기후 변화를 일으키는 주요 가스는 이산화탄소(CO₂)인데, 이것이 온실 효과를 일으키고 바다를 산성화한다. 인간들은 엄청난 양의 이산화탄소를 만들어 내지만, 나무가 자신들의 영양분을 만들어 내는 과정에서 공기로부터 이 가스를 제거

remove the gas from the air as they produce their food. This means that all forests help to reduce the amount of CO_2 in the air. **Therefore,**결과의 연결사 [we should protect existing shelter forests and replant those that have disappeared in both tropical and temperate zones.읽기 지문의 큰 주장 재진술]

한다. 이것은 모든 숲이 공기 중의 이산화탄소량을 줄이는 데 도움이 된다는 것을 의미한다. 그러므로, 우리는 현존하는 방풍림을 보호하고 열대와 온대 지방 모두에서 사라지고 있는 숲들을 옮겨 심어야 한다.

노트

Main point 1	farm.(ers) → [1]X desert.(ification)	농부들 → 사막화 예방
Main point 2	[2]↑ # ani.(mals)	동물의 수 늘림
Main point 3	[3]climate change (혹은 help climate change)	기후 변화 (혹은 기후 변화에 도움이 됨)

Writing Tip

Main point 1

⟶ [1]X desert.(ification): 본론의 첫 번째 문단에서 사막화(desertification)를 언급한 후, 역접의 연결사 but 뒤에 토지가 바람에 노출되어 습기가 사라지고, 표토가 벗겨지는 등으로 사막화 현상을 길게 설명하여 강조한 문장이다. 결국 이러한 사막화를 예방하기 위해 숲을 심어야 한다는 의미이다.

Main point 2

⟶ [2]↑ # ani.(mals): 본론의 두 번째 문단에서는 반복적으로 동물의 개체 수가 증가할 것임을 강조하고 있다.

Main point 3

⟶ [3]climate change: '반복 = 강조'이기 때문에 꼭 잡아줘야 하는 핵심이다.

⟶ 마지막 문장에서 결과의 연결사 therefore 뒤에 오는 문장(we should ~ temperate zones)을 읽기 지문의 큰 주장(Shelter forests are important.)을 재진술하고 있다.

어휘   useful **adj** 유용한 ㅣ prevent **v** 예방하다 ㅣ desertification **n** 사막화 ㅣ plain **n** 평야 ㅣ agriculture **n** 농업 ㅣ expose **v** 노출하다 ㅣ constant **adj** 끊임없는, 부단한 ㅣ carry away ~을 가져가 버리다, 휩쓸어 가다 ㅣ moisture **n** 습기 ㅣ periodic **adj** 주기적인 ㅣ windstorm **n** 폭풍 ㅣ strip away ~을 벗겨 내다 ㅣ topsoil **n** 표토 ㅣ farmland **n** 농지, 경지 ㅣ block **v** 막다 ㅣ hold down ~을 붙잡아 두다, 유지하다 ㅣ desert **n** 사막 ㅣ expand **v** 확장되다 ㅣ habitat **n** 서식지 ㅣ species **n** 종 ㅣ threat **n** 위협 ㅣ grassland **n** 목초지 ㅣ barren **adj** 메마른, 불모의 ㅣ wasteland **n** 황무지, 불모지 ㅣ preserve **v** 보존하다 ㅣ replant **v** 옮겨 심다 ㅣ reintroduce **v** 재도입하다, 다시 들여오다 ㅣ climate change **n** 기후 변화 ㅣ carbon dioxide **n** 이산화탄소 ㅣ greenhouse effect **n** 온실 효과 ㅣ acidify **v** 산성화하다 ㅣ remove **v** 제거하다 ㅣ reduce **v** 줄이다 ㅣ protect **v** 보호하다 ㅣ existing **adj** 현존하는

02

One popular theory states that (Main point 1) the lines could have been used as a kind of [1]astronomical calendar. They may have been used to mark the different locations where [1]the Sun and other celestial bodies rose and set on important days like the winter solstice. Some of the images line up with [1]stars and constellations. Being able to monitor such patterns allows people to track the seasons accurately, which is important for agriculture.

Another theory holds that (Main point 2) the Nazca Lines were intended [2]to impress other people that lived in neighboring regions. These images would take great time, effort, and expertise to create. The level of skill involved is indicated by the fact that each figure is composed of one continuous line that never crosses itself. Like the Egyptian pyramids and the statues on Easter Island, the Nazca Lines may have been created [2]for the viewership of many people as a statement of their creators' greatness.

많은 지지를 받는 한 이론은 이 지상화들이 일종의 천문학 달력처럼 사용되었을 수도 있다고 말한다. 동지(冬至)와 같은 중요한 날에 태양과 그 밖의 다른 천체들이 뜨고 지는 각자 다른 장소를 표시하기 위해 사용되었을 수도 있다. 그림들 중 일부는 별과 별자리와 나란히 배열된다. 이런 패턴을 관찰할 수 있게 되면서 사람들은 농업에 중요한 계절을 정확히 추적할 수 있게 되었다.

또 다른 이론은 나스카 지상화들이 인근 지역에 사는 다른 사람들에게 깊은 인상을 주려는 목적이었다고 주장한다. 이 지상화들을 만드는 데는 많은 시간과 노력, 그리고 전문성이 필요했을 것이다. 수반된 능력의 수준은 각 모양이 서로 절대 겹치지 않는 하나의 계속되는 선으로 그려졌다는 사실로 드러난다. 이집트의 피라미드와 이스터섬의 석상들처럼, 나스카 지상화들도 지켜보는 많은 이들을 위해 만든 이들의 훌륭함을 드러내는 표현으로서 만들어졌을 수 있다.

A third theory suggests that `Main point 3` the lines could have been used for some kind of [3]sporting event. Many of the lines show the imprints of human feet in them, which indicates that people [3]walked or ran along them. Since many of the designs are single, very long, continuous lines, they could have been used as [3]tracks for competitive races.

세 번째 이론은 이 지상화들이 운동 행사의 일종에 사용되었을 수 있다고 제시한다. 많은 지상화들에 인간의 발자국이 남아 있고, 이는 사람들이 이 지상화들을 따라 걷거나 뛰었다는 것을 보여준다. 다수의 디자인이 하나의 아주 긴, 연속되는 선으로 만들어졌기에 경주 대회를 위한 경주로로 쓰였을 수 있다.

노트

Main point 1	[1]astro. calendar	천문학 달력
Main point 2	[2]impress 이웃 지역	이웃 지역에 깊은 인상을 줌
Main point 3	[3]sporting event	운동 행사

Writing Tip

Main point 1
··· [1]astro. calendar: 본론의 첫 번째 문단에서는 천문학 달력(astronomical calendar)이라는 표현을 태양과 그 밖의 다른 천체(the Sun and other celestial bodies), 별과 별자리(stars and constellations)라는 비슷한 단어들로 반복하여 의미를 강조하고 있다.

Main point 2
··· [2]impress 이웃 지역: 본론의 두 번째 문단에서는 나스카 지상화의 목적을 이웃 지역 사람들에게 깊은 인상을 주기 위함(to impress other people)과 지켜보는 많은 이들을 위해 만든 이들의 훌륭함을 드러내는 표현(for the viewership of many people as a statement of their creators' greatness)과 같이 동일한 의미의 말로 반복하여 강조하고 있다.

Main point 3
··· [3]sporting event: 본론의 세 번째 문단에서는 운동 행사(sporting event), 걷거나 달렸다(walked or ran), 경주로(tracks)와 같이 운동 행사와 연관된 표현이 반복적으로 쓰이고 있는 것을 파악한다.

어휘 state ⓥ 말하다, 주장하다 | astronomical adj 천문학의 | calendar ⓝ 달력 | mark ⓥ 표시하다 | location ⓝ 위치 | celestial body ⓝ 천체 | winter solstice ⓝ 동지(冬至) | line up with ~을 나란히[일렬로] 배열하다 | constellation ⓝ 별자리, 성좌 | monitor ⓥ 추적 관찰하다 | track ⓥ 추적하다 | accurately adv 정확히 | agriculture ⓝ 농업 | intend ⓥ 어떤 목적에 쓰고자 하다, 의도하다 | impress ⓥ 깊은 인상을 주다 | neighboring adj 인근의, 이웃의 | region ⓝ 지역 | expertise ⓝ 전문성 | involve ⓥ 수반하다 | indicate ⓥ 드러내다, 나타내다 | figure ⓝ 모양, 형상 | composed of ~로 구성된 | continuous adj 계속되는 | cross ⓥ 서로 겹치게 놓다 | statue ⓝ 조각상 | viewership ⓝ 시청자 (수·층) | statement ⓝ 표현 | greatness ⓝ 위대함, 위업 | imprint ⓝ 자국 | competitive adj 경쟁하는 | race ⓝ 경주

Check-up 3

본서 P. 75

01

(1) Since shelter forests help to prevent desertification, they are very helpful to farmers.
 ··· ① 접속사(because → Since)를 활용해 앞뒤 절 바꿔 주기
 ② 동의어로 바꿔 주기(useful → helpful)
 ③ 대명사 찾아 넣어 주기(shelter forests = they)

(2) The number of animals and animal species that live in an area will increase because of shelter forests.
 ··· ① 문장의 주어 바꿔 주기(Shelter forests → The number of animals and ~ in an area)
 ② 전치사(because of)를 통해 왜 동물과 동물 종의 수가 늘었는지에 대한 인과 부분 추가 설명하기(A increase B → B increase because of A)
 ③ 동의어로 바꿔 주기(can → will)

(3) Shelter forests can curb climate change.
 ··· '기후 변화에 도움이 된다'라는 의미는 결국 문맥상 '기후 변화를 억제한다'와 같은 뜻이므로 동사 curb를 활용하여 패러프레이징한다.

02

(1) The (Nazca) lines were used as an astronomical calendar.

→ 직관적으로 적는 것도 패러프레이징의 한 방법이다.
　① 제시된 문제 유형(One popular theory states that: 불필요한 부분)을 생략하여 문장을 단순하게 적어 주기
　② 시제는 꼭 과거 일에 대한 추측, 후회 등을 나타내는 「조동사＋have＋p.p.」를 쓸 필요가 없기 때문에 단순 과거 시제로 표현하기(could have been used → were used)
　③ '일종의 천문학 달력으로'에서 '일종의(a kind of)'라는 수식 표현 생략하기

(2) The Nazca Lines were intended to impress other people who inhabited in near areas.
　→ ① 불필요한 내용인 문제 유형(Another theory holds that)을 생략하여 문장을 단순하게 적어 주기
　　② 동의어 활용하여 바꿔 주기(other people that lived in neighboring regions 인근 지역에 살았던 다른 사람들 → other people who inhabited in near areas 근처 지역에 살았던 다른 사람들)

(3) The (Nazca) lines were used for sporting events.
　→ ① 불필요한 내용인 문제 유형(A third theory suggests that)을 생략하여 문장을 단순하게 적어 주기
　　② 시제는 꼭 과거 일에 대한 추측, 후회 등을 나타내는 「조동사＋have＋p.p.」를 쓸 필요가 없기 때문에 단순 과거 시제로 표현하기(could have been used → were used)
　　③ 중요하지 않은 수식어(some kind of)는 생략하기

Practice

본서 P. 76

01

[서론] Dentists often use a material called ²dental amalgam to fill cavities in their patients' teeth. Although they are often called "silver fillings," the alloy that amalgam is made of also contains tin, copper, and most importantly, mercury. ¹′³Amalgam became the standard material for this purpose because it is easy to use, inexpensive, durable, and strong. However, people have become increasingly concerned about its use because mercury is toxic to humans.

[Main point 1] The first major concern about the mercury in fillings is that it can cause ⁴many health problems in humans. When people are exposed to large amounts of this metal, it can ⁴cause neurological problems such as anxiety, irritability, headaches, fatigue, and memory loss. It can also cause ⁴physical symptoms such as nausea, loss of muscle control, chest pain, bleeding in the lungs, and impairment of the immune system. ⁴Considering such numerous and serious side effects, placing mercury permanently in people's teeth is clearly a bad idea.

[Main point 2] The second concern is ⁵pollution due to pieces of the ⁵amalgam being washed down the drain in dentists' sinks. The mercury enters the ⁵water system, where bacteria convert the elemental mercury into methyl mercury, which is even ⁵more dangerous. Elemental mercury does not stay in the body for long, but methyl mercury remains and builds up. Small animals eat the chemical, and as it moves up the food chain, the concentration of methyl mercury increases. When people eat top predators like tuna, we consume huge amounts of this toxic compound.

The third concern is that amalgam only continues to be used because it is cheap. Today [Main point 3] ⁶there are many alternatives to amalgam, including ⁶gold, porcelain, and resin.

치과 의사들은 흔히 환자 치아에 생긴 구멍을 채우기 위해 치과용 아말감이라고 불리는 물질을 사용한다. 비록 이것이 종종 '은 충전재'라고 불리긴 하지만, 아말감의 재료인 합금은 또한 주석, 구리, 그리고 가장 중요하게는, 수은을 포함하고 있다. 아말감은 사용이 용이하고, 값이 싸며, 견고하고 튼튼하기 때문에 이러한 목적을 위한 표준 재료가 되었다. 하지만 수은이 인간에게 유독하다는 이유로 사람들은 이것의 사용에 대해 점점 우려하게 되었다.

충전재 속의 수은에 대한 첫 번째 주된 우려는 수은이 인간에게 많은 건강 문제를 일으킬 수 있다는 것이다. 인간이 많은 양의 이 금속에 노출되면, 불안, 짜증, 두통, 피로, 기억 상실과 같은 신경 질환을 일으킬 수 있다. 또한 메스꺼움, 근육 통제력 상실, 흉통, 폐혈, 면역 체계 손상과 같은 신체적 증상을 일으킬 수 있다. 이러한 다수의 심각한 부작용을 고려했을 때, 인간의 치아에 영구적으로 수은을 시술하는 것은 확실히 좋지 않은 생각이다.

두 번째 우려는 치과 개수대에서 하수구로 씻겨 나간 아말감 조각 때문에 생기는 오염이다. 수은이 상수도로 들어가면, 그곳에서 박테리아가 원소 수은을 훨씬 더 위험한 형태인 메틸수은으로 변형시킨다. 원소 수은은 체내에 오래 남아 있지 않지만, 메틸수은은 남아서 축적된다. 작은 동물들이 그 화학 물질을 먹고, 그것이 먹이 사슬에서 위로 올라가면서 메틸수은의 농도가 높아진다. 인간이 참치와 같은 상위 포식 동물을 먹으면, 이 독성 화합물을 엄청난 양으로 섭취하는 것이다.

세 번째 우려는 아말감이 값이 싸기 때문에 계속해서 사용될 수밖에 없다는 것이다. 오늘날 금, 자기, 합성수지를 포함한 아말감 대체물이 많이 있다. 금은 매우 무른 금속이라서, 수은을 함유하지 않은 아말감을 만드는 데 쓰일

Gold is a very soft metal, so it can be used to produce amalgam that does not contain mercury, and it is much more visually pleasing. Porcelain and resin are somewhat more complicated to work with, but역접의 연결사 ⁶they have the added benefit of looking like natural tooth material. Since인과의 연결사 these substitutes look nicer and do not contain mercury, there is no reason to continue using amalgam.

수 있고, 외관상으로도 훨씬 더 보기가 좋다. 자기와 합성수지는 다루기가 다소 더 까다롭긴 하지만, 자연스러운 치아 물질처럼 보인다는 점에서 추가 이점이 있다. 이러한 대체물들이 보기에도 더 좋고 수은을 함유하고 있지 않기 때문에, 계속해서 아말감을 쓸 이유가 없다.

노트

문제 유형	¹reasons(이유)
핵심 단어	²dental amalgam 치과용 아말감
주장	³There are three reasons why people have become concerned about using amalgam. 사람들이 아말감 사용을 우려하게 된 세 가지 이유가 있다.

Main point 1	⁴cause health prob.(lems)	건강 문제를 일으킴
Main point 2	⁵pollution → water system	오염 → 상수도
Main point 3	⁶alternatives → G(old), P(orcelain), R(esin)	대안들 → 금, 자기, 합성수지

Writing Tip

서론

서론의 마지막 문장에서 문제 유형을 언급하는 단어가 없으므로 reasons(이유) 유형으로 본다. 또한 핵심 단어가 주어지지 않았기 때문에 마지막 문장 바로 앞 문장까지 같이 읽어 amalgam(아말감)이 핵심 단어임을 파악하는 것이 중요하다. 서론에서 mercury(수은)는 아말감 속에 있는 물질이며, 해당 물질 때문에 아말감을 사용했을 때의 우려가 되는 이유를 서술하고 있는 것을 파악할 수 있다.

Main point 1

··· ⁴cause health prob.(lems): 본론의 첫 번째 문단에서는 아말감 사용을 피해야 하는 첫 번째 이유가 건강 문제라는 것을 신경 질환(불안, 짜증, 두통, 피로, 기억 상실), 신체적 증상(메스꺼움, 근육 통제력 상실, 흉통, 폐혈, 면역 체계 손상), 그리고 부작용이라는 단어들을 통해 반복적으로 강조하고 있다.

Main point 2

··· ⁵pollution → water system: 본론의 두 번째 문단에서는 상수도가 반복적으로 등장하며, 전반적인 오염이 아닌, 물이 오염이 되는 위험성을 반복적으로 강조하여 아말감을 사용하면 안 된다고 서술하고 있다.

Main point 3

··· ⁶alternatives → G(old), P(orcelain), R(esin): 본론의 세 번째 문단에서는 아말감의 대체물인 금, 자기, 합성수지에 대한 설명이 상세하게 서술되어 있으므로 이를 아우르는 단어 'alternatives'를 핵심 단어로 선택한다.

어휘 material n 물질, 재료 | fill v 채우다 | cavity n (치아에 생긴) 구멍 | filling n 충전재 | alloy n 합금 | be made of ~으로 만들어지다 | contain v 포함하다 | tin n 주석 | copper n 구리 | mercury n 수은 | inexpensive adj 비싸지 않은 | durable adj 내구성이 있는 | increasingly adv 점점 | concerned adj 우려하는 | toxic adj 유독성의 | expose v 노출하다 | a large amount of 많은 | neurological adj 신경의, 신경학의 | anxiety n 불안 | irritability n 짜증 | headache n 두통 | fatigue n 피로 | memory loss 기억 상실 | nausea n 메스꺼움 | loss n 상실 | muscle n 근육 | pain n 통증 | bleeding n 출혈 | lung n 폐 | impairment n 손상 | immune system n 면역 체계 | considering prep ~을 고려하면 | numerous adj 다수의, 수많은 | side effect n 부작용 | permanently adv 영구적으로 | pollution n 오염 | drain n 하수구, 배수관 | convert v 전환시키다 | elemental adj 원소의 | food chain n 먹이 사슬 | concentration n 농도 | predator n 포식자, 포식 동물 | consume v 먹다 | compound n 화합물, 혼합물 | alternative n 대안 | porcelain n 자기 | resin n 합성수지 | pleasing adj 좋은, 만족스러운 | complicated adj 까다로운, 복잡한 | substitute n 대체물, 대용물

02

서론 Titan is the second largest moon in the solar system, and Saturn's largest moon. It is the only moon that has a dense atmosphere, and it is the only object other than Earth known to have stable bodies of liquid on its surface. Since the Cassini-

타이탄은 태양계에서 두 번째로 큰 위성이며, 토성의 가장 큰 위성이기도 하다. 밀집된 대기를 가진 유일한 위성이자, 지구를 제외하고 유일하게 안정된 액체를 지표면에 보유한 것으로 알려진 천체이기도 하다. 2004년에 Cassini-

Huygens mission began studying this mysterious moon in 2004, scientists have learned much about it. However, [1/2/3]Titan still has many unexplained features that scientists hope to learn more about in the future.

Main point 1 Titan's orbital path around Saturn is unusually elliptical for a moon. There are no celestial objects that have truly circular orbits, but역접의 연결사 some are more [4]oval-shaped, or "eccentric," than others. Moons tend to have very circular orbits because인과가 서술되어 있지만 뒤에 문장의 역접이 있기 때문에 중요하지 않은 문장 they form out of the same cloud of particles that their planet did. However,역접의 연결사 [4]Titan's orbit is very elliptical for a moon, giving it an orbit eccentricity that is close to that of Earth. While역접의 연결사 its eccentricity is low for a planet, [4]it is very high for a moon.

Main point 2 Titan has a large concentration of [5]dunes near its equator that were formed in the opposite direction from its prevailing winds. The [5]dunes반복 단어 are up [5]100 meters tall, about 1 kilometer wide, and they can be hundreds of kilometers long. Such dunes are known to form on Earth, but역접의 연결사 [5]they usually form in areas where the wind blows steadily in one direction. However,역접의 연결사 [5]the surface winds near Titan's equator usually blow westward, while역접의 연결사 the dunes form toward the east.

Main point 3 Titan also has many [6]depressions in its polar regions whose origins are unknown. It has been suggested that they were created by asteroid impacts or volcanoes, but역접의 연결사 neither explanation is adequate. [6]Titan has some volcanoes, but they are connected to mountain ranges, and these depressions반복 단어 are not. It also has a few impact craters, but역접의 연결사 [6]they are much smaller than most of these depressions. So, the origins of most of the depressions remain a mystery.

Huygens 우주 비행이 이 신비한 위성을 조사하기 시작한 이래 과학자들은 이것에 대해 많이 알게 되었다. 그러나 타이탄은 과학자들이 미래에 더 잘 알 수 있게 되길 바라는 설명되지 않은 많은 특징을 아직도 갖고 있다.

타이탄의 토성 궤도는 위성치고 유난히 타원형이다. 정말로 원형인 궤도를 가진 천체는 없지만, 일부는 다른 천체들보다 더 계란형, 혹은 '기이한' 궤도를 가진다. 위성들은 행성이 그러했듯 같은 입자 구름에서 생성되었기 때문에 아주 원형에 가까운 궤도를 가지는 경향이 있다. 그러나 타이탄의 궤도는 위성의 궤도라고 보기에 아주 타원형이라, 지구의 궤도와 비슷한 궤도 이심률을 가진다. 타이탄의 이심률은 행성의 관점에서 보기에는 낮으나, 위성의 관점에서 보면 매우 높다.

타이탄은 적도 근처에 사구들이 많이 집중되어 있으며, 이 사구들은 우세풍과 반대 방향으로 형성되었다. 사구들은 높이가 100미터까지 이르기도 하며, 길이는 약 1킬로미터이며 수백 킬로미터까지 길어질 수도 있다. 이러한 사구들은 지구에도 형성되는 것으로 알려져 있지만 보통 바람이 꾸준하게 한 방향으로 부는 지역에 형성된다. 그러나 타이탄의 적도 근처에서 부는 지상풍은 보통 서쪽으로 불지만, 사구들은 동쪽을 향해 형성되어 있다.

타이탄에는 또한 극 지역에 기원을 알 수 없는 많은 움푹 패인 곳들이 있다. 그것들이 소행성 충돌이나 화산으로 인해 만들어졌다는 말이 있었지만, 두 설명 모두 충분하지 않다. 타이탄에는 화산이 몇 개 있지만, 그 화산들은 산맥에 연결되어 있고, 이 움푹 팬 곳들은 그렇지 않다. 또한 타이탄에는 소수의 충돌 분화구들이 있지만, 그 분화구들은 대부분의 이 움푹 팬 지형들보다 크기가 훨씬 더 작다. 그래서 움푹 팬 지형들 대부분의 기원은 여전히 수수께끼로 남아 있다.

노트

문제 유형	[1]reasons(이유)
핵심 단어	[2]Titan 타이탄
주장	[3]There are three theories regarding Titan's unexplained features. (혹은 There are three unexplained features of Titan.) 타이탄의 설명되지 않은 특징에 관한 세 가지 이론이 있다. (혹은 타이탄에 관한 설명되지 않은 특징 세 가지가 있다.)

Main point 1	[4]이상한 orbits → oval	이상한 궤도 → 타원형
Main point 2	[5]dunes → ↔ direc. from wind	사구 → 바람과 반대 방향
Main point 3	[6]origins of depressions	움푹 팬 땅의 기원

Writing Tip

서론

서론의 마지막 문장에서 문제 유형을 언급하는 단어가 없으므로 reasons(이유) 유형으로 본다. 해당 문장에서 Titan(타이탄)의 설명되지 않은 특징들에 대해 서술한 것을 파악할 수 있으며 또한 지문 전반적으로 자주 등장하고 주로 얘기하는 주제가 Titan(타이탄)에 관한 것이므로 이를 핵심 단어로 선택한다.

Main point 1

··· ⁴이상한 orbits → oval: 본론의 첫 번째 문단에서는 orbital path, orbit을 통해 궤도가 반복적으로 서술되어 있고, 타원형, 원형, 계란형, '기이한' 궤도라는 표현을 통해 궤도의 모양을 반복적으로 강조하고 있다. 그러므로 타이탄의 설명되지 않은 첫 번째 특징은 궤도의 모양이라는 것을 파악할 수 있다.

Main point 2

··· ⁵dunes → ↔ direc. from wind: 본론의 두 번째 문단에서는 타이탄의 설명되지 않은 두 번째 특징이 반복적으로 나오는 dunes(사구)임을 알 수 있다. 100m, 1km, hundreds of km를 통해 사구에 대한 세부적인 설명이 주어지지만, 해당 설명은 사구의 특성을 강조하는 구간임을 파악해야 한다. 무엇보다도 역접의 연결사 뒤를 집중하여 읽으면 왜 타이탄의 사구가 특이한 특징인지를 파악할 수 있다.

Main point 3

··· ⁶origins of depressions: 본론의 세 번째 문단에서는 타이탄에 존재하는 것으로 depressions(움푹 팬 땅)가 등장하며, 소행성 충돌도 화산도 아닌 왜 생겼는지 모를 땅의 모양을 타이탄의 설명되지 않은 세 번째 특징으로 선택한다.

어휘 Titan **n** 타이탄(토성의 위성 가운데 하나) | moon **n** 위성 | solar system **n** 태양계 | Saturn **n** 토성 | dense **adj** 밀집한, 빽빽한 | atmosphere **n** 대기 | stable **adj** 안정적인 | liquid **n** 액체 | mission **n** 우주 비행, 임무 | unexplained **adj** 설명되지 않은 | feature **n** 특징 | orbital path 궤도 | unusually **adv** 유난히, 극히 | elliptical **adj** 타원형의 | celestial object **n** 천체 | circular **adj** 원형의 | oval-shaped **adj** 계란형의, 타원형의 | eccentric **adj** 기이한 | particle **n** 입자 | eccentricity **n** 이심률 | concentration **n** 집중 | dune **n** 사구, 모래 언덕 | equator **n** 적도 | form **v** 형성하다 | opposite **adj** 반대의 | prevailing wind **n** 우세풍 | steadily **adv** 꾸준히, 한결같이 | surface wind **n** 지상풍 | depression **n** 움푹 팬 곳[땅] | polar **adj** 극지의 | origin **n** 기원 | asteroid **n** 소행성 | impact **n** 충돌 | volcano **n** 화산 | adequate **adj** 충분한, 적절한 | mountain range **n** 산맥 | crater **n** 분화구

Lesson 02 Listening 〈노트테이킹(Note-taking)〉

Check-up

본서 | P. 83

01

서론 At first glance, planting forests seems like the obvious way to solve many of the environmental problems affecting the Earth. However, it actually has many potential drawbacks that the writer has completely ignored. Overall, planting shelter forests is not a good idea because it will do more harm than good.

First, [the writer stated that planting shelter forests is good for agriculture because they help to prevent desertification.읽기 지문 인정] While역접의 연결사 [it is true that forests provide shelter from the wind that drives the expansion of cold deserts,읽기 지문 인정] **Main point 1** ¹[they also consume a lot of water.듣기 강의의 반박] In areas where desertification is a threat, there typically is not much water, and farmers must rely upon irrigation. ¹Shelter forests will use up much of that water, ²which means that they are actually bad for agriculture.

언뜻 보기에는, 숲을 심는 것이 지구에 영향을 끼치는 환경 문제들 중 많은 것을 해결할 수 있는 확실한 방법처럼 보입니다. 하지만, 그것에는 사실 글쓴이가 완전히 간과한 많은 잠재적인 문제들이 있죠. 대체로, 방풍림을 심는 것에는 득보다 실이 더 많을 것이기에 좋은 생각이 아닙니다.

첫째, 글쓴이는 방풍림을 심는 것이 사막화 예방에 도움이 되기 때문에 농업에 유익하다고 말합니다. 숲이 서늘한 사막의 팽창을 일으키는 바람으로부터 피난처를 제공해 주는 것은 맞지만, 숲 역시 엄청난 물을 소비하죠. 사막화가 위협이 되는 지역에서는, 전형적으로 물이 많지 않아서 농부들이 관개에 의존해야만 합니다. 방풍림은 그 물의 많은 양을 써버릴 것인데, 이는 방풍림이 사실상 농업에 나쁘다는 것을 의미해요.

Reading – Listening 노트		
	읽기	듣기
주장	Shelter forests are important. 방풍림은 중요하다.	Listening의 서론은 노트테이킹하지 않는다.
Main point 1	farm.(ers) → X desert.(ification) 농부들 → 사막화 예방	¹f(orest) consume ↑ 물 ²f(orest) → bad(-) for 농업 숲은 많은 물을 소비함 숲은 농업에 나쁨

Writing Tip

서론

⋯ Listening의 서론은 노트테이킹하지 않는다.

Main point 1

⋯ 교수가 읽기 지문에 나온 첫 번째 메인포인트를 재진술하는데, 이 구간은 노트테이킹하지 않는다. 읽기 지문과 마찬가지로, 강의를 들을 때도 역접의 연결사를 주의 깊게 듣는 것이 필요하다. 역접의 연결사로 연결된 주절이 핵심 내용을 담고 있기 때문이다.

⋯ ¹f(orest) consume ↑ 물 : 반복 강조가 된 '방풍림이 물을 많이 써버린다(consume, use up)'는 부분을 듣고 노트테이킹해야 한다. 반복 강조 부분이 안 들렸다면 다시 한번 들으며 꼭 확인하도록 하자.

어휘   at first glance 언뜻 보기에 ㅣ plant ▼ 심다 ㅣ obvious adj 확실한, 명백한 ㅣ environmental adj 환경의 ㅣ affect ▼ 영향을 끼치다 ㅣ potential adj 잠재적인 ㅣ drawback n 문제, 결점 ㅣ completely adv 완전히 ㅣ ignore ▼ 무시하다 ㅣ harm n 해, 손해 ㅣ agriculture n 농업 ㅣ prevent ▼ 예방하다 ㅣ desertification n 사막화 ㅣ drive ▼ 몰다, ~하게 하다 ㅣ expansion n 팽창 ㅣ consume ▼ 쓰다, 소비하다 ㅣ threat n 위협 ㅣ rely upon ~에 의존하다 ㅣ irrigation n 관개 ㅣ use up ~을 다 써버리다

Second, [the writer states that shelter forests will support more animal species and increase the number of animals in the area.읽기 지문 인정] Unfortunately,역접의 연결사 this rarely happens because인과의 연결사 ¹[these forests are usually made up of one type of fast growing tree.듣기 강의의 반박] Such Main point 2 ²[forests do not support diverse species,듣기 강의의 반박] and the animals that thrive in these conditions are often pest animals like insects that feed on the trees. Instead of promoting diversity and increasing the number of animals in a region, shelter forests are more likely to do the opposite.

둘째, 글쓴이는 방풍림이 더 많은 동물의 종을 지탱하고 그 지역의 동물 수를 증가시킬 것이라고 말합니다. 유감스럽게도, 이 숲들은 보통 한 가지 종류의 빨리 자라는 나무로 이루어져 있기 때문에 그러한 일은 거의 일어나지 않아요. 이러한 숲들의 경우에는 다양한 종을 지탱하지 않으며, 이 환경에서 번성하는 동물들은 나무를 먹고 사는 곤충과 같은 유해 동물들인 경우가 많습니다. 다양성을 촉진하고 그 지역 동물의 수를 늘리는 대신에, 방풍림은 그 반대의 일을 할 가능성이 더 높아요.

Reading – Listening 노트

	읽기	듣기
Main point 2	↑ # ani.(mals) 동물의 수 늘림	¹1 tree → fast growing ²X diverse 한 가지 종류의 나무 → 빠른 성장 다양성 없음

Writing Tip

Main point 2

⋯ 교수가 전환어 Second 뒤에 읽기 지문에 나온 두 번째 메인포인트를 재진술하는데, 이 구간은 노트테이킹하지 않는다.

⋯ 읽기 지문에서는 방풍림이 여러 가지(많은) 동물의 종을 증가시킬 것이라고 서술하고 있었다면, 듣기 강의의 교수는 숲에 한 가지 종류의 나무만 있기 때문에 다양한 종이 번성하지 않는다는 '수의 불일치'를 논하고 있다. one type of ~ tree, do not support diverse species라는 표현들을 통해 읽기 지문과 반대되는 단어를 핵심 단어로 포착해야 한다.

어휘   state ▼ 주장하다 ㅣ support ▼ 지탱하다, 지속시키다 ㅣ species n 종 ㅣ unfortunately adv 유감스럽게도 ㅣ rarely adv 거의[좀처럼] ~않는 ㅣ be made up of ~로 이루어져 있다, 구성되다 ㅣ diverse adj 다양한 ㅣ thrive ▼ 번성하다 ㅣ pest n 유해 동물, 해충 ㅣ feed on ~을 먹고 살다 ㅣ instead of ~ 대신에 ㅣ promote ▼ 촉진하다 ㅣ diversity n 다양성 ㅣ region n 지역 ㅣ be more likely to do ~할 가능성이 더 높다 ㅣ opposite n 반대(되는 것)

Third, [the writer explains that shelter forests can help to reduce global warming because they absorb vast amounts of carbon dioxide. Trees certainly do consume large quantities of carbon dioxide,읽기 지문 인정] but 역접의 연결사 ¹[so do fields of grass or any other plant. 듣기 강의의 반박] Unlike grass, Main point 3 ²[tree leaves can actually trap heat, which increases the average temperature

셋째, 글쓴이는 방풍림이 막대한 양의 이산화탄소를 흡수하기 때문에 지구 온난화를 줄이는 데 도움이 된다고 설명합니다. 나무가 확실히 많은 양의 이산화탄소를 소비하는 것은 맞지만, 풀밭이나 어떤 다른 식물들도 그러한 역할을 합니다. 풀과는 달리, 나뭇잎은 사실상 열을 가두어, 숲 주변의 평균 기온을 높일 수도 있죠. 이것은 방풍림이

around the forest.듣기 강의의 반박] **This means that**앞 문장의 보충 설명 shelter forests actually [2]contribute more to global warming than they do to reduce it, so planting them does not actually help.

사실상 지구 온난화를 줄이기보다는 오히려 그것에 기여한다는 것을 의미하기에, 방풍림을 심는 것은 사실상 도움이 되지 않습니다.

	읽기	듣기
Reading – Listening 노트		
Main point 3	climate change (혹은 help climate change) 기후 변화 (혹은 기후 변화에 도움이 됨)	[1]grass + plant = consume CO_2 [2]-leaves trap heat → ↑ temp 풀과 식물 = 이산화탄소 소비 단점) 나뭇잎이 열을 가둠 → 기온 상승

Writing Tip

Main point 3

⋯ 교수가 읽기 지문을 길게 재진술하는 부분에서 함정에 빠지지 말고 역접의 접속사가 나올 때까지 차분히 듣는다.

⋯ 역접의 접속사 but 뒤에 교수가 자신의 주장을 펼치는 구간을 집중해서 듣도록 한다.

⋯ This means that(이것이 의미하는 바는)의 앞 문장과 뒤 문장이 같은 맥락을 이야기하고 있음을 파악한다. 나뭇잎이 사실상 열을 가두어 기온을 높이는데(→ 앞 문장), 이는 방풍림이 지구 온난화에 기여한다는 것을 의미함(→ 뒤 문장)을 들을 수 있도록 한다.

어휘 reduce v 줄이다 | global warming n 지구 온난화 | absorb v 흡수하다 | vast adj 막대한 | certainly adv 확실히 | quantity n 양 | unlike prep ~와는 달리 | trap v 가두다 | average adj 평균의 | temperature n 기온, 온도 | contribute to ~에 기여하다, ~의 원인이 되다

02

서론 The creation of the Nazca Lines is a mystery that continues to interest amateur and professional archaeologists. Although scientists have conclusively proven how they were created, the reason that they were made is still uncertain. The author of the reading mentioned three possible explanations for why they were made, but they are not very convincing.

First, [the author discusses the idea that the Nazca Lines were meant to be used as an astronomical calendar. Some researchers have pointed out that some shapes and lines correspond to stars and constellations,읽기 지문 인정] **but**역접의 연결사 Main point 1 [1][that is probably just a coincidence.듣기 강의의 반박] There are [2]hundreds of lines and shapes in the area, and there are [2]thousands of visible stars, [2]so it is easy to find some that may appear to match each other.

나스카 지상화의 창조는 아마추어나 전문 고고학자들의 관심을 계속해서 끌고 있는 미스터리입니다. 과학자들은 이 지상화들이 어떻게 만들어졌는지 결정적으로 증명했지만, 이것들이 만들어진 이유는 여전히 불분명합니다. 읽기 지문의 글쓴이는 이 지상화들이 왜 만들어졌는지에 대해 가능한 설명 세 가지를 언급하지만, 이 설명들은 그다지 설득력이 없습니다.

먼저, 글쓴이는 나스카 지상화들이 천문학 달력으로 사용될 의도였다는 생각을 논합니다. 일부 연구자들은 몇몇 모양과 선들이 별과 별자리와 일치했다고 지적했지만, 이는 그냥 우연의 일치일 수 있어요. 이 지역에는 수백 개가 넘는 선과 모양이 있고, 눈에 보이는 별은 수천 개이기 때문에 서로 일치하는 것처럼 보이는 것들을 찾기 쉽습니다.

	읽기	듣기
Reading – Listening 노트		
주장	the Nazca Lines' actual purpose (혹은 theories why the Nazca Lines were created) 나스카 지상화의 실제 목적 (혹은 왜 나스카 지상화가 만들어졌는가에 관한 이론)	Listening의 서론은 노트테이킹하지 않는다.
Main point 1	astro. calendar 천문학 달력	[2]↑ stars + ↑ lines = easy to find match [1]우연 많은 별들 + 많은 선들 = 일치하는 것을 찾기 쉬움 우연(의 일치)

Writing Tip

서론

⋯ Listening의 서론은 노트테이킹하지 않는다.

Main point 1

⋯ 교수가 읽기 지문에 나온 첫 번째 메인포인트를 길게 재진술하는데, 이 구간은 노트테이킹하지 않고 그저 듣고 이해만 하면 된다. 역접의 연결사 but 뒤에 오는 문장이 교수가 말하고자 하는 핵심이다.

⋯ 모양과 선이 별과 별자리와 일치하는 것은 '우연의 일치'일 수 있는데, 이는 선과 모양뿐만 아니라 별도 많기에 일치하는 것을 찾기 쉬워서 그런 것이라고 교수가 반복적으로 강조하여 설명한다.

어휘   creation n 창조 ㅣ interest v ~의 관심을 끌다 ㅣ amateur n 아마추어, 비전문가 ㅣ professional adj 전문의 ㅣ archaeologist n 고고학자 ㅣ conclusively adv 결정적으로 ㅣ prove v 증명하다 ㅣ uncertain adj 불분명한 ㅣ convincing adj 설득력이 있는, 확실한 ㅣ mean v 의도하다, 뜻하다 ㅣ astronomical adj 천문학의 ㅣ point out ~을 지적하다 ㅣ correspond to ~와 일치하다 ㅣ constellation n 별자리, 성좌 ㅣ coincidence n 우연의 일치 ㅣ visible adj 눈에 보이는 ㅣ appear v ~처럼 보이다 ㅣ match v 일치하다

Second, [the author explains that the Nazca Lines may have been created as symbols of the culture's status to impress their neighbors. He mentioned the pyramids as an example of this practice. 읽기 지문 인정] **but** 역접의 연결사 Main point 2 [1][those(= pyramids) are tall structures that can easily be seen from anywhere around them. 듣기 강의의 반박] The Nazca shapes are huge, [2]but they(= the Nazca shapes) are impossible to see unless you are very high up above them. They would only be [2]visible to people in the mountains, and very few people lived there.

두 번째로, 글쓴이는 나스카 지상화들이 인근에 사는 사람들에게 깊은 인상을 주기 위해 그 문화의 지위를 나타내는 상징으로서 만들어졌을 수 있다고 설명합니다. 이러한 관행의 예로 피라미드를 언급했지만, 피라미드는 그 주변 어느 곳에서나 쉽게 볼 수 있는 높은 구조물입니다. 나스카 모양들은 거대하지만, 그것보다 매우 높은 곳에 있지 않은 이상 보는 것이 불가능해요. 산에 사는 사람들에게나 보였을 것이고, 아주 소수의 사람들만 산에 살았습니다.

Reading – Listening 노트

	읽기	듣기
Main point 2	impress 이웃 지역 이웃 지역에 깊은 인상을 줌	[1]P(yramids) = 큼 [2]N(azca) = X see → high - see 피라미드들 = 큼 나스카 = 볼 수 없음 → 높은 곳에선 볼 수 있음

Writing Tip

Main point 2

⋯ 피라미드와 나스카 지상화를 비교하는 구간에서 역접에 유의해서 듣도록 한다.

⋯ P(yramids), N(azca): 노트테이킹 시, 피라미드와 나스카 지상화를 빠르게 적을 수 있도록 단어의 첫 알파벳으로 단순하게 쓰도록 한다.

⋯ 읽기 지문에서 나스카 지상화와 동등한 예시로 피라미드를 들었지만, 강의에서는 그에 대해 반박한다. 강의에서는 피라미드와 나스카 지상화의 비교가 되는 점을 구분하여 설명하므로 이 부분을 노트테이킹해야 한다. 피라미드는 주변 어느 곳에서나 볼 수 있을 정도로 높아서 깊은 인상을 주지만, 평지에 있는 나스카 지상화들은 사람들에게 안 보이기 때문에 깊은 인상을 줄 수 없다는 점을 들 수 있도록 한다.

어휘   create v 만들다 ㅣ symbol n 상징 ㅣ status n 지위, 신분 ㅣ impress v 깊은 인상을 주다 ㅣ neighbor n 인근에 사는 사람, 이웃 ㅣ practice n 관행 ㅣ structure n 구조물 ㅣ easily adv 쉽게 ㅣ unless conj ~하지 않는 한 ㅣ visible adj 눈에 보이는

Third, [the author suggests that the Nazca Lines may have been used as ancient racetracks since footprints were found in them. 읽기 지문 인정] Main point 3 [1][This seems very unlikely since the animal shapes are much too complex to use for foot races because they have too many twists and turns to safely run along them. 듣기 강의의 반박] However, 역접의 연결사 they may have actually been [2]used as paths for religious purposes. People may have [2]walked along the Nazca Lines as a form of ritual or prayer, as other cultures have done with mazes.

세 번째로, 글쓴이는 발자국이 나스카 지상화들에서 발견되었으므로 그것들이 고대의 경주로로 쓰였을 수도 있다고 제시합니다. 동물 모양은 도보 경주에 이용하기에는 너무 복잡하기에 그럴 확률은 매우 낮아 보입니다. 왜냐하면 그것을 따라 안전하게 달리기엔 너무 많은 굴곡이 있기 때문입니다. 하지만, 그것들은 실제로 종교적 목적을 위한 길로 이용되었을 가능성이 있습니다. 다른 문명들이 미로로 그렇게 했듯, (나스카 문명의) 사람들도 의식이나 기도의 형태로 나스카 지상화를 따라 걸었을지도 모릅니다.

	읽기	듣기
Main point 3	sporting event 운동 행사	[1]complex 복잡한 [2]walked – 의식 걸었음 – 의식

Writing Tip

Main point 3

··→ complex, twist, turns처럼 경주로로 사용되기에는 굴곡이 있고 복잡하다는, 읽기 지문의 내용과 반대되는 내용의 반복적인 단어를 유의 깊게 들어야 한다.

··→ 역접의 연결사 However를 통해 나스카 지상화가 종교 목적(의식이나 기도)을 위해 이용되었을지도 모른다는 추가적인 정보 또한 노트테이킹해 두어도 좋다.

어휘 ancient **adj** 고대의 | racetrack **n** 경주로 | footprint **n** 발자국 | unlikely **adj** 있음 직하지 않은 | twists and turns (길이) 굴곡짐, 구불구불함 | safely **adv** 안전하게 | path **n** 길 | religious **adj** 종교적인 | ritual **n** 의식 | prayer **n** 기도 | maze **n** 미로

Practice

본서 | P. 87

01

서론 Many people today are concerned about using dental amalgam to fill cavities in teeth because it contains mercury. The reading explains the reasons why people want to avoid using amalgam, but there are important problems with each of those arguments.

Firstly, [the reading talks about the fact that mercury is toxic for humans and can cause many health problems. This is true,읽기 지문 인정] but역접의 연결사 **Main point 1** [1][the amount contained in fillings is not large enough to be a threat to people's health.듣기 강의의 반박] In addition, once the amalgam is ready to be placed into a person's tooth, it has already formed a [2]compound with the other metals in the amalgam. The [2]chemical bonds between the amalgam's ingredients are too [2]strong for them to separate. Since the mercury cannot separate out of this [2]alloy, it is not dangerous.

Second, [the reading explains that pieces of the amalgam can be washed down the drain and pollute the water supply. This may have been a problem in the past,읽기 지문 인정] but역접의 연결사 **Main point 2** [3/4][dentists are required to install special devices in their sink drains to trap any amalgam that enters them.듣기 강의의 반박] They also have to [5]follow strict rules regarding the disposal of any leftover amalgam. Since the mercury in amalgam never enters the water system, it cannot contribute to pollution.

Third, [the reading contends that dentists use amalgam because it is cheaper and states that there are better alternatives.읽기 지문 인정] However,역접의 연결사 **Main point 3** [6][each of these alternatives has its own flaws.듣기 강의의 반박] Gold can be used to make amalgam, but it is very [7]expensive. Porcelain and resin are tooth-colored, but porcelain is [8]brittle, and resin [9]wears faster than amalgam and is [9]complicated to work with. The materials used for fillings have to be durable, strong, easy to work with, and

오늘날 많은 사람들이 치과용 아말감이 수은을 포함하고 있다는 이유로 그것을 치아 구멍을 채우는 데 사용하는 것에 대해 우려하고 있습니다. 읽기 지문에서는 사람들이 아말감 사용을 피하려 하는 이유를 설명했지만, 그러한 각각의 주장에는 중요한 문제들이 있습니다.

첫째, 읽기 지문에서는 수은이 인간에게 유독하며 여러 건강 문제를 일으킬 수 있다는 사실에 대해 이야기하고 있습니다. 이는 사실이지만, 충전재에 함유된 양은 인간의 건강에 위험이 될 정도로 많은 양이 아닙니다. 게다가, 일단 아말감이 사람의 치아에 시술될 준비가 되고 나면, 아말감 안의 다른 금속들과 함께 이미 화합물이 된 상태입니다. 아말감의 성분 간의 화학적 결합은 분리하기에는 너무 강하죠. 수은은 이 합금에서 따로 분리될 수 없기 때문에, 위험하지 않습니다.

둘째, 읽기 지문은 아말감 조각들이 배수구로 씻겨 내려가서 상수도를 오염시킨다고 설명합니다. 이것은 과거에는 문제가 됐을 수도 있지만, 치과 의사들은 개수대로 들어가는 어떤 아말감이라도 가둘 수 있는 특별 장치를 설치하도록 요구받습니다. 또한 그들은 잔여 아말감 처리에 관해 엄격한 규칙을 따라야만 하죠. 아말감 속의 수은은 절대로 상수도로 유입될 수 없기 때문에, 오염원이 될 수가 없습니다.

셋째, 읽기 지문은 치과 의사들은 아말감이 싸기 때문에 사용하는 것이라고 주장하며 더 좋은 대체물들이 있다고 말합니다. 하지만, 이 대체물들은 각각의 결점이 있습니다. 금은 아말감을 만드는 데 사용될 수 있지만, 가격이 너무 비싸죠. 자기와 합성수지는 원래 치아의 색과 같지만, 자기는 깨지기 쉽고, 합성수지는 아말감보다 더 빨리 닳고 다루기가 까다롭습니다. 충전재로 사용되는 물질들은 내구성이 있고, 강하고, 다루기 쉽고, 습기에 잘 견뎌야 하는

resistant to moisture, which means that dental amalgam is still the best choice for most situations.

데, 이 말은 즉 치과용 아말감이 여전히 대부분의 상황에 최선의 선택이라는 것을 의미하죠.

Reading – Listening 노트

	읽기	듣기
주장	There are three reasons why people have become concerned about using amalgam. 사람들이 아말감 사용을 우려하게 된 세 가지 이유가 있다.	<u>Listening의 서론은 노트테이킹하지 않는다.</u>
Main point 1	cause health prob.(lems) 건강 문제를 일으킴	[1] ↓ amt(amount) 많지 않은 양 [2] strong compound 강한 화합물
Main point 2	pollution → water system 오염 → 상수도	[3] X problem 문제없음 　[4] 1) Install device 1) 장치 설치 　[5] 2) Follow rules 2) 규칙 준수
Main point 3	alternatives → G(old), P(orcelain), R(esin) 대안들 → 금, 자기, 합성수지	[6] X 단점 　[7] → $↑ 가격이 비쌈 　[8] → brittle 깨지기 쉬움 　[9] → compli.(cated) (혹은 wear fast) 까다로움 (혹은 빨리 닳음)

Writing Tip

서론

⋯→ Listening의 서론은 노트테이킹하지 않는다.

⋯→ 교수가 읽기 지문에 나온 메인포인트를 재진술하면서 각 문단을 시작하는데, 이 구간은 노트테이킹하지 않는다.

⋯→ 읽기 지문과 마찬가지로, 강의를 들을 때도 역접의 연결사를 주의 깊게 듣는 것이 중요하다. 역접의 연결사로 연결된 주절이 강의의 핵심 내용을 담고 있기 때문이다. 강의는 항상 읽기 지문의 메인포인트를 반박한다.

Main point 1

⋯→ 역접의 연결사 but 뒤에 교수는 '양의 불일치'에 대해 주장을 펼치고 있다. 읽기 지문에서는 수은 자체가 사람에게 건강 문제를 유발한다고 서술했다면, 듣기 강의의 교수는 수은의 양이 적어 건강 문제를 일으키지 않으며, 심지어 이미 다른 금속과 결합된 상태인 합금에서 따로 분리되지 않으니 아무런 문제가 없다는 것을 강조하고 있다.

Main point 2

⋯→ 교수는 과거에 아말감이 상수도를 오염시키는 문제가 있었을 수도 있다는 읽기 지문의 메인포인트를 인정하면서 시작하였다. 그러고 나서 역접의 연결사 but 뒤에 이제는 치과 의사들이 특별한 장치를 설치하고 규칙을 따르기 때문에 오염은 유발되지 않는다고 주장한다.

Main point 3

⋯→ 읽기 지문에서 아말감의 대체물로 나열된 금, 자기, 합성수지의 단점을 역접의 연결사 However 뒤에 서술하였다.

⋯→ 대체물의 단점과 함께 아말감의 장점이 열거될 때 듣기 쉬운 부분을 공략하여 노트테이킹하도록 한다.

어휘 concerned adj 우려하는 | fill v 채우다 | cavity n (치아에 생긴) 구멍 | contain v 포함하다, ~이 들어 있다 | mercury n 수은 | avoid v 피하다 | argument n 주장 | toxic adj 유독한 | cause v 일으키다, 초래하다 | once conj 일단 ~하면 | compound n 화합물 | chemical adj 화학의, 화학적인 | bond n 결합 | ingredient n 성분, 재료, 원료 | separate v 분리되다 | alloy n 합금 | drain n 배수구 | pollute v 오염시키다 | water supply n 상수도 | require v 요구하다 | install v 설치하다 | device n 장치 | trap v 가두다, 잡다, 막다 | strict adj 엄격한 | regarding prep ~에 관하여 | disposal n 처리, 처분 | leftover adj 남은, 나머지의 n 남은 것, 잔재 | contribute to ~의 원인이 되다 | pollution n 오염 | alternative n 대체물 | flaw n 결점, 흠 | brittle adj 부서지기 쉬운 | wear v 닳다 | complicated adj 복잡한, 까다로운 | filling n 충전재 | durable adj 내구성이 있는, 오래 가는 | resistant adj ~에 잘 견디는, 저항하는 | moisture n 습기

서론 Since its discovery, much about Titan has remained a mystery, but scientists have learned much since the Cassini-Huygens mission reached this moon. Although Titan is unique among the moons in our solar system, many of its unusual features can be explained fairly easily. The author presents three things that have puzzled scientists in the past, but the reasons for their existence may have been discovered.

First, [the reading mentions Titan's orbit around Saturn is unusually elliptical for a moon,읽기 지문 인정] but역접의 연결사 Main point 1 [there is a simple explanation for this eccentric orbital path.듣기 강의의 반박] The reason for its eccentricity is probably that Titan's orbit didn't form like most other moons. Unlike Jupiter, which has four large moons in very regular orbits, Saturn has the massive Titan and a few medium-sized moons. Scientists believe that과학자들의 생각을 인용 Titan resulted from normal moons that collided with each other and fused together. Each of those impacts would also have made its orbit more elliptical, resulting in its current path.

Second, [it's true that the orientation of Titan's dunes is very unusual.읽기 지문 인정] However,역접의 연결사 Main point 2 it is caused by a regular occurrence.듣기 강의의 반박] The prevailing winds at the surface may blow westward, but every fifteen years atmospheric conditions create storms that blow in the opposite direction at 10 meters per second. The dunes on Titan are not composed of silicate sand, but hydrocarbon particulates that these storm winds반복 단어 shape into dunes that the normal winds반복 단어 cannot alter. Thus,결과의 연결사 instead of wind, storms are creating Titan's dunes.

Lastly, [the writer is right that the origin of depressions is neither asteroid impacts nor volcanoes.읽기 지문 인정] So, while역접의 연결사 the depressions near Titan's poles remain something of a mystery, Main point 3 [many scientists believe they may result from erosion.듣기 강의의 반박] Most of the depressions contain liquid hydrocarbons like methane and ethane, which act like water on Titan. These compounds evaporate into clouds, rain down, and flow across the surface to form rivers and lakes. They could also dissolve minerals like water does on Earth and create large caves that collapse to form the depressions. This is why원인의 연결사 erosion caused those depressions on Titan.

타이탄의 발견 이후로 타이탄에 대한 많은 것이 미스터리로 남았지만, 과학자들은 Cassini-Huygens 우주 비행이 이 위성에 도달한 이래 많은 것을 알게 되었습니다. 타이탄은 우리 태양계에 있는 위성들 가운데 독특하긴 하지만, 이 특이한 점들의 다수는 꽤 쉽게 설명될 수 있습니다. 글쓴이는 과거에 과학자들을 궁금하게 했던 세 가지를 제시하지만, 이 세 요소가 존재하게 된 이유는 밝혀졌을지도 모릅니다.

첫째, 읽기 지문에서 토성 주변을 돌고 있는 타이탄의 궤도가 위성치고는 이례적으로 타원형이라고 언급하지만, 이러한 편심 궤도 경로에 대한 간단한 설명이 있습니다. 이러한 이심률의 이유는 타이탄의 궤도가 다른 위성들처럼 형성되지 않았기 때문이죠. 네 개의 큰 위성이 매우 규칙적인 궤도에 있는 목성과는 달리, 토성은 거대한 타이탄과 몇 개의 중간 크기의 위성을 가지고 있습니다. 과학자들은 타이탄이 서로 충돌하여 함께 융합된 보통의 위성에서 기인했다고 생각합니다. 그러한 충돌 하나하나가 또한 타이탄의 궤도를 더 타원형 모양으로 만들고, 지금의 경로를 야기했을 것입니다.

둘째, 타이탄의 사구의 방향이 매우 특이하다는 것은 사실입니다. 그러나, 이는 자주 발생되는 일로 야기됩니다. 지면에 부는 우세풍은 서쪽으로 불지 몰라도, 15년마다 대기 조건이 반대 방향에서 초당 10미터로 부는 폭풍을 만들어냅니다. 타이탄에 있는 사구들은 규산 모래가 아니라 폭풍우 바람이 만들어 내 사구로 변형시키는 탄화수소 입자성 물질로 이루어져 있으며, 이는 보통의 바람이 변형시킬 수 없습니다. 따라서, 바람 대신 폭풍우가 타이탄의 사구를 만들고 있습니다.

마지막으로, 움푹 팬 지형들의 기원은 소행성 충돌도 화산도 아니라는 글쓴이의 말이 맞습니다. 그래서, 타이탄의 극지방 근처의 움푹 들어간 곳들은 다소 미스터리로 남아 있지만, 많은 과학자들은 그것들이 침식으로부터 생겨날지도 모른다고 믿고 있죠. 대부분의 움푹 팬 곳에는 타이탄에서 물과 같은 역할을 하는 메탄과 에탄과 같은 액체 탄화수소가 포함되어 있습니다. 이 화합물들은 증발하여 구름이 된 뒤 비로 내리고, 강과 호수를 형성하기 위해 지표면에 흐릅니다. 그리고 지구에서 물이 그러하듯 미네랄을 용해시켜서 커다란 동굴을 만들고, 이게 무너져 내려서 움푹 팬 지형들이 만들어지는 것이죠. 이것이 침식이 타이탄에 그러한 움푹 팬 지형을 일으킨 이유입니다.

Reading – Listening 노트

	읽기	듣기
주장	There are three theories regarding Titan's unexplained features. 타이탄의 설명되지 않은 특징에 관한 세 가지 이론이 있다.	Listening의 서론은 노트테이킹하지 않는다.

Main point 1	이상한 orbits → oval 이상한 궤도 → 타원형	[1] ≠ moons (다른) 위성들과 같지 않음[다름] [2] collided → fused 충돌함 → 융합함
Main point 2	dunes → ↔ direc. from wind 사구 → 바람과 반대 방향	[3] X wind 바람이 하지 않음 [4] O storms 폭풍우가 함
Main point 3	origins of depressions 움푹 팬 땅의 기원	[5] erosion 침식

Writing Tip

서론

⋯ Listening의 서론은 노트테이킹하지 않는다.

⋯ 교수가 읽기 지문에 나온 메인포인트를 재진술하면서 각 문단을 시작하는데, 이 구간은 노트테이킹하지 않는다.

⋯ 읽기 지문과 마찬가지로, 강의를 들을 때도 역접의 연결사를 주의 깊게 듣는 것이 중요하다. 역접의 연결사로 연결된 주절이 강의의 핵심 내용을 담고 있기 때문이다. 강의는 항상 읽기 지문의 메인포인트를 반박한다.

Main point 1

⋯ 타이탄의 이상한 궤도가 왜 발생된 것인지 역접의 연결사 but 뒤를 유의해서 듣도록 한다.

⋯ 과학자의 생각을 인용한 구간에서는 that절 이하의 동사를 포착하여 노트테이킹을 한다. 여기서, 타이탄이 위성들이 충돌하여(collided) 융합된 (fused) 보통의 위성에서 발생된 것임을 알 수 있다.

Main point 2

⋯ 15년마다, 초당10미터와 같은 세부적인 정보가 많으나, 핵심을 듣는 것이 중요하다. 이를 위해 역접의 연결사 However 뒤에 오는 말에 주목하여, 'regular occurrence(주로 일어나는 일)'이라는 핵심 단어를 들어 주거나, 마지막에 결론을 말하는 인과의 연결사 Thus(그러므로)를 통해 바람이 아닌 폭풍우가 사구를 만들었기 때문에 특이하다는 점을 노트테이킹할 수 있도록 한다.

Main point 3

⋯ 역접의 연결사 while로 연결된 주절을 유의해서 듣다 보면 움푹 팬 땅은 'erosion(침식)'으로 인해 일어난 일임을 알 수 있다.

⋯ 메탄이나 에탄과 같은 자세한 정보가 나오지만, 결국 액체 탄화수소 같은 화합물이 침식을 일으켜 지형이 파인다는 설명이다. 자세한 정보도 들어주면 더욱 좋겠지만, 아직 청해 실력이 부족하다면 반복적으로 나오는 'erosion(침식)'이라는 단어를 꼭 노트테이킹해 놓도록 한다.

어휘 discovery **n** 발견 ∣ reach **v** ~에 도달하다 ∣ moon **n** (지구 외 행성의) 위성 ∣ unique **adj** 독특한, 유일무이한 ∣ solar system **n** 태양계 ∣ unusual **adj** 특이한 ∣ feature **n** 특징, 특성 ∣ fairly **adv** 꽤 ∣ easily **adv** 쉽게 ∣ present **v** 제시하다 ∣ puzzle **v** 어리둥절하게[이해할 수 없게] 만들다 ∣ existence **n** 존재 ∣ orbit **n** 궤도 ∣ Saturn **n** 토성 ∣ elliptical **adj** 타원형의 ∣ eccentric **adj** 편심의, 중심을 벗어난 ∣ path **n** 경로 ∣ unlike **prep** ~와는 달리 ∣ Jupiter **n** 목성 ∣ massive **adj** 거대한 ∣ result from ~에서 기인하다, ~의 결과로 발생하다 ∣ collide **v** 충돌하다 ∣ fuse **v** 융합하다 ∣ impact **n** 충돌, 충격 ∣ result in ~을 야기하다, 그 결과 ~가 되다 ∣ current **adj** 지금의, 현재의 ∣ orientation **n** 방향 ∣ dune **n** 사구 ∣ regular **adj** 잦은, 정기적인 ∣ occurrence **n** 발생하는 것 ∣ prevailing **adj** 우세한 ∣ westward **adv** 서쪽으로 ∣ atmospheric **adj** 대기의 ∣ opposite **adj** 반대의 ∣ be composed of ~로 구성되다 ∣ silicate **n** 규산염 ∣ hydrocarbon **n** 탄화수소 ∣ particulate **n** 입자성 물질, 미립자 ∣ shape A into B A를 B 모양으로 만들다 ∣ alter **v** 변형시키다 ∣ instead of ~ 대신에 ∣ origin **n** 기원 ∣ depression **n** 움푹 팬 곳[땅] ∣ neither A nor B A와 B 둘 다 아닌 ∣ asteroid **n** 소행성 ∣ volcano **n** 화산 ∣ pole **n** (지구의) 극 ∣ erosion **n** 침식 ∣ liquid **adj** 액체의 ∣ compound **n** 화합물 ∣ evaporate **v** 증발하다 ∣ dissolve **v** 용해하다 ∣ cave **n** 동굴 ∣ collapse **v** 무너지다

Lesson 03 Writing 〈요약하기〉

Check-up 1

본서 P. 90

01

There has been a great deal of concern about the rate at which tropical rainforests have been disappearing over the last few decades. However, this ignores the fact that there are many temperate forests that are threatened or were already cut down

지난 수십 년간 열대 우림이 사라지는 속도에 대한 많은 우려가 있어 왔다. 하지만, 이것은 현재 위협받고 있거나, 이미 훨씬 더 오래전에 잘려 나간 온대림(溫帶林)이 많다는 사실을 간과한 것이다. 많은 환경 운동가들은 온대림을

much longer ago. Many environmentalists believe that replacing temperate forests is just as important as saving the tropical rainforests. These forests can be considered "²shelter forests," since they create natural shelter from the wind. ¹/³They are important for humans and animals alike for many reasons.

교체하는 것이 열대 우림을 구하는 것만큼이나 중요하다고 믿는다. 이 숲은 바람으로부터 자연적인 보호막을 만들어 내기에 '방풍림'으로 여겨질 수 있다. 이 숲은 많은 이유에서 인간과 동물에게 똑같이 중요하다.

노트

문제 유형	¹reasons(이유)
핵심 단어	²shelter forests 방풍림
주장	³Shelter forests are important. 방풍림은 중요하다.

예시 요약문

서론　Both the reading and the listening discuss ²**shelter forests**. The reading argues that there are three ¹**reasons** why ³**they are important**. On the other hand, the lecturer disagrees with the reading's arguments.

읽기 지문과 듣기 강의 모두 **방풍림**에 대해 논한다. 읽기 지문은 **방풍림이 중요한** 세 가지 **이유**가 있다고 주장한다. 반면, 강연자는 읽기 지문의 주장에 동의하지 않는다.

Writing Tip

요약문 - 서론 쓰기

⋯ 강의까지 모두 들으면 다시 읽기 지문이 화면에 나타나고 본격적으로 요약문을 작성하는데, 맨 첫 단계였던 3분 동안의 Reading Time에서 간략히 쓴 노트테이킹을 바탕으로 요약문의 서론을 빠르게 적는다.

⋯ 미리 만들어 놓은 서론 template 안에 문제 유형, 핵심 단어, 주장만 넣으면 서론이 완성된다.

⋯ '읽기 지문의 주장'을 쓸 때, 지문의 메인포인트는 항상 세 가지이므로, "There are three <문제 유형>. 세 가지의 <문제 유형>이 있다."로 적은 뒤 주장을 간단히 덧붙여 주면 주장 부분을 쉽게 채워 넣을 수 있다.

02

²The Nazca Lines are a collection of giant images carved into the soil of the Nazca Desert in southern Peru. Many of the lines are simple geometric shapes, but over 70 of them depict animals, people, and plants. They were made by removing the reddish surface soil to reveal a light gray layer beneath it. ¹/³Created between 500 BCE and 500 CE by the Nazca culture, their actual purpose remains a mystery, but there are many theories.

나스카 지상화는 페루 남부에 있는 나스카 사막의 땅에 새겨진 거대한 그림 모음이다. 많은 지상화들이 단순한 기하학적 모양이지만, 70개가 넘는 지상화들이 동물, 사람과 식물을 묘사한다. 이 지상화들은 붉은 표층토(땅 표면의 흙)를 들어내서 그 밑의 옅은 회색 층이 드러나게 하는 방식으로 만들어졌다. 나스카 문명에 의해 기원전 500년에서 기원후 500년 사이에 만들어진 이 지상화들의 실제 목적은 미스터리로 남아 있지만, 이론은 많다.

노트

문제 유형	¹theories(이론)
핵심 단어	²the Nazca Lines 나스카 지상화
주장	³the Nazca Lines' actual purpose (혹은 theories why the Nazca Lines were created) 나스카 지상화의 실제 목적 (혹은 왜 나스카 지상화가 만들어졌는가에 관한 이론)

예시 요약문

서론　Both the reading and the listening discuss ²**the Nazca Lines**. The reading argues that there are three ¹**theories** regarding ³**their actual purpose**. On the other hand, the lecturer disagrees with the reading's arguments.

읽기 지문과 듣기 강의 모두 **나스카 지상화**에 대해 논한다. 읽기 지문은 **나스카 지상화의 실제 목적**에 관한 세 가지 **이론**이 있다고 주장한다. 반면, 강연자는 읽기 지문의 주장에 동의하지 않는다.

Writing Tip

요약문 - 서론 쓰기

⋯ 이전 단계에서 3분 동안 읽기 지문을 간략히 쓴 노트테이킹을 바탕으로 요약문의 서론을 빠르게 적는다.

⋯ 미리 만들어 놓은 서론 template 안에 문제 유형, 핵심 단어, 주장만 넣으면 서론이 완성된다.

⋯ '읽기 지문의 주장'인 there are three theories regarding their actual purpose를 there are three theories why the Nazca Lines(= they) were created로도 쓸 수 있다.

Check-up 2
본서 P. 96

01

Reading

서론 There has been a great deal of concern about the rate at which tropical rainforests have been disappearing over the last few decades. However, this ignores the fact that there are many temperate forests that are threatened or were already cut down much longer ago. Many environmentalists believe that replacing temperate forests is just as important as saving the tropical rainforests. These forests can be considered "shelter forests," since they create natural shelter from the wind. They are important for humans and animals alike for many reasons.

First, Main point 1 [1]shelter forests are very useful to farmers because they help to prevent desertification. Plains areas are excellent for agriculture, but [1]they are also exposed to almost constant wind. This wind carries away moisture, and periodic windstorms can actually strip away the topsoil that plants need to grow. When forests are planted around farmland, they can block the wind, and the trees' roots also hold down the topsoil. This prevents cool deserts from expanding into agricultural areas and natural habitats.

Second, Main point 2 [2]shelter forests can increase the number of animals and animal species that live in an area. Cutting down forests is a clear threat to the animals that live in them as different habitats support different animals. Grasslands have very different animals than those found in forests, and barren desert or other wastelands support very few animals at all. Therefore, preserving shelter forests protects [2]existing animals, and replanting them can allow other species to be reintroduced to the area.

Third, Main point 3 [3]shelter forests can help with climate change. The main gas that causes climate change is carbon dioxide (CO_2), which causes the greenhouse effect and acidifies the oceans. Humans produce huge amounts of CO_2, but trees remove the gas from the air as they produce their food. This means that all forests help to reduce the amount of CO_2 in the air. Therefore, we

지난 수십 년간 열대 우림이 사라지는 속도에 대한 많은 우려가 있어 왔다. 하지만, 이것은 현재 위협받고 있거나, 이미 훨씬 더 오래전에 잘려 나간 온대림(溫帶林)이 많다는 사실을 간과한 것이다. 많은 환경 운동가들은 온대림을 교체하는 것이 열대 우림을 구하는 것만큼이나 중요하다고 믿는다. 이 숲은 바람으로부터 자연적인 보호막을 만들어 내기에 '방풍림'으로 여겨질 수 있다. 이 숲은 많은 이유에서 인간과 동물에게 똑같이 중요하다.

첫째, 방풍림은 사막화 예방에 도움이 되기 때문에 농부들에게 매우 유용하다. 평야 지역은 농업에 우수하지만, 그것은 또한 거의 꾸준하게 부는 바람에 노출된다. 이 바람이 습기를 제거하고, 주기적인 폭풍이 식물들이 자라는 데 필요한 표토를 사실상 벗겨낼 수가 있다. 농지 주변에 숲을 심을 경우, 숲이 바람을 막아 주기도 하고, 나무뿌리가 표토를 붙잡아 주기도 한다. 이로 하여금 서늘한 사막이 농경지나 자연 서식지로 퍼지는 것을 예방할 수 있다.

둘째, 방풍림은 그 지역에 사는 동물과 동물 종의 수를 늘릴 수 있다. 서로 다른 서식지는 서로 다른 동물들을 지탱하기 때문에 삼림을 벌채하는 것은 그곳에 사는 동물들에게 명백한 위협이다. 목초지에는 삼림에서 발견되는 것과는 아주 다른 동물들이 있고, 메마른 사막이나 다른 습지는 동물들을 거의 지탱하지 못한다. 그러므로, 방풍림을 보존하는 것은 현존하는 동물들을 보호하는 것이고, 그것들을 옮겨 심는 것은 다른 종들이 해당 지역으로 재유입되게 만들 수 있다.

셋째, 방풍림은 기후 변화에 도움이 될 수 있다. 기후 변화를 일으키는 주요 가스는 이산화탄소(CO_2)인데, 이것이 온실 효과를 일으키고 바다를 산성화한다. 인간들은 엄청난 양의 이산화탄소를 만들어 내지만, 나무가 자신들의 영양분을 만들어 내는 과정에서 공기로부터 이 가스를 제거한다. 이것은 모든 숲이 공기 중의 이산화탄소량을 줄이는 데 도움이 된다는 것을 의미한다. 그러므로, 우리는 현

should protect existing shelter forests and replant those that have disappeared in both tropical and temperate zones.

존하는 방풍림을 보호하고 열대와 온대 지방 모두에서 사라지고 있는 숲들을 옮겨 심어야 한다.

어휘 a great deal of 많은 | concern ⓝ 우려, 걱정 | rate ⓝ 속도 | tropical rainforest ⓝ 열대 우림 | disappear ⓥ 사라지다 | ignore ⓥ 간과하다 | temperate ⓐⓓⓙ 온화한, 온대의 | threaten ⓥ 위협하다 | cut down ~을 자르다 | environmentalist ⓝ 환경 운동가 | shelter forest ⓝ 방풍림 | alike ⓐⓓⓥ 똑같이, 둘 다 ⓐⓓⓙ 똑같은 | useful ⓐⓓⓙ 유용한 | prevent ⓥ 예방하다 | desertification ⓝ 사막화 | plain ⓝ 평야 | agriculture ⓝ 농업 | expose ⓥ 노출하다 | constant ⓐⓓⓙ 끊임없는, 부단한 | carry away ~을 가져가 버리다, 휩쓸어 가다 | moisture ⓝ 습기 | periodic ⓐⓓⓙ 주기적인 | windstorm ⓝ 폭풍 | strip away ~을 벗겨 내다 | topsoil ⓝ 표토 | farmland ⓝ 농지, 경지 | block ⓥ 막다 | hold down ~을 붙잡아 두다, 유지하다 | desert ⓝ 사막 | expand ⓥ 확장되다 | habitat ⓝ 서식지 | species ⓝ 종 | threat ⓝ 위협 | grassland ⓝ 목초지 | barren ⓐⓓⓙ 메마른, 불모의 | wasteland ⓝ 황무지, 불모지 | preserve ⓥ 보존하다 | replant ⓥ 옮겨 심다 | reintroduce ⓥ 재도입하다, 다시 들여오다 | climate change ⓝ 기후 변화 | carbon dioxide ⓝ 이산화탄소 | greenhouse effect ⓝ 온실 효과 | acidify ⓥ 산성화하다 | remove ⓥ 제거하다 | reduce ⓥ 줄이다 | protect ⓥ 보호하다 | existing ⓐⓓⓙ 현존하는

Listening

서론 At first glance, planting forests seems like the obvious way to solve many of the environmental problems affecting the Earth. However, it actually has many potential drawbacks that the writer has completely ignored. Overall, planting shelter forests is not a good idea because it will do more harm than good.

First, the writer stated that planting shelter forests is good for agriculture because they help to prevent desertification. While it is true that forests provide shelter from the wind that drives the expansion of cold deserts, Main point 1 [1'] they also consume a lot of water. In areas where desertification is a threat, there typically is not much water, and farmers must rely upon irrigation. [2'] Shelter forests will use up much of that water, which means that they are actually bad for agriculture.

Second, the writer states that shelter forests will support more animal species and increase the number of animals in the area. Unfortunately, this rarely happens because [2'] these forests are usually made up of one type of fast growing tree. Such Main point 2 [2'] forests do not support diverse species, and the animals that thrive in these conditions are often pest animals like insects that feed on the trees. Instead of promoting diversity and increasing the number of animals in a region, shelter forests are more likely to do the opposite.

Third, the writer explains that shelter forests can help to reduce global warming because they absorb vast amounts of carbon dioxide. Trees certainly do consume large quantities of carbon dioxide, but [3'] so do fields of grass or any other plant. Unlike grass, Main point 3 [3'] tree leaves can actually trap heat, which increases the average temperature around the forest. This means that shelter forests actually [3'] contribute more to global warming than they do to reduce it, so planting them does not actually help.

언뜻 보기에는, 숲을 심는 것이 지구에 영향을 끼치는 환경 문제들 중 많은 것을 해결할 수 있는 확실한 방법처럼 보입니다. 하지만, 그것에는 사실 글쓴이가 완전히 간과한 많은 잠재적인 문제들이 있죠. 대체로, 방풍림을 심는 것에는 득보다 실이 더 많을 것이기에 좋은 생각이 아닙니다.

첫째, 글쓴이는 방풍림을 심는 것이 사막화 예방에 도움이 되기 때문에 농업에 유익하다고 말합니다. 숲이 서늘한 사막의 팽창을 일으키는 바람으로부터 피난처를 제공해 주는 것은 맞지만, 숲 역시 엄청난 물을 소비하죠. 사막화가 위협이 되는 지역에서는, 전형적으로 물이 많지 않아서 농부들이 관개에 의존해야만 합니다. 방풍림은 그 물의 많은 양을 써버릴 것인데, 이는 방풍림이 사실상 농업에 나쁘다는 것을 의미해요.

둘째, 글쓴이는 방풍림이 더 많은 동물의 종을 지탱하고 그 지역의 동물 수를 증가시킬 것이라고 말합니다. 유감스럽게도, 이 숲들은 보통 한 가지 종류의 빨리 자라는 나무로 이루어져 있기 때문에 그러한 일은 거의 일어나지 않아요. 이러한 숲들의 경우에는 다양한 종을 지탱하지 않으며, 이 환경에서 번성하는 동물들은 나무를 먹고 사는 곤충과 같은 유해 동물들인 경우가 많습니다. 다양성을 촉진하고 그 지역 동물의 수를 늘리는 대신에, 방풍림은 그 반대의 일을 할 가능성이 더 높아요.

셋째, 글쓴이는 방풍림이 막대한 양의 이산화탄소를 흡수하기 때문에 지구 온난화를 줄이는 데 도움이 된다고 설명합니다. 나무가 확실히 많은 양의 이산화탄소를 소비하는 것은 맞지만, 풀밭이나 어떤 다른 식물들도 그러한 역할을 합니다. 풀과는 달리, 나뭇잎은 사실상 열을 가두어, 숲 주변의 평균 기온을 높일 수도 있죠. 이것은 방풍림이 사실상 지구 온난화를 줄이기보다는 오히려 그것에 기여한다는 것을 의미하기에, 방풍림을 심는 것은 사실상 도움이 되지 않습니다.

어휘 at first glance 언뜻 보기에 | plant ⓥ 심다 | obvious ⓐⓓⓙ 확실한, 명백한 | environmental ⓐⓓⓙ 환경의 | affect ⓥ 영향을 끼치다 | potential ⓐⓓⓙ 잠재적인 | drawback ⓝ 문제, 결점 | completely ⓐⓓⓥ 완전히 | ignore ⓥ 무시하다 | harm ⓝ 해, 손해 | agriculture ⓝ 농업 | prevent ⓥ 예방하다 | desertification ⓝ 사막화 | drive ⓥ 몰다, ~하게 하다 | expansion ⓝ 팽창 | consume ⓥ 쓰다, 소비하다 | threat ⓝ 위협 | rely upon ~에 의존하다 | irrigation ⓝ 관개 | use up ~을 다 써버리다 | state ⓥ 주장하다 | support ⓥ 지탱하다, 지속시키다 |

species **n** 종 | unfortunately **adv** 유감스럽게도 | rarely **adv** 거의[좀처럼] ~않는 | be made up of ~로 이루어져 있다, 구성되다 | diverse **adj** 다양한 | thrive **v** 번성하다 | pest **n** 유해 동물, 해충 | feed on ~을 먹고 살다 | instead of ~ 대신에 | promote **v** 촉진하다 | diversity **n** 다양성 | region **n** 지역 | be more likely to do ~할 가능성이 더 높다 | opposite **n** 반대(되는 것) | reduce **v** 줄이다 | global warming **n** 지구 온난화 | absorb **v** 흡수하다 | vast **adj** 막대한 | certainly **adv** 확실히 | quantity **n** 양 | unlike **prep** ~와는 달리 | trap **v** 가두다 | average **adj** 평균의 | temperature **n** 기온, 온도 | contribute to ~에 기여하다, ~의 원인이 되다

Reading – Listening 노트

	읽기	듣기
주장	Shelter forests are important. 방풍림은 중요하다.	Listening의 서론은 노트테이킹하지 않는다.
Main point 1	<u>farm.(ers) → X desert.(ification)</u> 농부들 → 사막화 예방	f(orest) consume ↑물 f(orest) → bad(-) for 농업 숲은 많은 물을 소비함 숲은 농업에 나쁨
Main point 2	↑ # ani.(mals) 동물의 수 늘림	<u>1 tree → fast growing</u> <u>X diverse</u> 한 가지 종류의 나무 → 빠른 성장 다양성 없음
Main point 3	climate change (혹은 help climate change) 기후 변화 (혹은 기후 변화에 도움이 됨)	<u>grass + plant = consume CO₂</u> <u>-leaves trap heat → ↑ temp</u> 풀과 식물 = 이산화탄소 소비 단점) 나뭇잎이 열을 가둠 → 기온 상승

예시 요약문

서론 Both the reading and the listening discuss shelter forests. The reading argues that there are three reasons why they are important. On the other hand, the lecturer disagrees with the reading's arguments.

본론1 First, **읽기** the passage says that ¹since shelter forests help to prevent desertification, they are helpful to farmers. However, **듣기** the professor contradicts the argument by stating that ¹'forests consume a lot of water, and this makes the situation worse in areas which are vulnerable to desertification. In those areas, water is always in short supply, so expanding the forests would result in farmers not having enough water.

본론2 Second, **읽기** the writer mentions that ²the number of animals and animal species will increase because of shelter forests. In contrast, **듣기** the speaker refutes this idea by arguing that ²'shelter forests usually consist of one type of fast growing tree, so they don't support diverse species. Instead, a limited number of species live there. Because of the limitations of shelter forests, diversity would be reduced rather than promoted.

읽기 지문과 듣기 강의 모두 방풍림에 대해 논한다. 읽기 지문은 방풍림이 중요한 세 가지 이유가 있다고 주장한다. 반면, 강연자는 읽기 지문의 주장에 동의하지 않는다.

첫 번째로는, 지문은 방풍림은 사막화를 막는 데 도움이 되기 때문에 농부들에게 도움이 된다고 말한다. 그러나, 교수는 숲이 많은 물을 소비하고, 이것은 사막화에 취약한 지역의 상황을 더 악화시킨다고 말함으로써 그 주장을 반박한다. 그 지역에서는, 물이 항상 부족하기 때문에, 숲을 확장하면 그 결과 농부들이 충분한 물을 갖지 못하게 될 것이다.

두 번째로는, 글쓴이는 방풍림 때문에 동물과 동물 종의 수가 증가할 것이라고 언급한다. 이와는 대조적으로, 강연자는 방풍림이 보통 빠르게 자라는 나무 한 종류로 구성되어 있기 때문에 다양한 종을 지탱할 수 없다고 주장함으로써 이 생각을 반박한다. 대신에, 제한된 수의 종들이 그곳에 산다. 방풍림의 한계 때문에 다양성은 촉진되기보다는 오히려 감소될 것이다.

Lesson 03 Integrated Task

Lesson 03 Writing 〈요약하기〉 **29**

본론 3 Third, **읽기** the author goes on to say that [3] shelter forests can curb climate change. On the other hand, **듣기** the listening makes the last opposing point to this claim. The professor contends that [3'] tree leaves do not remove heat but actually trap it. Moreover, trees are not the only consumer of CO_2. Other plants such as grass also consume a large amount of it. Thus, planting shelter forests does not provide much help in reducing global warming.

세 번째로는, 글쓴이는 계속해서 방풍림이 기후변화를 억제할 수 있다고 말한다. 반면에, 듣기 강의는 이 주장에 대한 마지막 반대 주장을 한다. 교수는 나뭇잎이 열을 제거하지 않고 실제로 열을 가둔다고 주장한다. 게다가, 나무만이 이산화탄소의 유일한 소비원이 아니다. 풀과 같은 다른 식물들도 많은 양의 이산화탄소를 소비한다. 그러므로, 방풍림을 심는 것은 지구 온난화를 줄이는 데 많은 도움을 주지 않는다.

Writing Tip

요약문 쓰기

⋯ 읽기 지문을 요약할 때는 지문에 나온 문장 그대로 베끼지 않고 패러프레이징을 해야 한다. P. 74 <패러프레이징(Paraphrasing) 정복하기>를 다시 한번 살펴보고 메인포인트를 패러프레이징하도록 하자.

⋯ 듣기 강의는 패러프레이징 없이 들은 그대로 적으면 된다. 노트테이킹한 것을 기반으로, 강의에서의 메인포인트는 읽기 지문의 메인포인트를 반박하는 내용임을 다시 한번 상기하여 서로의 주장을 비교하는 요약문을 완성한다.

어휘 vulnerable **adj** 취약한 ǀ result in ~을 야기하다, 그 결과 ~가 되다 ǀ consist of ~으로 구성되다 ǀ limited **adj** 제한된 ǀ diversity **n** 다양성 ǀ rather than ~보다는, ~ 대신에 ǀ promote **v** 촉진하다 ǀ curb **v** 억제하다 ǀ remove **v** 제거하다 ǀ consumer **n** 소비원, 소비자 ǀ a large amount of 많은

02

Reading

서론 The Nazca Lines are a collection of giant images carved into the soil of the Nazca Desert in southern Peru. Many of the lines are simple geometric shapes, but over 70 of them depict animals, people, and plants. They were made by removing the reddish surface soil to reveal a light gray layer beneath it. Created between 500 BCE and 500 CE by the Nazca culture, their actual purpose remains a mystery, but there are many theories.

One popular theory states that **Main point 1** [1] the lines could have been used as a kind of astronomical calendar. They may have been used to mark the different locations where [1] the Sun and other celestial bodies rose and set on important days like the winter solstice. Some of the images line up with [1] stars and constellations. Being able to monitor such patterns allows people to track the seasons accurately, which is important for agriculture.

Another theory holds that **Main point 2** [2] the Nazca Lines were intended to impress other people that lived in neighboring regions. These images would take great time, effort, and expertise to create. The level of skill involved is indicated by the fact that each figure is composed of one continuous line that never crosses itself. Like the Egyptian pyramids and the statues on Easter Island, the Nazca Lines may have been created [2] for the viewership of many people as a statement of their creators' greatness.

A third theory suggests that **Main point 3** [3] the lines could have been used for some kind of sporting event. Many of the lines

나스카 지상화는 페루 남부에 있는 나스카 사막의 땅에 새겨진 거대한 그림 모음이다. 많은 지상화들이 단순한 기하학적 모양이지만, 70개가 넘는 지상화들이 동물, 사람과 식물을 묘사한다. 이 지상화들은 붉은 표층토(땅 표면의 흙)를 들어내서 그 밑의 옅은 회색 층이 드러나게 하는 방식으로 만들어졌다. 나스카 문명에 의해 기원전 500년에서 기원후 500년 사이에 만들어진 이 지상화들의 실제 목적은 미스터리로 남아 있지만, 이론은 많다.

많은 지지를 받는 한 이론은 이 지상화들이 일종의 천문학 달력처럼 사용됐을 수도 있다고 주장한다. 동지(冬至)와 같은 중요한 날에 태양과 그 밖의 다른 천체들이 뜨고 지는 각자 다른 장소를 표시하기 위해 사용되었을 수도 있다. 그림들 중 일부는 별과 별자리와 나란히 배열된다. 이런 패턴을 관찰할 수 있게 되면서 사람들은 농업에 중요한 계절을 정확히 추적할 수 있게 되었다.

또 다른 이론은 나스카 지상화들이 인근 지역에 사는 다른 사람들에게 깊은 인상을 주려는 목적이었다고 주장한다. 이 지상화들을 만드는 데는 많은 시간과 노력, 그리고 전문성이 필요했을 것이다. 수반된 능력의 수준은 각 모양이 서로 절대 겹치지 않는 하나의 계속되는 선으로 그려졌다는 사실로 드러난다. 이집트의 피라미드와 이스터섬의 석상들처럼, 나스카 지상화도 지켜보는 많은 이들을 위해 만든 이들의 훌륭함을 드러내는 표현으로서 만들어졌을 수 있다.

세 번째 이론은 이 지상화들이 운동 행사의 일종에 사용

show the imprints of human feet in them, which indicates that people ³walked or ran along them. Since many of the designs are single, very long, continuous lines, they could have been used as ³tracks for competitive races.

되었을 수 있다고 제시한다. 많은 지상화들에 인간의 발자국이 남아 있고, 이는 사람들이 이 지상화들을 따라 걷거나 뛰었다는 것을 보여준다. 다수의 디자인이 하나의 아주 긴, 연속되는 선으로 만들어졌기에 경주 대회를 위한 경주로로 쓰였을 수 있다.

어휘 Nazca Lines 나스카 지상화, 나스카 평원 | collection ⋒ 모음(집) | giant 【adj】 거대한 | carve A into[on/in] B A를 B에 새기다 | geometric 【adj】 기하학적인 | depict ⋁ 그리다, 묘사하다 | remove ⋁ 들어내다[옮기다], 제거하다 | reddish 【adj】 불그스름한, 붉은빛을 띤 | surface soil 표층토, 표토 | reveal ⋁ 드러내다 | layer ⋒ 층, 막 | beneath 【prep】 ~ 아래[밑]에 | culture ⋒ 문화, 문명 | purpose ⋒ 목적 | state ⋁ 말하다, 주장하다 | astronomical 【adj】 천문의 | calendar ⋒ 달력 | mark ⋁ 표시하다 | location ⋒ 위치 | celestial body ⋒ 천체 | winter solstice ⋒ 동지(冬至) | line up with ~을 나란히[일렬로] 배열하다 | constellation ⋒ 별자리, 성좌 | monitor ⋁ 추적 관찰하다 | track ⋁ 추적하다 | accurately 【adv】 정확히 | agriculture ⋒ 농업 | intend ⋁ 어떤 목적에 쓰고자 하다, 의도하다 | impress ⋁ 깊은 인상을 주다 | neighboring 【adj】 인근의, 이웃의 | region ⋒ 지역 | expertise ⋒ 전문성 | involve ⋁ 수반하다 | indicate ⋁ 드러내다, 나타내다 | figure ⋒ 모양, 형상 | composed of ~로 구성된 | continuous 【adj】 계속되는 | cross ⋁ 서로 겹치게 놓다 | statue ⋒ 조각상 | viewership ⋒ 시청자 (수·층) | statement ⋒ 표현 | greatness ⋒ 위대함, 위업 | imprint ⋒ 자국 | competitive 【adj】 경쟁하는 | race ⋒ 경주

Listening

서론 The creation of the Nazca Lines is a mystery that continues to interest amateur and professional archaeologists. Although scientists have conclusively proven how they were created, the reason that they were made is still uncertain. The author of the reading mentioned three possible explanations for why they were made, but they are not very convincing.

First, the author discusses the idea that the Nazca Lines were meant to be used as an astronomical calendar. Some researchers have pointed out that some shapes and lines correspond to stars and constellations, but **Main point 1** ¹'that is probably just a coincidence. There are ¹'hundreds of lines and shapes in the area, and there are ¹'thousands of visible stars, ¹'so it is easy to find some that may appear to match each other.

Second, the author explains that the Nazca Lines may have been created as symbols of the culture's status to impress their neighbors. He mentioned the pyramids as an example of this practice, but **Main point 2** ²'those are tall structures that can easily be seen from anywhere around them. The Nazca shapes are huge, ²'but they are impossible to see unless you are very high up above them. They would only be ²'visible to people in the mountains, and very few people lived there.

Third, the author suggests that the Nazca Lines may have been used as ancient racetracks since footprints were found in them. **Main point 3** ³'This seems very unlikely since the animal shapes are much too complex to use for foot races because they have too many twists and turns to safely run along them. However, they may have actually been ³'used as paths for religious purposes. People may have ³'walked along the Nazca Lines as a form of ritual or prayer, as other cultures have done with mazes.

나스카 지상화의 창조는 아마추어나 전문 고고학자들의 관심을 계속해서 끌고 있는 미스터리입니다. 과학자들은 이 지상화들이 어떻게 만들어졌는지 결정적으로 증명했지만, 이것들이 만들어진 이유는 여전히 불분명합니다. 읽기 지문의 글쓴이는 이 지상화들이 왜 만들어졌는지에 대해 가능한 설명 세 가지를 언급하지만, 이 설명들은 그다지 설득력이 없습니다.

먼저, 글쓴이는 나스카 지상화들이 천문학 달력으로 사용될 의도였다는 생각을 논합니다. 일부 연구자들은 몇몇 모양과 선들이 별과 별자리와 일치했다고 지적했지만, 이는 그냥 우연의 일치일 수 있어요. 이 지역에는 수백 개가 넘는 선과 모양이 있고, 눈에 보이는 별은 수천 개이기 때문에 서로 일치하는 것처럼 보이는 것들을 찾기 쉽습니다.

두 번째로, 글쓴이는 나스카 지상화들이 인근에 사는 사람들에게 깊은 인상을 주기 위해 그 문화의 지위를 나타내는 상징으로서 만들어졌을 수 있다고 설명합니다. 이러한 관행의 예로 피라미드를 언급하지만, 피라미드는 그 주변 어느 곳에서나 쉽게 볼 수 있는 높은 구조물입니다. 나스카 모양들은 거대하지만, 그것보다 매우 높은 곳에 있지 않은 이상 보는 것이 불가능해요. 산에 사는 사람들에게나 보였을 것이고, 아주 소수의 사람들만 산에 살았습니다.

세 번째로, 글쓴이는 발자국이 나스카 지상화들에서 발견되었으므로 그것들이 고대의 경주로로 쓰였을 수도 있다고 제시합니다. 동물 모양은 도보 경주에 이용하기에는 너무 복잡하기에 그럴 확률은 매우 낮아 보입니다. 왜냐하면 그것을 따라 안전하게 달리기엔 너무 많은 굴곡이 있기 때문입니다. 하지만, 그것들은 실제로 종교적 목적을 위한 길로 이용되었을 가능성이 있습니다. 다른 문명들이 미로로 그렇게 했듯, (나스카 문명의) 사람들도 의식이나 기도의 형태로 나스카 지상화들을 따라 걸었을지도 모릅니다.

어휘 creation ⋒ 창조 | interest ⋁ ~의 관심을 끌다 | amateur ⋒ 아마추어, 비전문가 | professional 【adj】 전문의 | archaeologist ⋒ 고고학자 | conclusively 【adv】 결정적으로 | prove ⋁ 증명하다 | uncertain 【adj】 불분명한 | convincing 【adj】 설득력이 있는, 확실한 | mean ⋁ 의도하다,

뜻하다 ┃ astronomical **adj** 천문학의 ┃ point out ~을 지적하다 ┃ correspond to ~와 일치하다 ┃ constellation **n** 성좌, 별자리 ┃ coincidence **n** 우연의 일치 ┃ visible **adj** 눈에 보이는 ┃ appear **v** ~처럼 보이다 ┃ match **v** 일치하다 ┃ create **v** 만들다 ┃ symbol **n** 상징 ┃ status **n** 지위, 신분 ┃ impress **v** 깊은 인상을 주다 ┃ neighbor **n** 인근에 사는 사람, 이웃 ┃ practice **n** 관행 ┃ structure **n** 구조물 ┃ easily **adv** 쉽게 ┃ unless **conj** ~하지 않는 한

	읽기	듣기
주장	the Nazca Lines' actual purpose (혹은 theories why the Nazca Lines were created) 나스카 지상화의 실제 목적 (혹은 왜 나스카 지상화가 만들어졌는가에 관한 이론)	Listening의 서론은 노트테이킹하지 않는다.
Main point 1	astro. calendar 천문학 달력	↑stars + ↑lines = easy to find match 우연 많은 별들 + 많은 선들 = 일치하는 것을 찾기 쉬움 우연(의 일치)
Main point 2	impress 이웃 지역 이웃 지역에 깊은 인상을 줌	P(yramids) = 큼 N(azca) = X see → high – see 피라미드들 = 큼 나스카 = 볼 수 없음 → 높은 곳에선 볼 수 있음
Main point 3	sporting event 운동 행사	complex 복잡한 walked – 의식 걸었음 – 의식

예시 요약문

서론 Both the reading and the listening discuss the Nazca Lines. The reading argues that there are three theories regarding their actual purpose. On the other hand, the lecturer disagrees with the reading's arguments.

본론 1 First, **읽기** the passage says that [1]the Nazca Lines were used as an astronomical calendar. However, **듣기** the professor contradicts the argument by stating that [1']with so many stars in the sky and lines and shapes on the ground, it is easy to find connections where none were actually intended, so it is coincidence.

본론 2 Second, **읽기** the writer mentions that [2]the Nazca Lines were intended to impress other people who inhabited in near areas. In contrast, **듣기** the speaker refutes this idea by arguing that [2']the pyramids are huge structures that can be seen from all around, but the lines are only visible from high above, so they wouldn't have impressed people when they were made.

본론 3 Third, **읽기** the author goes on to say that [3]the Nazca Lines were used for sporting events. On the other hand, **듣기** the listening makes the last opposing point to this claim. The

읽기 지문과 듣기 강의 모두 나스카 지상화에 대해 논한다. 읽기 지문은 나스카 지상화에 관한 세 가지 이론이 있다고 주장한다. 반면, 강연자는 읽기 지문의 주장에 동의하지 않는다.

첫 번째로는, 지문은 나스카 지상화들이 천문학 달력으로 사용되었다고 말한다. 그러나, 교수는 하늘에 있는 많은 별들과 지상에 있는 선들과 모양들로, 실제로 의도하지 않은 연결고리를 찾는 것은 쉽기 때문에 이것은 우연의 일치라고 말함으로써 그 주장을 반박한다.

두 번째로는, 글쓴이는 나스카 지상화들이 가까운 지역에 사는 다른 사람들에게 깊은 인상을 주기 위한 것이라고 언급한다. 이와는 대조적으로, 강연자는 피라미드가 모든 곳에서 볼 수 있는 거대한 구조물이지만, 지상화들은 높은 곳에서만 보여서, 그것들이 만들어졌을 때 사람들에게 깊은 인상을 주지 않았을 것이라고 주장함으로써 이 생각을 반박한다.

세 번째로는, 글쓴이는 계속해서 나스카 지상화들이 스포츠 경기를 위해 사용되었다고 말한다. 반면에, 듣기 강의는 이 주장에 대한 마지막 반대 주장을 한다.

professor contends that ³ <u>animal shapes are too complex to be used for sporting events. Instead, he suggests that people may have walked along them as a part of a religious ritual.</u>

그 교수는 동물의 모양이 스포츠 경기에 사용되기에는 너무 복잡하다고 주장한다. 대신에, 그는 사람들이 종교적인 의식의 일부로서 그것들을 따라 걸었을지도 모른다고 제안한다.

Writing Tip

요약문 쓰기

⋯ 해당 문제에서는 시제를 직관적으로 '~했었을 것이다' 대신 과거 시제인 '~였다'를 사용하여 패러프레이징하는 방법을 사용해 보자.

⋯ Listening에서는 세부 사항인 pyramids나 ritual, prayer를 놓쳐도 되지만, 교수가 반복 강조하는 핵심 단어는 놓치지 않도록 한다.

어휘   connection 🅝 연결 고리, 연관성 ǀ intend 🅥 의도하다

Practice

본서   P. 100

01

Reading

서론 Dentists often use a material called ¹<u>dental amalgam to fill cavities in their patients' teeth.</u> Although they are often called "silver fillings," the alloy that amalgam is made of also contains tin, copper, and most importantly, mercury. ¹<u>Amalgam became the standard material for this purpose because it is easy to use, inexpensive, durable, and strong.</u> However, people have become increasingly concerned about its use because mercury is toxic to humans.

Main point 1 ²<u>The first major concern about the mercury in fillings is that it can cause many health problems in humans.</u> When people are exposed to large amounts of this metal, it can ²<u>cause neurological problems such as anxiety, irritability, headaches, fatigue, and memory loss. It can also cause</u> ²<u>physical symptoms such as nausea, loss of muscle control, chest pain, bleeding in the lungs, and impairment of the immune system.</u> ²<u>Considering such numerous and serious side effects,</u> placing mercury permanently in people's teeth is clearly a bad idea.

Main point 2 ³<u>The second concern is pollution due to pieces of the amalgam being washed down the drain in dentists' sinks.</u> The mercury enters the ³<u>water system,</u> where bacteria convert the elemental mercury into methyl mercury, which is even ³<u>more dangerous.</u> Elemental mercury does not stay in the body for long, but methyl mercury remains and builds up. Small animals eat the chemical, and as it moves up the food chain, the concentration of methyl mercury increases. When people eat top predators like tuna, we consume huge amounts of this toxic compound.

The third concern is that amalgam only continues to be used because it is cheap. Today **Main point 3** ⁴<u>there are many alternatives to amalgam, including gold, porcelain, and resin.</u> Gold is a very soft metal, so it can be used to produce amalgam that does not contain mercury, and it is much more visually

치과 의사들은 흔히 환자 치아에 생긴 구멍을 채우기 위해 치과용 아말감이라고 불리는 물질을 사용한다. 비록 이것이 종종 '은 충전재'라고 불리긴 하지만, 아말감의 재료인 합금은 또한 주석, 구리, 그리고 가장 중요하게는, 수은을 포함하고 있다. 아말감은 사용이 용이하고, 값이 싸며, 견고하고 튼튼하기 때문에 이러한 목적을 위한 표준 재료가 되었다. 하지만 수은이 인간에게 유독하다는 이유로 사람들은 이것의 사용에 대해 점점 우려하게 되었다.

충전재 속의 수은에 대한 첫 번째 주된 우려는 수은이 인간에게 많은 건강 문제를 일으킬 수 있다는 것이다. 인간이 많은 양의 이 금속에 노출되면, 불안, 짜증, 두통, 피로, 기억 상실과 같은 신경 질환을 일으킬 수 있다. 또한 메스꺼움, 근육 통제력 상실, 흉통, 폐혈, 면역 체계 손상과 같은 신체적 증상을 일으킬 수 있다. 이러한 다수의 심각한 부작용을 고려했을 때, 인간의 치아에 영구적으로 수은을 시술하는 것은 확실히 좋지 않은 생각이다.

두 번째 우려는 치과 개수대에서 하수구로 씻겨 나간 아말감 조각 때문에 생기는 오염이다. 수은이 상수도로 들어가면, 그곳에서 박테리아가 원소 수은을 훨씬 더 위험한 형태인 메틸수은으로 변형시킨다. 원소 수은은 체내에 오래 남아 있진 않지만, 메틸수은은 남아서 축적된다. 작은 동물들이 그 화학 물질을 먹고, 그것이 먹이 사슬에서 위로 올라가면서 메틸수은의 농도가 높아진다. 인간이 참치와 같은 상위 포식 동물을 먹으면, 이 독성 화합물을 엄청난 양으로 섭취하는 것이다.

세 번째 우려는 아말감이 값이 싸기 때문에 계속해서 사용될 수밖에 없다는 것이다. 오늘날 금, 자기, 합성수지를 포함한 아말감 대체물이 많이 있다. 금은 매우 무른 금속이라서, 수은을 함유하지 않은 아말감을 만드는 데 쓰일 수 있고, 외관상으로도 훨씬 더 보기가 좋다. 자기와 합성수지는 다루기가 다소 더 까다롭긴 하지만, 자연스러운 치

pleasing. Porcelain and resin are somewhat more complicated to work with, but ⁴they have the added benefit of looking like natural tooth material. Since these substitutes look nicer and do not contain mercury, there is no reason to continue using amalgam.

아 물질처럼 보인다는 점에서 추가 이점이 있다. 이러한 대체물들이 보기에도 더 좋고 수은을 함유하고 있지 않기 때문에, 계속해서 아말감을 쓸 이유가 없다.

어휘 material n 물질, 재료 | fill v 채우다 | cavity n (치아에 생긴) 구멍 | filling n 충전재 | alloy n 합금 | be made of ~으로 만들어지다 | contain v 포함하다 | tin n 주석 | copper n 구리 | mercury n 수은 | inexpensive adj 비싸지 않은 | durable adj 내구성이 있는 | increasingly adv 점점 | concerned adj 우려하는 | toxic adj 유독성의 | expose v 노출하다 | a large amount of 많은 | neurological adj 신경의, 신경학의 | anxiety n 불안 | irritability n 짜증 | headache n 두통 | fatigue n 피로 | memory loss 기억 상실 | nausea n 메스꺼움 | loss n 상실 | muscle n 근육 | pain n 통증 | bleeding n 출혈 | lung n 폐 | impairment n 손상 | immune system n 면역 체계 | considering prep ~을 고려하면 | numerous adj 다수의, 수많은 | side effect n 부작용 | permanently adv 영구적으로 | pollution n 오염 | drain n 하수구, 배수관 | convert v 전환시키다 | elemental adj 원소의 | food chain n 먹이 사슬 | concentration n 농도 | predator n 포식자, 포식 동물 | consume v 먹다 | compound n 화합물, 혼합물 | alternative n 대안 | porcelain n 자기 | resin n 합성수지 | pleasing adj 좋은, 만족스러운 | complicated adj 까다로운, 복잡한 | substitute n 대체물, 대용물

Listening

서론 Many people today are concerned about using dental amalgam to fill cavities in teeth because it contains mercury. The reading explains the reasons why people want to avoid using amalgam, but there are important problems with each of those arguments.

오늘날 많은 사람들이 치과용 아말감이 수은을 포함하고 있다는 이유로 그것을 치아 구멍을 채우는 데 사용하는 것에 대해 우려하고 있습니다. 읽기 지문에서는 사람들이 아말감 사용을 피하려 하는 이유를 설명했지만, 그러한 각각의 주장에는 중요한 문제들이 있습니다.

Firstly, the reading talks about the fact that mercury is toxic for humans and can cause many health problems. This is true, but **Main point 1** ^{2'}the amount contained in fillings is not large enough to be a threat to people's health. In addition, once the amalgam is ready to be placed into a person's tooth, it has already formed a ^{2'}compound with the other metals in the amalgam. The ^{2'}chemical bonds between the amalgam's ingredients are too ^{2'}strong for them to separate. Since the mercury cannot separate out of this ^{2'}alloy, it is not dangerous.

첫째, 읽기 지문에서는 수은이 인간에게 유독하며 여러 건강 문제를 일으킬 수 있다는 사실에 대해 이야기하고 있습니다. 이는 사실이지만, 충전재에 함유된 양은 인간의 건강에 위험이 될 정도로 많은 양이 아닙니다. 게다가, 일단 아말감이 사람의 치아에 시술될 준비가 되고 나면, 아말감 안의 다른 금속들과 함께 이미 화합물이 된 상태입니다. 아말감의 성분 간의 화학적 결합은 분리하기에는 너무 강하죠. 수은은 이 합금에서 따로 분리될 수 없기 때문에, 위험하지 않습니다.

Second, the reading explains that pieces of the amalgam can be washed down the drain and pollute the water supply. This may have been a problem in the past, but **Main point 2** ^{3'}dentists are required to install special devices in their sink drains to trap any amalgam that enters them. They also have to ^{3'}follow strict rules regarding the disposal of any leftover amalgam. Since the mercury in amalgam never enters the water system, it cannot contribute to pollution.

둘째, 읽기 지문은 아말감 조각들이 배수구로 씻겨 내려가서 상수도를 오염시킨다고 설명합니다. 이것은 과거에는 문제가 됐을 수도 있지만, 치과 의사들은 개수대로 들어가는 어떤 아말감이라도 가둘 수 있는 특별 장치를 설치하도록 요구받습니다. 또한 그들은 잔여 아말감 처리에 관한 엄격한 규칙을 따라야만 하죠. 아말감 속의 수은은 절대로 상수도로 유입될 수 없기 때문에, 오염원이 될 수가 없습니다.

Third, the reading contends that dentists use amalgam because it is cheaper and states that there are better alternatives. However, **Main point 3** ^{4'}each of these alternatives has its own flaws. Gold can be used to make amalgam, but it is very ^{4'}expensive. Porcelain and resin are tooth-colored, but porcelain is ^{4'}brittle, and resin ^{4'}wears faster than amalgam and is ^{4'}complicated to work with. The materials used for fillings have to be durable, strong, easy to work with, and resistant to moisture, which means that dental amalgam is still the best choice for most situations.

셋째, 읽기 지문은 치과 의사들은 아말감이 싸기 때문에 사용하는 것이라고 주장하며 더 좋은 대체물들이 있다고 말합니다. 하지만, 이 대체물들은 각각의 결점이 있습니다. 금은 아말감을 만드는 데 사용될 수 있지만, 가격이 너무 비싸죠. 자기와 합성수지는 원래 치아의 색과 같지만, 자기는 깨지기 쉽고, 합성수지는 아말감보다 더 빨리 닳고 다루기가 까다롭습니다. 충전재로 사용되는 물질들은 내구성이 있고, 강하고, 다루기 쉽고, 습기에 잘 견뎌야 하는데, 이 말은 즉 치과용 아말감이 여전히 대부분의 상황에 최선의 선택이라는 것을 의미하죠.

어휘   concerned **adj** 우려하는 | fill **v** 채우다 | cavity **n** (치아에 생긴) 구멍 | contain **v** 포함하다, ~이 들어 있다 | mercury **n** 수은 | avoid **v** 피하다 | argument **n** 주장 | toxic **adj** 유독한 | cause **v** 일으키다, 초래하다 | once **conj** 일단 ~하면 | compound **n** 화합물 | chemical **adj** 화학의, 화학적인 | bond **n** 결합 | ingredient **n** 성분, 재료, 원료 | separate **v** 분리되다 | alloy **n** 합금 | drain **n** 배수구 | pollute **v** 오염시키다 | water supply **n** 상수도 | require **v** 요구하다 | install **v** 설치하다 | device **n** 장치 | trap **v** 가두다, 집다, 막다 | strict **adj** 엄격한 | regarding **prep** ~에 관하여 | disposal **n** 처리, 처분 | leftover **adj** 남은, 나머지의 **n** 남은 것, 잔재 | contribute to ~의 원인이 되다 | pollution **n** 오염 | alternative **n** 대체물 | flaw **n** 결점, 흠 | brittle **adj** 부서지기 쉬운 | wear **v** 닳다 | complicated **adj** 복잡한, 까다로운 | filling **n** 충전재 | durable **adj** 내구성이 있는, 오래 가는 | resistant **adj** ~에 잘 견디는, 저항하는 | moisture **n** 습기

Reading 노트

문제 유형	reasons(이유)
핵심 단어	dental amalgam 치과용 아말감
주장	There are three reasons why people have become concerned about using amalgam. 사람들이 아말감 사용을 우려하게 된 세 가지 이유가 있다.

Writing Tip

Reading 노트와 요약문 서론 쓰기

⋯> 읽기 지문이 나타남과 동시에 주어진 읽기 시간(Reading Time) 3분 중 30초 내로 서론을 읽고 문제 유형, 핵심 단어, 주장을 빠르게 파악해 본다.

⋯> 미리 만들어 놓은 서론 template 안에 문제 유형, 핵심 단어, 주장만 넣으면 빠르게 요약문의 서론을 작성할 수 있다.

Reading – Listening 노트

	읽기	듣기
주장	There are three reasons why people have become concerned about using amalgam. 사람들이 아말감 사용을 우려하게 된 세 가지 이유가 있다.	Listening의 서론은 노트테이킹하지 않는다.
Main point 1	cause health prob.(lems) 건강 문제를 일으킴	↓ amt(amount) 많지 않은 양 strong compound 강한 화합물
Main point 2	pollution → water system 오염 → 상수도	X problem 문제없음 1) Install device 1) 장치 설치 2) Follow rules 2) 규칙 준수
Main point 3	alternatives → G(old), P(orcelain), R(esin) 대안들 → 금, 자기, 합성수지	X 단점 → $↑ 가격이 비쌈 → brittle 깨지기 쉬움 → compli.(cated) (혹은 wear fast) 까다로움 (혹은 빨리 닳음)

예시 요약문

서론 Both the reading and the listening discuss [1]dental amalgam. The reading argues that [1]there are three reasons why people have become concerned about using amalgam. On the other hand, the lecturer disagrees with the reading's arguments.

읽기 지문과 듣기 강의 모두 치과용 아말감에 대해 논한다. 읽기 지문은 아말감 사용을 우려하게 된 세 가지 이유가 있다고 주장한다. 반면, 강연자는 읽기 지문의 주장에 동의하지 않는다.

본론 1 First, **읽기** the passage says that [2]mercury is toxic for humans and can cause many health problems when people are exposed to large amounts of it. However, **듣기** the professor contradicts the argument by stating that [2′]the amount contained in fillings is not large enough to be a threat to people's health. In addition, once the amalgam is placed into a person's tooth, it forms a strong compound with the other metals in the amalgam.

본론 2 Second, **읽기** the writer mentions that [3]pieces of the amalgam can be washed down the drain and pollute the water supply. In contrast, **듣기** the speaker refutes this idea by arguing that [3′]dentists are required to install special devices in their sink drains to trap any amalgam that enters the water system. They also have to follow strict rules regarding the disposal of any leftover amalgam, so this can no longer cause problems.

본론 3 Third, **읽기** the author goes on to say that [4]dentists use amalgam because it is cheaper and states that there are better alternatives such as gold, porcelain, and resin. On the other hand, **듣기** the listening makes the last opposing point to this claim. The professor contends that [4′]each of these alternatives has its own flaws. Gold is very expensive. Porcelain is brittle, and resin is complicated to work with.

첫 번째로는, 지문은 수은이 인간에게 유독하고 사람들이 많은 양의 수은에 노출되었을 때 많은 건강 문제를 일으킬 수 있다고 말한다. 그러나, 교수는 충전재에 포함된 양이 사람들의 건강에 위협이 될 만큼 충분히 크지 않다고 말함으로써 그 주장을 반박한다. 게다가, 일단 아말감이 사람의 치아에 들어가면, 그것은 아말감의 다른 금속들과 강한 화합물을 형성한다.

두 번째로는, 글쓴이는 아말감의 조각들이 배수구로 씻겨 내려가고 상수도를 오염시킬 수 있다고 언급한다. 이와는 대조적으로, 강연자는 치과 의사들이 싱크대 배수구에 상수도로 들어가는 모든 아말감을 가둘 수 있는 특수 장치를 설치하도록 요구받는다고 주장함으로써 이 생각을 반박한다. 또한 그들은 잔여 아말감 처리에 관한 엄격한 규칙을 따라야 하기 때문에 이는 더 이상 문제를 일으킬 수가 없다.

세 번째로는, 글쓴이는 계속해서 치과 의사가 아말감을 사용하는 이유는 아말감이 더 저렴하기 때문이며 금, 자기, 합성수지와 같은 더 좋은 대안이 있다고 말한다. 반면에, 듣기 강의는 이 주장에 대한 마지막 반대 주장을 한다. 교수는 이러한 대안들 각각이 자신만의 결점을 가지고 있다고 주장한다. 금은 매우 비싸다. 자기는 깨지기 쉽고, 합성수지는 사용하기 복잡하다.

Writing Tip

요약문 쓰기

⋯ 통합형 과제는 쉽게 생각하면 각각의 메인포인트에 대한 원인과 결과 찾기이다. '야기하다'류의 동사를 미리 외워두어, 결과를 적어줄 때 쉽게 패러프레이징 할 수 있도록 하자.

'야기하다'류의 동사	cause 명사구(결과) ~을 야기하다[초래하다]
	lead to 명사구(결과) ~을 야기하다, ~로 이어지다
	result in 명사구(결과) (결과적으로) ~을 야기하다[낳다]
	cf. result from 명사구(원인) ~이 원인이다, ~의 결과로 발생하다
	bring about 명사구(결과) ~을 야기하다[유발하다]
	trigger 명사구(결과) ~을 야기하다[유발하다], 촉발시키다
	contribute to 명사구(결과) ~의 원인이 되다, ~에 기여하다

02

Reading

서론 Titan is the second largest moon in the solar system, and [1]Saturn's largest moon. It is the only moon that has a dense atmosphere, and it is the only object other than Earth known to have stable bodies of liquid on its surface. Since the Cassini-Huygens mission began studying this mysterious moon in 2004, scientists have learned much about it. However, [1]Titan still has many unexplained features that scientists hope to learn more about in the future.

타이탄은 태양계에서 두 번째로 큰 위성이며, 토성의 가장 큰 위성이기도 하다. 밀집된 대기를 가진 유일한 위성이자, 지구를 제외하고 유일하게 안정된 액체를 지표면에 보유한 것으로 알려진 천체이기도 하다. 2004년에 Cassini-Huygens 우주 비행이 이 신비한 위성을 조사하기 시작한 이래 과학자들은 이것에 대해 많이 알게 되었다. 그러나 타이탄은 과학자들이 미래에 더 잘 알 수 있게 되길 바라는 설명되지 않은 많은 특징을 아직도 갖고 있다.

Main point 1 [2]Titan's orbital path around Saturn is unusually elliptical for a moon. There are no celestial objects that have truly circular orbits, but some are more [2]oval-shaped, or "eccentric," than others. Moons tend to have very circular orbits because they form out of the same cloud of particles that their planet did. However, [2]Titan's orbit is very elliptical for a moon, giving it an orbit eccentricity that is close to that of Earth. While its eccentricity is low for a planet, [2]it is very high for a moon.

Main point 2 [3]Titan has a large concentration of dunes near its equator that were formed in the opposite direction from its prevailing winds. The dunes are up 100 meters tall, about 1 kilometer wide, and they can be hundreds of kilometers long. Such dunes are known to form on Earth, but [3]they usually form in areas where the wind blows steadily in one direction. However, [3]the surface winds near Titan's equator usually blow westward, while the dunes form toward the east.

Main point 3 [4]Titan also has many depressions in its polar regions whose origins are unknown. It has been suggested that they were created by asteroid impacts or volcanoes, but neither explanation is adequate. [4]Titan has some volcanoes, but they are connected to mountain ranges, and these depressions are not. It also has a few impact craters, but [4]they are much smaller than most of these depressions. So, the origins of most of the depressions remain a mystery.

타이탄의 토성 궤도는 위성치고 유난히 타원형이다. 정말로 원형인 궤도를 가진 천체는 없지만, 일부는 다른 천체들보다 더 계란형, 혹은 '기이한' 궤도를 가진다. 위성들은 행성이 그러했듯 같은 입자 구름에서 생성되었기 때문에 아주 원형에 가까운 궤도를 가지는 경향이 있다. 그러나 타이탄의 궤도는 위성의 궤도라고 보기에 아주 타원형이라, 지구의 궤도와 비슷한 궤도 이심률을 가진다. 타이탄의 이심률은 행성의 관점에서 보기에는 낮으나, 위성의 관점에서 보면 매우 높다.

타이탄은 적도 근처에 사구들이 많이 집중되어 있으며, 이 사구들은 우세풍과 반대 방향으로 형성되었다. 사구들은 높이가 100미터까지 이르기도 하며, 길이는 약 1킬로미터이며 수백 킬로미터까지 길어질 수도 있다. 이러한 사구들은 지구에도 형성되는 것으로 알려져 있지만 보통 바람이 꾸준하게 한 방향으로 부는 지역에 형성된다. 그러나 타이탄의 적도 근처에서 부는 지상풍은 보통 서쪽으로 불지만, 사구들은 동쪽을 향해 형성되어 있다.

타이탄에는 또한 극 지역에 기원을 알 수 없는 많은 움푹 패인 곳들이 있다. 그것들이 소행성 충돌이나 화산으로 인해 만들어졌다는 말이 있었지만, 두 설명 모두 충분하지 않다. 타이탄에는 화산이 몇 개 있지만, 그 화산들은 산맥에 연결되어 있고, 이 움푹 팬 곳들은 그렇지 않다. 또한 타이탄에는 소수의 충돌 분화구들이 있지만, 그 분화구들은 대부분의 이 움푹 팬 지형들보다 크기가 훨씬 더 작다. 그래서 움푹 팬 지형들 대부분의 기원은 여전히 수수께끼로 남아 있다.

어휘 Titan **n** 타이탄(토성의 위성 가운데 하나) | moon **n** 위성 | solar system **n** 태양계 | Saturn **n** 토성 | dense **adj** 밀집한, 빽빽한 | atmosphere **n** 대기 | stable **adj** 안정적인 | liquid **n** 액체 | mission **n** 우주 비행, 임무 | unexplained **adj** 설명되지 않은 | feature **n** 특징 | orbital path 궤도 | unusually **adv** 유난히, 극히 | elliptical **adj** 타원형의 | celestial object **n** 천체 | circular **adj** 원형의 | oval-shaped **adj** 계란형의, 타원형의 | eccentric **adj** 기이한 | particle **n** 입자 | eccentricity **n** 이심률 | concentration **n** 집중 | dune **n** 사구, 모래 언덕 | equator **n** 적도 | form **v** 형성하다 | opposite **adj** 반대의 | prevailing wind **n** 우세풍 | steadily **adv** 꾸준히, 한결같이 | surface wind **n** 지상풍 | depression **n** 움푹 팬 곳 | polar **adj** 극지의 | origin **n** 기원 | asteroid **n** 소행성 | impact **n** 충돌 | volcano **n** 화산 | adequate **adj** 충분한, 적절한 | mountain range **n** 산맥 | crater **n** 분화구

Listing

서론 Since its discovery, much about Titan has remained a mystery, but scientists have learned much since the Cassini-Huygens mission reached this moon. Although Titan is unique among the moons in our solar system, many of its unusual features can be explained fairly easily. The author presents three things that have puzzled scientists in the past, but the reasons for their existence may have been discovered.

First, the reading mentions Titan's orbit around Saturn is unusually elliptical for a moon, but **Main point 1** [2]there is a simple explanation for this eccentric orbital path. The reason for its eccentricity is probably that Titan's orbit [2]didn't form like most other moons. Unlike Jupiter, which has four large moons in very regular orbits, Saturn has the massive Titan and a few medium-sized moons. Scientists believe that Titan resulted from normal

타이탄의 발견 이후로 타이탄에 대한 많은 것들이 미스터리로 남았지만, 과학자들은 Cassini-Huygens 우주 비행이 이 위성에 도달한 이래 많은 것을 알게 되었습니다. 타이탄은 우리 태양계에 있는 위성들 가운데 독특하긴 하지만, 이 특이한 점들의 다수는 꽤 쉽게 설명될 수 있습니다. 글쓴이는 과거에 과학자들을 궁금하게 했던 세 가지를 제시하지만, 이 세 요소가 존재하게 된 이유는 밝혀졌을지도 모릅니다.

첫째, 읽기 지문에서 토성 주변을 돌고 있는 타이탄의 궤도가 위성치고는 이례적으로 타원형이라고 언급했지만, 이러한 편심 궤도 경로에 대한 간단한 설명이 있습니다. 이러한 이심률의 이유는 타이탄의 궤도가 다른 위성들처럼 형성되지 않았기 때문이죠. 네 개의 큰 위성이 매우 규칙적인 궤도에 있는 목성과는 달리, 토성은 거대한 타이탄

moons that [2']collided with each other and fused together. Each of those impacts would also have made its orbit more elliptical, resulting in its current path.

Second, it's true that the orientation of Titan's dunes is very unusual. However, [Main point 2] [3']it is caused by a regular occurrence. The prevailing [3']winds at the surface may blow westward, but every fifteen years atmospheric conditions create [3']storms that blow in the opposite direction at 10 meters per second. The dunes on Titan are not composed of silicate sand, but hydrocarbon particulates that these [3']storm winds shape into dunes that the [3']normal winds cannot alter. Thus, [3']instead of wind, storms are creating Titan's dunes.

Lastly, the writer is right that the origin of depressions is neither asteroid impacts nor volcanoes. So, while the depressions near Titan's poles remain something of a mystery, [Main point 3] [4']many scientists believe they may result from erosion. Most of the depressions contain liquid hydrocarbons like methane and ethane, which act like water on Titan. These compounds evaporate into clouds, rain down, and flow across the surface to form rivers and lakes. They could also dissolve minerals like water does on Earth and create large caves that collapse to form the depressions. This is why [4']erosion caused those depressions on Titan.

과 몇 개의 중간 크기의 위성을 가지고 있습니다. 과학자들은 타이탄이 서로 충돌하여 함께 융합된 보통의 위성에서 기인했다고 생각합니다. 그러한 충돌 하나하나가 또한 타이탄의 궤도를 더 타원형 모양으로 만들고, 지금의 경로를 야기했을 것입니다.

둘째, 타이탄의 사구의 방향이 매우 특이하다는 것은 사실입니다. 그러나, 이는 자주 발생되는 일로 야기됩니다. 지면에 부는 우세풍은 서쪽으로 불지 몰라도, 15년마다 대기 조건이 반대 방향에서 초당 10미터로 부는 폭풍을 만들어 냅니다. 타이탄에 있는 사구들은 규산 모래가 아니라 폭풍우 바람이 만들어 내 사구로 변형시키는 탄화수소 입자성 물질로 이루어져 있으며, 이는 보통의 바람이 변형시킬 수 없습니다. 따라서, 바람 대신 폭풍우가 타이탄의 사구를 만들고 있습니다.

마지막으로, 움푹 팬 지형들의 기원은 소행성 충돌도 화산도 아니라는 글쓴이의 말이 맞습니다. 그래서, 타이탄의 극지방 근처의 움푹 들어간 곳들은 다소 미스터리로 남아 있지만, 많은 과학자들은 그것들이 침식으로부터 생겨날지도 모른다고 믿고 있죠. 대부분의 움푹 팬 곳에는 타이탄에서 물과 같은 역할을 하는 메탄과 에탄과 같은 액체 탄화수소가 포함되어 있습니다. 이 화합물들은 증발하여 구름이 된 뒤 비로 내리고, 강과 호수를 형성하기 위해 지표면에 흐릅니다. 그리고 지구에서 물이 그러하듯 미네랄을 용해시켜서 커다란 동굴을 만들고, 이게 무너져 내려서 움푹 팬 지형들이 만들어지는 것이죠. 이것이 침식이 타이탄에 그러한 움푹 팬 지형을 일으킨 이유입니다.

어휘   discovery n 발견 I reach v ~에 도달하다 I moon n (지구 외 행성의) 위성 I unique adj 독특한, 유일무이한 I solar system n 태양계 I unusual adj 특이한 I feature n 특징, 특성 I fairly adv 꽤 I easily adv 쉽게 I present v 제시하다 I puzzle v 어리둥절하게[이해할 수 없게] 만들다 I existence n 존재 I orbit n 궤도 I Saturn n 토성 I elliptical adj 타원형의 I eccentric adj 편심의, 중심을 벗어난 I path n 경로 I unlike prep ~와는 달리 I Jupiter n 목성 I massive adj 거대한 I result from ~에서 기인하다, ~의 결과로 발생하다 I collide v 충돌하다 I fuse v 융합하다 I impact n 충돌, 충격 I result in ~을 야기하다, 그 결과 ~가 되다 I current adj 지금의, 현재의 I orientation n 방향 I dune n 사구 I regular adj 잦은, 정기적인 I occurrence n 발생하는 것 I prevailing adj 우세한 I westward adv 서쪽으로 I atmospheric adj 대기의 I opposite adj 반대의 I be composed of ~로 구성되다 I silicate n 규산염 I hydrocarbon n 탄화수소 I particulate n 입자성 물질, 미립자 I shape A into B A를 B 모양으로 만들다 I alter v 변형시키다 I instead of ~ 대신에 I origin n 기원 I depression n 움푹 팬 곳[땅] I neither A nor B A와 B 둘 다 아닌 I asteroid n 소행성 I volcano n 화산 I pole n (지구의) 극 I erosion n 침식 I liquid adj 액체의 I compound n 화합물 I evaporate v 증발하다 I dissolve v 용해하다 I cave n 동굴 I collapse v 무너지다

Reading 노트

문제 유형	reasons(이유)
핵심 단어	Titan 타이탄
주장	There are three theories regarding Titan's unexplained features. (혹은 There are three unexplained features of Titan.) 타이탄의 설명되지 않은 특징에 관한 세 가지 이론이 있다. (혹은 타이탄에 관한 설명되지 않은 특징 세 가지가 있다.)

Writing Tip

Reading 노트와 요약문 서론 쓰기

⋯⋙ 읽기 지문이 나타남과 동시에 주어진 읽기 시간(Reading Time) 3분 중 30초 내로 서론을 읽고 문제 유형, 핵심 단어, 주장을 빠르게 파악하자. 이 세 가지는 요약문의 서론을 작성할 때 핵심이 되는 내용이다.

Reading – Listening 노트

	읽기	듣기
주장	There are three theories regarding Titan's unexplained features. 타이탄의 설명되지 않은 특징에 관한 세 가지 이론이 있다.	Listening의 서론은 노트테이킹하지 않는다.
Main point 1	이상한 orbits → oval 이상한 궤도 → 타원형	≠ moons (다른) 위성들과 같지 않음[다름] collided → fused 충돌함 → 융합함
Main point 2	dunes → ↔ direc. from wind 사구 → 바람과 반대 방향	X wind 바람이 하지 않음 O storms 폭풍우가 함
Main point 3	origins of depressions 움푹 팬 땅의 기원	erosion 침식

예시 요약문

서론 Both the reading and the listening discuss [1]Saturn's moon, Titan. The reading argues that [1]there are three theories regarding Titan's unexplained features. On the other hand, the lecturer disagrees with the reading's arguments.

본론 1 First, 읽기 the passage says that [2]the orbital path of Titan around Saturn is very elliptical and eccentric for a moon. However, 듣기 the professor contradicts the argument by stating that [2]Titan's orbit is different from most other moons' orbits because normal moons that collided with each other and fused together formed Titan.

본론 2 Second, 읽기 the writer mentions that [3]Titan has many dunes near its equator that do not correspond to the prevailing winds while dunes normally form in the same direction that the wind blows. In contrast, 듣기 the speaker refutes this idea by arguing that [3]Titan has period storms that blow in the direction that the dunes form. Since the dunes are not made of sand, the normal winds cannot alter them, but storms can.

본론 3 Third, 읽기 the author goes on to say that [4]there are many depressions in Titan's polar regions. Normally, such features would be formed by asteroid impacts or volcanoes, but the depressions on Titan cannot be formed this way. On the other hand, 듣기 the listening makes the last opposing point to this claim. The professor contends that [4]while the depressions near Titan's poles are a mystery, erosion caused those depressions on Titan.

읽기 지문과 듣기 강의 모두 토성의 위성인, 타이탄에 대해 논한다. 읽기 지문은 타이탄의 설명되지 않은 특징에 대해 세 가지 이론이 있다고 주장한다. 반면, 강연자는 읽기 지문의 주장에 동의하지 않는다.

첫 번째로는, 지문은 토성 주위의 타이탄의 궤도 경로는 위성치고는 매우 타원적이고 이심적이라고 말한다. 그러나, 교수는 타이탄의 궤도가 서로 충돌하고 융합된 정상 위성들이 타이탄을 형성했기 때문에 대부분의 다른 위성들의 궤도와 다르다고 말함으로써 그 주장을 반박한다.

두 번째로는, 글쓴이는 사구는 주로 바람이 부는 방향과 일치하게 형성되어야 하는 반면에, 타이탄의 적도 부근에는 우세풍과 일치하지 않는 사구가 많이 있다고 언급한다. 이와는 대조적으로, 강연자는 타이탄이 사구가 형성되는 방향으로 부는 주기적인 폭풍이 있다고 주장함으로써 이 생각을 반박한다. 사구가 모래로 만들어지지 않았기 때문에, 보통의 바람은 모래언덕을 바꿀 수 없지만, 폭풍은 바꿀 수 있다.

세 번째로는, 글쓴이는 계속해서 타이탄의 극지방에는 많은 움푹 팬 지형이 있다고 말한다. 주로 그러한 특징들은 소행성 충돌이나 화산에 의해 형성되곤 했지만, 타이탄의 움푹 팬 지형들은 이런 방식으로 형성될 수 없다. 반면에, 듣기 강의는 이 주장에 대한 마지막 반대 주장을 한다. 그 교수는 타이탄의 극지방 근처의 움푹 팬 지형은 수수께끼지만 침식이 그러한 타이탄의 함몰을 야기시켰다고 주장한다.

Writing Tip

요약문 쓰기

⋯ 읽기 지문의 패러프레이징이 어렵다면, 대명사를 찾아서 원래 명사(구)로 넣어 주는 것 또한 '내가 해당 문장을 이해했다'는 것을 보여 주는 하나의 방법이다.

Ex ① Titan's orbit around Saturn is unusually elliptical for a moon, but there is a simple explanation for this eccentric orbital path.

② The reason for its eccentricity is probably that Titan's orbit didn't form like most other moons.

⋯→ ① 문장의 단어들을 바꿔 주기: The orbital path of Titan around Saturn is very elliptical and eccentric for a moon, ~

⋯→ ② 대명사 찾아 원래 명사(구) 넣어 주기: The reason for eccentricity of Titan's orbit around Saturn is probably that Titan's orbit didn't form like most other moons.

어휘   period **adj** 주기적인, 시대의 | be made of ~으로 만들어지다

Test   본서 P. 104

01

Reading

서론 Many people set up ¹bird feeders핵심 단어 during the winter as a way to interact with birds. They believe that they are providing the birds with much-needed food while they get to enjoy watching them. **However,**역접의 연결사 ¹according to some studies, bird feeders may be doing the birds more harm than good and may actually cause bird populations decline over time.주장 This happens for the following ¹reasons.문제 유형

First, Main point 1 ²bird feeders aid in the spread of infectious diseases. Because bird feeders cause birds to gather together in a small area, it is easier for them to infect each other with contagious diseases. For example, house finches are vulnerable to eye diseases, and their populations have declined by as much as 60 percent in areas where people regularly set up bird feeders.

Second, Main point 2 ³bird feeders make the birds that visit them easy targets for predators. Since the bird feeders are usually placed in open areas for people to watch the birds, ³they can easily be seen by predators such as hawks when they feed. Even if they escape capture, they often fly into nearby windows and cars windshields in their panic. The birds cannot see the glass, and hitting it can stun or kill them. This kills millions of birds every year.

Third, Main point 3 ⁴bird feeders can interrupt the animals' natural life cycles, particularly for birds that migrate. Birds that migrate in the winter do so because the local environment cannot support them during that season. ⁴If they stay too long, they may become ill and die because of the cold. Birds may also miss their chances to mate because they leave later than the other birds and arrive at their mating grounds late. Both of these situations result in fewer birds being born, which obviously will reduce the populations of those groups of birds.

많은 사람들이 새와 교류하려는 수단으로 겨울에 새 모이 장치를 설치한다. 이들은 새 관찰을 즐기면서 자신이 새들에게 무척 필요한 음식을 공급해주고 있다고 믿는다. 그러나 일부 연구에 따르면, 새 모이 장치는 새들에게 유익이 아니라 해를 끼칠 수도 있으며, 실제로는 시간이 흐르며 새 개체 수를 감소시킬 수도 있다. 이는 다음의 이유로 인해 일어난다.

첫 번째로, 새 모이 장치는 전염병의 확산을 거든다. 새 모이 장치는 새들이 좁은 지역에 모여들게 만들기 때문에, 새들이 서로에게 전염성 질환을 감염시키기가 더 쉽다. 예를 들어, 눈병에 취약한 멕시코양지니의 개체 수는 사람들이 새 모이 장치를 정기적으로 설치하는 지역에서 60퍼센트나 감소했다.

두 번째로, 새 모이 장치는 장치에 모여드는 새들이 포식자의 손쉬운 사냥감이 되게 한다. 새 모이 장치는 사람들이 새를 관찰할 수 있도록 넓고 개방된 공간에 놓이기 때문에, 새들은 먹이를 먹을 때 매 같은 포식자에게 쉽게 눈에 띌 수 있다. 포획을 피한다 하더라도, 종종 놀라서 도망가다 근처 창문이나 차의 앞 유리에 날아들기도 한다. 새들이 유리를 보지 못하기에, 부딪히면 기절하거나 죽을 수도 있다. 이런 일 때문에 매년 수백만 마리의 새들이 죽는다.

세 번째로, 새 모이 장치는 동물들, 특히 이주하는 새들의 자연적인 생활 주기를 방해할 수 있다. 겨울에 이주하는 새들은 그 계절에 그 지역 환경에서 살아남을 수 없기 때문에 떠나는 것이다. 만약 너무 오래 머무른다면, 추위로 인해 병에 걸려 죽게 될 수도 있다. 또한 새들이 다른 새들보다 더 늦게 출발해서 짝짓기하는 지역에 늦게 도착하는 바람에 짝짓기를 할 기회를 놓치게 될 수도 있다. 이 두 경우 모두 태어나는 새의 수를 줄이는 결과를 초래하며, 이는 명백히 이러한 새 무리의 개체 수를 감소시킬 것이다.

어휘   set up ~을 설치하다 | bird feeder **n** 새 모이 장치 | interact with ~와 교류하다 | get to do ~하게 되다 | according to ~에 따르면 | harm **n** 해, 피해 | population **n** 인구, 개체 수 | decline **n** 감소 **v** 감소하다 | aid **v** 거들다, 돕다 | spread **n** 확산 | infectious adj 전염성의 | gather together 모이다 | contagious adj 전염성의 | house finch n 멕시코양지니(북미 서부·멕시코산(産)의 작은 새) | vulnerable adj 취약한 | regularly adv 정기적으로 | target n 사냥감, 목표[표적물] | predator n 포식자 | hawk n 매 | feed v 먹이를 먹다 | escape v 피하다, 모면하다 | capture n 포획 | windshield n 자동차의 앞 유리 | stun v 기절시키다 | interrupt v 방해하다 | cycle n 주기 | particularly adv 특히 | mate v 짝짓기를 하다 | result in ～을 야기하다[초래하다] | reduce v 감소시키다

서론 Many people set up bird feeders in the winter to help the birds and because they enjoy watching them. The reading would have you believe that this is actually harmful to the birds and it causes their numbers to decline. However, the reasons that the reading points out are natural factors, and the decline in bird populations has nothing to do with feeders.

First, [the author states that bird feeders aid in the spread of infectious diseases because birds gather at them. He mentions house finches as an example species.읽기 지문 인정] **However,**역접의 연결사 Main point 1 2'these birds naturally form large flocks that often move around. These groups often 2'meet other large groups and mix together, and this is how they actually spread diseases between individual birds and their groups. Bird feeders do not cause them to spread diseases any more than they would through normal interaction.

Second, [the author points out that bird feeders make the birds easy targets for other animals, who can kill the birds or scare them into flying into windows on nearby houses. This could be true,읽기 지문 인정] **but**역접의 연결사 Main point 2 3'birds of prey usually don't attack near houses whether there is a bird feeder or not. Even if they do, they are just as likely to crash into a window as the birds they are chasing. 3'Bird feeders provide nutrition that contributes more to the growth of bird populations than their decline.

Third, [the author asserts that feeders interrupt birds' migration patterns, which can prevent them from mating if the cold doesn't outright kill them.읽기 지문 인정] **However,**역접의 연결사 Main point 3 4'birds do not rely upon the availability of food to decide when to migrate. Instead, they use environmental cues like the angle of the sunlight. In addition, birds usually 4'mate in the spring after they return to their breeding grounds. **Therefore,**결과의 연결사 bird feeders do not disrupt birds' life cycles; rather, they save lives by 4'providing birds that failed to migrate with much-needed food.

많은 사람들이 새 관찰을 좋아하기 때문에, 그리고 겨울에 새들을 돕기 위해 새 모이 장치를 설치합니다. 읽기 지문을 보면 이 장치가 새들에게 해를 끼치고 개체 수를 감소하게 한다고 생각할 수도 있어요. 그러나 지문에서 지적하는 이유들은 자연적 요인이며, 새 개체 수의 감소는 모이 장치와 아무런 상관이 없습니다.

먼저, 글쓴이는 새들이 새 모이 장치 주변으로 모여 들기 때문에 그것이 전염병 확산을 거든다고 말합니다. 멕시코양지니 새들이 하나의 사례 종이라고 언급하죠. 그러나 이 새들은 자연스럽게 큰 무리를 이루어 자주 이동하는 새들입니다. 이 새들은 종종 다른 새 그룹을 만나 함께 섞여 들고, 그 때문에 실제로 새와 무리에 병이 전염되는 것입니다. 새 모이 장치는 새들이 보통 때처럼 교류할 때 일으키는 것 이상으로 병의 확산에 기여하지 않습니다.

두 번째로, 글쓴이는 새 모이 장치가 새들을 다른 동물들에게 쉬운 표적이 되게 만든다고 지적하며, 이 동물들은 직접적으로 새를 죽이거나, 새를 놀라게 해서 근처 집의 창문에 부딪히게 할 수 있습니다. 이는 사실일 수도 있지만, 맹금류는 보통 새 모이 장치가 있든지 없든지 간에 집 근처에서 공격을 하지 않습니다. 만약 공격한다 해도 이들이 추격하는 새들처럼 창문에 뛰어들어 부딪힐 가능성이 높습니다. 새 모이 장치는 새 개체 수 감소보다 새에게 영양분을 공급하여 새 개체 수의 증가에 더 많은 기여를 합니다.

세 번째로, 글쓴이는 모이 장치가 새들의 이주 패턴을 방해하여 새들이 추위 때문에 단번에 죽지 않는다면 새들의 짝짓기를 방해할 수 있다고 주장합니다. 그러나 새들은 언제 이주할지를 결정할 때 먹이를 구할 수 있는지에 의존하지 않습니다. 그 대신, 새들은 햇빛의 각도 등 환경적 신호를 이용합니다. 그리고 새들은 번식하는 지역으로 돌아온 뒤 봄에 보통 짝짓기를 합니다. 그래서 새 모이 장치는 새의 생활 주기를 방해하기보다는 오히려 이주에 실패한 새에게 무척이나 필요한 먹이를 제공하여 새의 목숨을 구합니다.

어휘 harmful adj 해로운 | point out ～을 지적하다 | factor n 요인 | have nothing to do with ～와는 전혀 관계가 없다 | species n 종 | naturally adv 자연스럽게 | form v 형성하다 | flock n 무리 | individual adj 각각의 | interaction n 교류 | scare v 겁먹게[놀라게] 하다 | attack v 공격하다 | be likely to do ～할 가능성이 있다 | nutrition n 영양분 | contribute to ～에 기여하다 | growth n 증가, 성장 | assert v 주장하다 | migration n 이주 | prevent A from V-ing A가 ～하는 것을 막대[방해하다] | outright adv 단번에, 즉각, 즉석에서 | rely upon ～에 의존하다 | availability n 가능성 | environmental adj 환경적인 | cue n 신호 | angle n 각도 | breeding n 번식 | disrupt v 방해하다 | rather adv 오히려 | fail to do ～하지 못하다, ～하는 데 실패하다

Test / Integrated Task

문제 유형	[1]reasons(이유)	
핵심 단어	[1]bird feeders 새 모이 장치	
주장	[1]why the feeders cause the decline of bird population 모이 장치는 왜 새의 개체 수 감소를 야기하는가	

Main point 1	[2]spread disease b/c ↓ area	질병을 퍼뜨림 왜냐하면 좁은 지역 때문에
Main point 2	[3]easy targets b/c 쉽게 seen	쉬운 사냥감 왜냐하면 쉽게 눈에 띄기 때문에
Main point 3	[4]interrupt cycle → X migrate → ill + die b/c cold	주기를 방해함 → 이주할 수 없음 → 병에 걸리거나 죽는데, 왜냐하면 춥기 때문에

Writing Tip

Reading 노트테이킹

···▸ 주어진 읽기 시간(Reading Time) 3분 동안 해야 할 일 중 하나는 서론에서 반복되는 단어와 마지막 문장을 주의 깊게 읽고 문제 유형, 핵심 단어, 주장을 빠르게 파악하는 것이다.

···▸ 본론을 읽을 때는 메인포인트를 찾는 것에 초점을 둔다. 특히 각 문단에서 역접의 연결사가 있을 경우에는 주절이 핵심 내용을 담고 있으므로 자신이 알아볼 수 있는 단어로 간략히 노트테이킹하도록 하자. 이는 듣기에서 강의를 들을 때 어떤 내용을 이야기할지(읽기 지문의 메인포인트를 반박) 미리 예측하는 데 도움이 된다.

Main point 1	[2´]natural. form ↑ flock meet + mix	자연스럽게 큰 무리를 이룸 만남 + 섞임
Main point 2	[3´]P(redator) 혹은 birds of prey = X attack near houses B(ird) F(eeder) → nutrition	맹금류 = 집 근처에서 공격하지 않음 새 모이 장치 → 영양분
Main point 3	[4´]use envi. + mate = 봄 → BF provide food	환경을 이용 + 짝짓기 = 봄 → 새 모이 장치는 먹이를 제공함

Writing Tip

Listening 노트테이킹

···▸ Listening의 서론은 노트테이킹하지 않는다.

···▸ 강의를 들을 때는 역접의 연결사(but, however 등) 뒤에 메인포인트가 등장하고, 인과의 연결사(therefore, thus 등) 뒤에는 메인포인트를 한번 더 설명하는 경우가 많으므로 연결사에 유의하여 듣는다.

···▸ 노트테이킹을 할 때, 많고 적음은 ↑, ↓로 간략히 적고, because는 b/c, and는 +(plus)로 적는다. 또한 반복되는 단어의 경우는 단어의 첫 알파벳만 적어서 시간을 절약한다.

예시 요약문

서론 Both the reading and the listening discuss [1]bird feeders. The reading argues that [1]there are three reasons why the feeders cause the decline of bird populations. On the other hand, the lecturer disagrees with the reading's arguments.

읽기 지문과 듣기 강의 모두 새 모이 장치에 대해 논한다. 읽기 지문은 새 모이 장치가 조류 개체 수 감소를 일으키는 세 가지 이유가 있다고 주장한다. 반면, 강연자는 읽기 지문의 주장에 동의하지 않는다.

본론 1 First, 읽기 the passage says that [2]bird feeders cause the spread of diseases because they cause large numbers of birds to gather. However, 듣기 the professor contradicts the argument by stating that [2']birds naturally form large flocks that meet and mix with other flocks, which is how they typically spread such diseases.

본론 2 Second, 읽기 the writer mentions that [3]bird feeders make birds easy targets for predators because predators can easily see birds feeding from the open bird feeders. In contrast, 듣기 the speaker refutes this idea by arguing that [3']birds of prey do not usually attack near buildings, so bird feeders help more birds survive by providing them a safe place to get nutrition.

본론 3 Third, 읽기 the author goes on to say that [4]bird feeders interrupt birds' migration patterns, so birds will migrate too late to mate. On the other hand, 듣기 the listening makes the last opposing point to this claim. The professor contends that [4']birds use environmental changes to migrate, and bird feeders actually help the ones that don't by providing food.

첫 번째로는, 지문은 새 모이 장치가 많은 수의 새들이 모이게 하기 때문에 질병의 확산을 일으킨다고 말한다. 그러나, 교수는 새들이 자연스럽게 큰 무리를 형성하여 다른 무리들과 만나고 섞이게 되는데, 이것이 그들이 전형적으로 그러한 질병을 퍼뜨리는 방식이라고 말함으로써 그 주장을 반박한다.

두 번째로는, 글쓴이는 포식자들이 공개된 새 모이 장치에서 먹이를 먹고 있는 새를 쉽게 볼 수 있기 때문에 새 모이 장치가 포식자들에게 새를 쉽게 표적으로 만든다고 언급한다. 이와는 대조적으로, 강연자는 맹금류가 보통 건물 근처에서 공격하지 않기 때문에, 새 모이 장치는 새들에게 영양분을 얻는 안전한 장소를 제공하여 더 많은 새들이 살아남도록 돕는다고 주장함으로써 이 생각을 반박한다.

세 번째로는, 글쓴이는 계속해서 새 모이 장치가 새의 이주 패턴을 방해하기 때문에 새들은 짝짓기를 하기에는 너무 늦게 이동할 것이라고 말한다. 반면에, 듣기 강의는 이 주장에 대한 마지막 반대 주장을 한다. 교수는 새들은 이주하기 위해 환경적인 변화를 사용하고, 실제로 새 모이 장치가 떠나지 못한 새들에게 음식을 제공함으로써 도움을 준다고 주장한다.

Writing Tip

요약문 쓰기

⋯ 혹시 Listening의 강의를 잘 못 들어 요약문의 template 내용을 채울 수 없거나 요약한 문장이 너무 짧다면 하단의 문장으로 대체하자.

> The reading's [first / second / third] argument is [not convincing / invalid / groundless].
> 읽기 지문의 [첫 번째 / 두 번째 / 세 번째] 주장은 [설득력이 없다 / 근거가 없다 / 근거가 없다].

Ex 요약문의 본론 2를 쓸 때

Second, the writer mentions that bird feeders make birds easy targets for predators because predators can easily see birds. In contrast, the speaker refutes this idea by arguing that **the reading's second argument is not convincing**.
두 번째로는, 그 글쓴이는 포식자들이 새를 쉽게 볼 수 있기 때문에 새 모이 장치가 포식자들에게 새를 쉽게 표적으로 만든다고 언급한다. 이와는 대조적으로, 화자는 읽기 지문의 두 번째 주장이 설득력이 없다고 주장함으로써 이 생각을 반박한다.

⋯ 수동태를 능동태로 바꿔 패러프레이징해 보자.

Ex 요약문의 본론 2 중 읽기 지문의 Main point 2를 요약하여 쓸 때

they(= birds) **can easily be seen** by predators 그것들(새들)은 포식자들에게 쉽게 보일 수 있다
= predators **can easily see** birds 포식자들은 새들을 쉽게 볼 수 있다

⋯ 인과 관계를 나타내는 too ~ to 구문과 so ~ that 구문은 서로 바꿔 쓸 수 있다.

too 형용사/부사 to V	~하기에 너무 형용사/부사하다
so 형용사/부사 that S cannot V	너무 형용사/부사해서 ~할 수 없다

Ex 요약문의 본론 3을 쓸 때

Birds will migrate **too** late to **mate**. 새들은 짝짓기를 하기에는 너무 늦게 이동할 것이다.
= Birds will migrate **so** late **that** they **cannot** mate. 새들은 너무 늦게 이동할 것이라서 짝짓기를 할 수 없다.

어휘   large numbers of 많은 | typically adv 전형적으로 | survive v 살아남다

Reading

서론 With the advent of the Internet, [1]online encyclopedias핵심 단어 are growing in popularity. Many experts see this as a general trend towards the "democratization" of knowledge. But역접의 연결사 [1]despite their popularity, the format and structure of online encyclopedias invite the possibility of rampant inaccuracies.주장 Some argue that there are too many [1]drawbacks문제 유형 to using them.

To begin with, as many online encyclopedias depend on contributions from users, it is the contributor's responsibility to ensure their information is reliable. **However,** (Main point 1) [2]it is not uncommon for articles in these encyclopedias to lack sources. Writers can add information that is completely unrelated or inaccurate. Even if sources are included, they are often misquoted or misused, adding to not just possible inaccuracies but a false sense of accuracy as well.

In addition, (Main point 2) [3]online encyclopedias also contain information of poor quality because of the contributors themselves. This is because anyone can contribute, be it a child, adult, student, or teacher. A chef may be able to add great details to an article on Japanese cuisine, but the chef can also be a contributor to an article on pine trees, which surely wouldn't be helpful. And yet, chefs are free to do so, which makes the content of these encyclopedias even more questionable.

Finally, (Main point 3) [4]online encyclopedias lack definitive knowledge. Articles that include topics on competing theories or on fields that are more dynamic and contemporary often lack content that is trustworthy for students. For example, some online encyclopedias' articles on Austronesian migration lack consistency since scholars are constantly debating that topic. Thus, it would be up to contributors to constantly change and update these topics.

인터넷의 출현으로 온라인 백과사전의 인기가 높아지고 있다. 많은 전문가들은 이것을 지식의 '민주화'를 향한 일반적인 추세로 본다. 그러나 그것의 인기에도 불구하고, 온라인 백과사전 뒤에 존재하는 형식과 구조는 만연한 부정확성의 가능성을 불러일으킨다. 일부는 그것들을 사용하는 것에 매우 많은 결점이 있다고 주장한다.

우선, 많은 온라인 백과사전들이 사용자들의 기여에 의존하기 때문에, 그들의 정보가 신뢰할 만하다고 보장하는 것은 기여자의 책임이다. 그러나, 이러한 백과사전의 기사들이 출처가 부족한 것은 드문 일이 아니다. 글쓴이는 전혀 관련이 없거나 부정확한 정보를 추가할 수 있다. 출처가 포함되더라도, 종종 잘못 인용되거나 잘못 사용되어 가능한 부정확성뿐만 아니라 잘못된 정확성을 더한다.

게다가, 온라인 백과사전들은 또한 기여자들 자체 때문에 담고 있는 정보의 질이 좋지 않다. 어린이든 어른이든 학생이든 선생님이든 누구나 기여할 수 있기 때문이다. 어느 한 요리사는 일본 요리에 관한 기사에 아주 자세한 내용을 덧붙일 수 있지만, 그 요리사는 소나무에 관한 기사에 기여하는 사람이 될 수도 있는데, 이는 확실히 도움이 되지 않을 것이다. 그런데도, 요리사들은 그렇게 하는 것이 자유롭기 때문에, 이 백과사전의 내용을 훨씬 더 의심스럽게 만든다.

마지막으로, 온라인 백과사전들은 결정적인 지식이 부족하다. 경쟁 이론이나 좀 더 역동적이고 현대적인 분야의 주제를 담은 기사에는 학생들이 신뢰할 만한 콘텐츠가 부족한 경우가 흔하다. 예를 들어, 오스트로네시아 이주에 대한 일부 온라인 백과사전 기사는 학자들이 이 주제에 대해 끊임없이 논쟁하고 있기 때문에 일관성이 부족하다. 따라서 이러한 주제를 지속적으로 변경하고 업데이트하는 것은 기여자들에게 달려 있을 것이다.

어휘 advent ⓝ 출현, 도래 ∣ encyclopedia ⓝ 백과사전 ∣ popularity ⓝ 인기 ∣ expert ⓝ 전문가 ∣ general adj 일반적인, 보통의 ∣ trend ⓝ 추세, 동향 ∣ democratization ⓝ 민주화 ∣ knowledge ⓝ 지식 ∣ despite prep ~에도 불구하고 ∣ format ⓝ 형식 ∣ structure ⓝ 구조 ∣ possibility ⓝ 가능성 ∣ rampant adj 만연하는, 횡행하는 ∣ inaccuracy ⓝ 부정확성 ∣ drawback ⓝ 결점, 문제점 ∣ depend on ~에 의존하다, ~에 달려 있다 ∣ contribution ⓝ 기여 ∣ contributor ⓝ 기여자 ∣ responsibility ⓝ 책임 ∣ ensure ⓥ 보장하다, 확실히 하다 ∣ reliable adj 신뢰할 수 있는 ∣ uncommon adj 드문 ∣ lack ⓥ ~이 부족하다 ∣ source ⓝ (자료의) 출처, 원천, 근원 ∣ unrelated adj 관련이 없는 ∣ misquote ⓥ 잘못 인용하다 ∣ misuse ⓥ 잘못 사용하다 ∣ a false sense of 잘못된, 거짓된 ∣ accuracy ⓝ 정확성 ∣ contain ⓥ ~이 들어 있다 ∣ poor adj 좋지 못한 ∣ quality ⓝ 질 ∣ cuisine ⓝ 요리(법) ∣ questionable adj 의심스러운 ∣ definitive adj 결정적인, 최종적인 ∣ compete ⓥ 경쟁하다, 대립하다 ∣ dynamic adj 역동적인 ∣ contemporary adj 현대적인 ∣ trustworthy adj 신뢰할 만한 ∣ migration ⓝ 이주 ∣ consistency ⓝ 일관성 ∣ scholar ⓝ 학자 ∣ debate ⓥ 논쟁하다 ∣ be up to ~에 달려 있다 ∣ constantly adv 지속적으로, 끊임없이

서론 The writer talks about quite a few points, and a lot of them are completely valid. But the problems the passage brings up aren't so black and white, and I think the writer's points do online encyclopedias a lot of injustice.

To start off, [we should acknowledge it's worth noting how far online encyclopedias have come. Yes, many have moderators that constantly keep an eye on new contributions.읽기 지문 인정] **On the other hand,**역접의 연결사 Main point 1 2'they flag sections that lack sources so that readers are more aware of potential problems with what they are reading. I think it's also important for readers, especially for you students, to remember that it's up to you to 2' make sure what you're reading is reliable. If a statement on one of these articles doesn't have a source, just be a little wary and look it up elsewhere. If you see a footnote, click on it to see what kind of source it is. Checking the reliability반복 단어 of sources has been common practice among students for ages, and it's not going to end just because we have online encyclopedias.

Moreover, [I believe the article also mentions how contributors themselves can add to the inaccuracies of online encyclopedias. 읽기 지문 인정] **However,**역접의 연결사 Main point 2 3'that's unfair for several reasons. For one thing, 3' no one knows who is an expert on what anymore. For instance, many teenagers out there know way more about computer science than I do. This is a part of the democratization of knowledge, and I think we need to embrace it. **But on the flipside,**역접의 연결사 online encyclopedias are 3' an opportunity for us to read from expert contributors around the world. And better yet, it's all 3' free.

Which brings me to my last point. In general, topics that include competing theories are often discussed by scholars and experts in those fields. As such, Main point 3 4' encyclopedia content on different competing theories is often contributed by experts in the field, who are deeply concerned and interested in these topics. They have more interest in 4' keeping these articles up-to-date than anyone else. If you were to check out an article on Austronesian migration, you would most likely find that it is 4' updated often by experts in the field precisely because these are the people who constantly research these competing and changing theories and have a deep interest in them.

글쓴이가 꽤 많은 점들을 얘기하고 있고, 그중 많은 부분이 완전히 타당해요. 하지만 그 지문이 제기하는 문제들은 그렇게 흑백으로 나눌 수 없고, 저는 이 글쓴이의 논점이 온라인 백과사전에 많은 부당함을 끼친다고 생각해요.

우선, 우리는 온라인 백과사전이 얼마나 멀리까지 발전했는지에 주목할 가치가 있다는 것을 인정해야 해요. 맞아요, 많은 온라인 백과사전들에는 새로운 기여에 대해 지속적으로 주시하는 조정자들이 있죠. 반면에, 그들은 독자들이 자신이 읽고 있는 것의 잠재적 문제들을 더 잘 알 수 있도록 자료가 부족한 부분에 표시를 해 둡니다. 독자들, 특히 여러분들과 같은 학생들이 읽고 있는 것이 신뢰할 수 있는지 확인하는 것이 여러분에게 달려 있다는 것을 기억하는 것 또한 중요하다고 생각합니다. 만약 이 기사들 중 하나에 대한 진술에 자료가 없다면, 단지 조금이라도 경계하며 다른 곳에서 찾아보세요. 각주가 보이면 해당 각주를 클릭하여 어떤 종류의 자료인지 확인하세요. 자료의 신뢰성을 확인하는 것은 오랫동안 학생들 사이에서 흔한 관행이었고, 우리가 온라인 백과사전을 가지고 있다고 해서 끝나지 않을 거예요.

게다가, 저는 그 기사가 어떻게 기여자들 자신이 온라인 백과사전의 부정확성을 더할 수 있는지에 대해 언급했다고 생각해요. 하지만, 그건 몇 가지 이유로 불공평합니다. 우선, 더 이상 누가 무엇에 대해 전문가인지 아무도 모르죠. 예를 들어, 많은 십 대들이 저보다 컴퓨터 공학을 훨씬 더 잘 알고 있어요. 이것은 지식의 민주화의 한 부분이고, 저는 우리가 그것을 포용할 필요가 있다고 생각합니다. 하지만 반대로, 온라인 백과사전은 우리가 세계의 전문가 기고자들이 쓴 것들을 읽을 수 있는 기회입니다. 그리고 더 좋은 점은, 모두 무료라는 거예요.

마지막 요점까지 짚고 넘어가네요. 일반적으로, 경쟁 이론들을 포함하는 주제들은 종종 그 분야의 학자들과 전문가들에 의해 논의되어지죠. 이와 같이, 서로 다른 경쟁 이론에 대한 백과사전 콘텐츠는 종종 해당 분야의 전문가들에 의해 기여되며, 이들은 이러한 주제에 대해 깊은 걱정과 관심을 가지고 있어요. 그들은 다른 누구보다도 이 기사들을 최신 상태로 유지하는 데 관심이 많죠. 오스트로네시아 이주 관련 기사를 보면, 이 분야의 전문가들에 의해 자주 업데이트된다는 것을 알 수 있을 거예요. 바로 이러한 경쟁적이고 변화하는 이론들을 끊임없이 연구하고 이에 깊은 관심을 가지고 있는 사람들이기 때문이죠.

어휘 **point** n 의견, 주장 | **valid** adj 타당한 | **bring up** ~을 제기하다 | **black and white** 흑백 논리의, 옳고 그름의 | **injustice** n 부당함 | **acknowledge** v 인정하다 | **worth** adj ~할 가치가 있는 | **note** v 주목하다 | **moderator** n 조정자, 중재자 | **keep an eye on** ~을

주시하다 ㅣ **flag** [v] 표시를 하다 ㅣ **be aware of** ~을 알다 ㅣ **potential** [adj] 잠재적인 ㅣ **make sure** ~을 확인하다, 확실히 하다 ㅣ **wary** [adj] 경계하는, 조심하는 ㅣ **look up** ~을 찾아보다 ㅣ **footnote** [n] 각주 ㅣ **reliability** [n] 신뢰성 ㅣ **practice** [n] 관행 ㅣ **unfair** [adj] 불공평한 ㅣ **embrace** [v] 포용하다 ㅣ **flipside** [n] 다른 면, 이면 ㅣ **discuss** [v] 논의하다 ㅣ **concerned** [adj] 걱정하는, 염려하는 ㅣ **interested** [adj] 관심이 있는 ㅣ **up-to-date** [adj] 최신의 ㅣ **precisely** [adv] 정확히 ㅣ **research** [v] 연구하다

Reading 노트

문제 유형	¹ drawbacks(단점)	
핵심 단어	¹ online encyclopedias 온라인 백과사전	
주장	¹ There are drawbacks of using online encyclopedias. 온라인 백과사전을 사용하는 데에 있어 결점이 있다.	

Main point 1	² ↓ sources = inaccurate	부족한 출처 = 부정확함
Main point 2	³ poor quality info. b/c contributors	질이 떨어지는 정보 왜냐하면 기여자들 때문에
Main point 3	⁴ ↓ def. knowledge	부족한 확실한 지식

Writing Tip

Reading 노트테이킹

⋯ 읽기 지문은 요약문을 작성할 때 보면서 쓸 수 있기 때문에, 읽기 시간 3분 동안은 서론에서 문제 유형, 핵심 단어, 주장을 빠르게 파악하고, 본론을 읽을 때는 연결사 뒤를 유심히 보면서 메인포인트의 핵심만 노트테이킹한다.

Listening 노트

Main point 1	²′ readers – make sure – reliable	독자들 – 확실히 해야 함 – (정보가) 신뢰할 수 있는지
Main point 2	³′ 모두 = expert – world	모두 = 전문가 – 세계
Main point 3	⁴′ 진짜 experts contribute → interested	진짜 전문가가 기여함 → 관심을 가지고 있음

Writing Tip

Listening 노트테이킹

⋯ Listening의 서론은 노트테이킹하지 않는다.

⋯ 강의에서의 본론 각 문단은 보통 읽기 지문의 메인포인트를 반박하면서 역접의 연결사(but, however 등) 뒤에 강의의 메인포인트가 등장하지만, 이 강의에서의 본론 3(= Main point 3)은 읽기 지문을 반박하지 않고 바로 주장을 펼쳤다. 이처럼 예외의 경우도 있으니, 강의의 모든 본론의 첫 문장부터 유심히 듣도록 하자.

예시 요약문

[서론] Both the reading and the listening discuss ¹online encyclopedias. The reading argues that ¹there are three drawbacks of using these encyclopedias. On the other hand, the lecturer disagrees with the reading's arguments.

[본론1] First, [읽기] the passage says that ²ensuring information is the contributor's responsibility because a lot of online encyclopedias rely on the contributors. However, [듣기] the professor contradicts the argument by stating that ²′other contributors flag sections which lack sources. Thus, readers should make sure whether what they read is reliable or not.

읽기 지문과 듣기 강의 모두 온라인 백과사전에 대해 논한다. 읽기 지문은 이 백과사전을 사용하는 것에 세 가지 결점이 있다고 주장한다. 반면, 강연자는 읽기 지문의 주장에 동의하지 않는다.

첫 번째로는, 지문은 많은 온라인 백과사전이 기여자에게 의존하기 때문에 정보를 보장하는 것은 기여자의 책임이라고 말한다. 그러나, 교수는 다른 기여자들이 자료가 부족한 부분에 표시를 해 두는 것을 말함으로써 그 주장을 반박한다. 그러므로, 독자들은 자신이 읽은 것이 신뢰할 수 있는지 없는지 확실히 해야 한다.

본론 2 Second, **읽기** the writer mentions that [3]the quality of information in the online encyclopedias is poor due to the contributors. In contrast, **듣기** the speaker refutes this idea by arguing that [3']every contributor is a potential expert. Also, we can read articles written by the world's best experts for free.

본론 3 Third, **읽기** the author goes on to say [4]there is lack of definitive knowledge in the online encyclopedias because contributors constantly update or change the information. On the other hand, **듣기** the listening makes the last opposing point to this claim. The professor contends that [4']scholars who are interested in the topic are the ones who update the information in the online encyclopedias.

두 번째로는, 글쓴이는 기여자들 때문에 온라인 백과사전의 정보의 질이 떨어진다고 언급한다. 이와는 대조적으로, 강연자는 모든 기여자가 잠재적 전문가라고 주장함으로써 이 생각을 반박한다. 또한, 우리는 세계 최고의 전문가들에 의해 쓰여진 기사를 무료로 읽을 수 있다.

세 번째로는, 글쓴이는 계속해서 기여자들이 끊임없이 정보를 업데이트하거나 바꾸기 때문에 온라인 백과사전에 결정적인 지식이 부족하다고 말한다. 반면에, 듣기 강의는 이 주장에 대한 마지막 반대 주장을 한다. 교수는 그 주제에 관심이 있는 학자들이 온라인 백과사전의 정보를 업데이트하는 사람이라고 주장한다.

Writing Tip

요약문 쓰기
⋯▸ 시간 관리: 서론은 최대한 짧은 시간 내에 적을 수 있도록 하며, 각 본론을 5분씩 적어야 20분 내에 요약문을 완성시킬 수 있다.

어휘 rely on ~에 의존하다 ㅣ due to ~ 때문에 ㅣ for free 무료로

III. Independent Task

Lesson 01 서론과 결론 적기

Check-up   본서 P. 122

01 부모들은 아이들이 학교에서 잘 할 수 있도록 TV를 보게 해서는 안 된다. 당신은 주어진 진술에 동의하는가, 아니면 동의하지 않는가? 당신의 답변을 뒷받침할 충분한 이유를 제공하시오.

(1) Agree

예시 답변 '동의'

서론 It is important to consider whether parents should not let their children watch TV or not. This is an interesting question because everyone's opinion can differ. In my opinion, I agree with the given statement because of several reasons.

결론 In conclusion, I agree that children should not watch TV because of the reasons I mentioned above.

(2) Disagree

예시 답변 '동의하지 않음'

서론 It is important to consider whether parents should not let their children watch TV or not. This is an interesting question because everyone's opinion can differ. In my opinion, I disagree with the given statement because of several reasons.

결론 In conclusion, I disagree that children should not watch TV because of the reasons I mentioned above.

어휘 let ⓥ ~하게 해 주다 ㅣ watch ⓥ 보다 ㅣ do well 잘 하다[성공하다]

02 미래를 위해 저축하는 것보다 휴가와 여행을 위해 돈을 쓰는 것이 더 낫다. 당신은 주어진 진술에 동의하는가, 아니면 동의하지 않는가? 구체적인 이유와 예시들을 들어 당신의 답변을 뒷받침하시오.

(1) Agree

예시 답변 '동의'

> 서론 It is important to consider whether it is better to spend money for vacation and travel than to save it for future or not. This is an interesting question because everyone's opinion can differ. In my opinion, I agree with the given statement because of several reasons.

> 결론 In conclusion, I agree that people should spend money on vacation and travel because of the reasons I mentioned above.

(2) Disagree

예시 답변 '동의하지 않음'

> 서론 It is important to consider whether it is better to spend money for vacation and travel than to save it for future or not. This is an interesting question because everyone's opinion can differ. In my opinion, I disagree with the given statement because of several reasons.

> 결론 In conclusion, I disagree that people should spend money on vacation and travel because of the reasons I mentioned above.

어휘 spend ⓥ (돈·시간 등을) 쓰다 | vacation ⓝ 휴가, 방학 | save ⓥ (돈을) 저축하다, 모으다

Practice 본서 P. 124

01 당신은 다음 진술에 동의하는가, 아니면 동의하지 않는가? **많은 나라에서 아이들을 위해 학교 수업이 매우 일찍 시작하는 반면, 어떤 곳에서는 수업이 좀 더 늦게 시작한다. 두 경우 모두 자신들의 시작 시간이 아이들이 공부를 더 잘하게 해 준다고 주장한다. 당신은 어느 견해에 동의하며, 그 이유는 무엇인가?** 구체적인 이유와 예시를 들어 당신의 답변을 뒷받침하시오.

Writing Tip

해당 문제는 문제를 제대로 해석하지 않고 넘어가면 잘못된 논리로 브레인스토밍할 수 있기 때문에, '나의 주장'을 선택하기에 앞서 문제를 꼼꼼하게 읽고 해석해야 한다.

(1) Begin very early

예시 답변 '매우 일찍 시작'

> 서론 It is important to consider whether the school day should begin very early for children or not. This is an interesting question because everyone's opinion can differ. In my opinion, I agree with the given statement because of several reasons.
>
> 아이들을 위해 학교 수업이 매우 일찍 시작해야 하는지 아닌지 고려하는 것은 중요하다. 모든 사람들의 의견은 다를 수 있기 때문에 이 문제는 흥미롭다. 내 생각에는, 나는 여러 가지 이유들 때문에 주어진 진술에 동의한다.

> 결론 In conclusion, I agree that the school day should begin very early because of the reasons I mentioned above.
>
> 결론적으로, 나는 내가 위에서 언급한 이유들 때문에 학교 수업이 매우 일찍 시작해야 한다는 것에 동의한다.

(2) Begin later in the day

1) Ver. 1: '더 늦게 시작'에 동의함

예시 답변 '더 늦게 시작' Ver. 1

서론 It is important to consider whether classes should begin later in the day or not. This is an interesting question because everyone's opinion can differ. In my opinion, I agree with the given statement.	수업이 좀 더 늦게 시작해야 하는지 아닌지 고려하는 것은 중요하다. 모든 사람들의 의견은 다를 수 있기 때문에 이 문제는 흥미롭다. 내 생각에는, 나는 여러 가지 이유들 때문에 주어진 진술에 동의한다.
결론 In conclusion, I agree that classes should begin later in the day because of the reasons I mentioned above.	결론적으로, 나는 내가 위에서 언급한 이유들 때문에 수업이 좀 더 늦게 시작해야 한다는 것에 동의한다.

2) Ver. 2: '매우 일찍 시작'에 동의하지 않음

예시 답변 '더 늦게 시작' Ver. 2

서론 It is important to consider whether the school day should begin very early for children or not. There are a lot of opinions about this question. In my opinion, I disagree with the given statement because of several reasons.	아이들을 위해 학교 수업이 매우 일찍 시작해야 하는지 아닌지 고려하는 것은 중요하다. 모든 사람들의 의견은 다를 수 있기 때문에 이 문제는 흥미롭다. 내 생각에는, 나는 여러 가지 이유들 때문에 주어진 진술에 동의하지 않는다.
결론 In conclusion, I disagree that school should begin very early because of the reasons I mentioned above.	결론적으로, 나는 내가 위에서 언급한 이유들 때문에 학교가 매우 일찍 시작해야 한다는 것에 동의하지 않는다.

Writing Tip

위의 문제는 찬성/반대 유형의 문제로 주어진 것 같으나, 두 가지의 선택지가 주어지고 어느 쪽에 동의하느냐를 묻는 문제로 분석할 수 있다. 따라서 서론 template의 첫 번째 문장인 '문제를 언급하는 문장'을 자신이 편한 쪽으로 적은 뒤, 서론 template 세 번째 문장인 '나의 주장'을 내가 찬성/반대하는 의견으로 자유롭게 적을 수 있다. 첫 번째 답변(Ver. 1)은 문제에서 '매우 일찍 시작'과 '더 늦게 시작' 두 가지를 각각 언급하였기에, '매우 일찍 시작에 동의함'과 '더 늦게 시작에 동의함' 개별적으로 쓰는 방식이다. 두 번째 답변(Ver. 2)은 문제에서 제시된 두 가지 경우가 서로 반대되는 견해이므로 하나의 견해를 기준으로 '매우 일찍 시작에 동의함'과 '매우 일찍 시작에 동의하지 않음'으로 쓰는 방식이다.

어휘   school day 🅝 학교 수업, 학창 시절 ᛁ contend 🅥 주장하다 ᛁ allow 🅥 ~하게 하다[허락하다] ᛁ view 🅝 견해, 의견

02   당신이 속한 대학교 동아리에서 지역 사회의 사람들을 돕기 위해 봉사 활동을 하고 싶어 한다. 다음의 봉사 활동 유형들 중 어떤 것을 그들이 해야 한다고 생각하는가?
   1 노숙자들을 위한 집 짓기 2 어르신들의 일과 돕기 3 영어로 외국인 학생들 가르치기
   구체적인 이유와 예시를 들어 당신의 선택을 뒷받침하시오.

Writing Tip

세 가지 선택지가 주어지는 Choice(선택형) 문제의 서론에서, 문제를 언급하는 문장을 whether ~ or not으로 쓰게 되면 채점자(읽는 이)가 헷갈릴 수 있으니, 명사절(종속절) whether ~ or not 대신에 문제 문장을 명사구로 바꿔 쓴다.

Agree/Disagree(찬성/반대형)와 Choice(선택형) 두 유형 모두에 적용할 수 있는 서론과 결론 sample template

서론	It is important to consider **whether 문제(절) or not 혹은 문제(구)**. This is an interesting question because everyone's opinion can differ. In my opinion, I **agree/disagree with the given statement 혹은 prefer/would choose 선택지** because of several reasons.
결론	In conclusion, I **agree/disagree that 문제(절) 혹은 prefer/would choose 문제(구)** because of the reasons I mentioned above.

(1) Build houses for homeless people

예시 답변 '노숙자들을 위한 집 짓기'

서론 It is important to consider the best type of volunteer work to help people in the community. This is an interesting question because everyone's opinion can differ. In my opinion, I would build houses for homeless people because of several reasons.	지역 사회의 사람들을 돕는 가장 좋은 유형의 자원봉사를 고려하는 것은 중요하다. 모든 사람들의 의견은 다를 수 있기 때문에 이 문제는 흥미롭다. 내 생각에는, 나는 여러 가지 이유들 때문에 노숙자들을 위해 집을 지을 것이다.
결론 In conclusion, I believe that it is important for students to build houses for homeless people because of the reasons I mentioned above.	결론적으로, 나는 내가 위에서 언급한 이유들 때문에 학생들이 노숙자들을 위해 집을 짓는 것이 중요하다고 생각한다.

(2) Perform daily tasks for elderly people

예시 답변 '어르신들의 일과 돕기'

서론 It is important to consider the best type of volunteer work to help people in the community. This is an interesting question because everyone's opinion can differ. In my opinion, I would perform daily tasks for elderly people because of several reasons.	지역 사회의 사람들을 돕는 가장 좋은 유형의 자원봉사를 고려하는 것은 중요하다. 모든 사람들의 의견은 다를 수 있기 때문에 이 문제는 흥미롭다. 내 생각에는, 나는 여러 가지 이유들 때문에 어르신들의 일과를 도울 것이다.
결론 In conclusion, I believe that it is important for students to help the old because of the reasons I mentioned above.	결론적으로, 나는 내가 위에서 언급한 이유들 때문에 학생들이 어르신들을 도와주는 것이 중요하다고 생각한다.

(3) Tutor foreign students in English

예시 답변 '영어로 외국인 학생들 가르치기'

서론 It is important to consider the best type of volunteer work to help people in the community. This is an interesting question because everyone's opinion can differ. In my opinion, I would tutor foreign students in English because of several reasons.	지역 사회의 사람들을 돕는 가장 좋은 유형의 자원봉사를 고려하는 것은 중요하다. 모든 사람들의 의견은 다를 수 있기 때문에 이 문제는 흥미롭다. 내 생각에는, 나는 여러 가지 이유들 때문에 영어로 외국인 학생들을 가르칠 것이다.
결론 In conclusion, I believe that it is important for students to tutor foreign students because of the reasons I mentioned above.	결론적으로, 나는 내가 위에서 언급한 이유들 때문에 학생들이 외국인 학생들을 가르치는 것이 중요하다고 생각한다.

어휘 club **n** 동아리, 동호회 | belong to ~에 속하다 | volunteer work **n** 자원봉사 활동 | community **n** 지역 사회 | homeless **adj** 노숙자의 | perform **v** 행하다 | daily **adj** 매일의 | elderly **adj** 연세가 드신 | tutor **v** 가르치다 | foreign **adj** 외국의

Lesson 02 브레인스토밍(Brainstorming)과 주제별 필수 표현 다지기

Practice 1 본서 ┃ P. 133

01 Playing sports together allowed children to build up trust.

02 Schools should teach children a sense of responsibility.

03 Fostering specialization is a time-consuming process.

04 Relieving[Getting rid of] stress plays a pivotal role in maintaining one's positive state of mind.

05 It is important to establish a rule in order to make everything fair.

06 Students feel stress from fierce competition and peer pressure.
= Students get[are] stressed out from fierce competition and peer pressure.

07 Making new friends is helpful for improving social skills.

08 A vibrant and energetic class makes students participate enthusiastically[passionately].

09 My brother tried his best to end a vicious cycle of procrastination.
*'미루는 것의 악순환'은 a procrastination cycle이라고도 한다.

10 Effective interpersonal communication skills are required to finish projects successfully.

어휘 foster ⓥ 기르다, 증진시키다 | specialization ⓝ 전문성 | process ⓝ 과정, 절차 | play a pivotal role in ~에 있어서 중요한 역할을 하다 | in order to do ~하기 위해서 | fair ⓐⓓ 공정한 | fierce ⓐⓓ 치열한 | competition ⓝ 경쟁 | helpful ⓐⓓ 도움이 되는 | improve ⓥ 향상시키다 | participate ⓥ 참여하다 | enthusiastically ⓐⓓⓥ 열정적으로 | procrastination ⓝ 미루는 것[버릇], 지연 | effective ⓐⓓ 효과적인 | require ⓥ 요구하다 | successfully ⓐⓓⓥ 성공적으로

Practice 2

본서 | P. 137

01 Studying abroad enables students to widen their perspectives.

02 By taking part in group assignments, children learned interpersonal communication skills.

03 My brother took a lot of online lectures to pass the college entrance exam.

04 It is important to engage in extracurricular activities in order to build up one's résumé.
*실제 시험을 보는 프로그램에서는 기호를 입력할 수 없으므로 résumé를 resume로 대신 쓰도록 하자.

05 An excellent thinking ability is required for students to get a high GPA.

06 Earning a master's degree is more difficult than earning a college[bachelor's] degree.

07 A quality education can give students more chances for their better future.

08 People can benefit from sharing ideas.

09 Well-educated people are highly likely to earn high salaries.

10 College students need to know about the importance of class attendance.

어휘 enable ⓥ ~할 수 있게 하다 | widen ⓥ 넓히다 | perspective ⓝ 견문, 관점 | take part in ~에 참여하다 | pass ⓥ 통과하다 | engage in ~에 참여하다 | build up one's résumé 이력을 쌓다 | a high GPA(grade point average) 높은 성적 | benefit ⓥ 이득을 얻다 | be highly likely to do ~할 가능성이 높다

Practice 3

본서 | P. 141

01 Governments should spend more money on[invest more money in/pour more money into] improving the Internet access.

02 After becoming a responsible adult, my sister realized how difficult it was to cover tuition fees for her college.

03 Working a part-time job makes students learn how to manage their time wisely.

04 A high-paying job allows people to afford almost everything.

05 The majority of business owners are motivated by the desire for money.

06 Learning valuable skills can be a crucial qualification for one to succeed.

07 The unemployment rate in the United States jumped to 13%.

08 The majority of workers suffer from the fierce[fiercely competitive] labor market.

09 Many promising jobs require people to have excellent interpersonal communication skills.

10 Because of company downsizing, my uncle lost his job.

어휘 access n 접근(성) | realize v 깨닫다 | cover v (등록금 따위를) 내다 | tuition fee n 등록금 | manage v 관리하다 | wisely adv 현명하게 | afford v 살[할] 수 있다, (금전적·시간적) 여유가 있다 | the majority of 대부분의, 대다수의 | motivate v 동기를 부여하다 | desire n 갈망, 욕구 | crucial adj 중요한, 결정적인 | succeed v 성공하다 | jump to ~로 오르다 | suffer from ~로부터 고통받다 | fierce adj 치열한 | competitive adj 치열한

| Practice 4 | 본서 P. 144 |

01 Because of computerized programs in various industries, many people lost their job.

02 Most promising jobs require people to have up-to-date information.

03 As an engineer, my sister knows a lot of technical and scientific terms[jargon].

04 Due to the outdated facilities, workers had a hard time finishing projects on time.

05 Thanks to wireless communications, people can keep in touch with others more easily and conveniently.

06 The old tend to have difficulty in keeping up with a non-traditional way.

어휘 various adj 다양한 | industry n 산업 | engineer n 공학도, 기술자, 기사 | facility n 시설 | have difficulty[a hard time] (in) V-ing ~하는 데 어려움을 겪다 | on time 제시간에 | thanks to ~ 덕분에 | keep in touch (with somebody) (~와) 연락하고 지내다 | easily adv 쉽게 | conveniently adv 편리하게

Lesson 03 본론 적기

| Check-up 1 | 본서 P. 149 |

01 Parents should not let their children ¹watch TV so that they can do well at school. Do you agree or disagree with the given statement? Please provide ample reasons to support your answer.

Brainstorming 노트

나의 주장   **Disagree**

　　　1) 문제에 기분 전환 요소가 있음 → ²relieve stress
　　　　　요즘 아이들 = 일(숙제나 공부)이 많아 지쳐 있음 → TV 보는 것 = 기분 전환 요소 → 학교 내에서 활기찬 분위기 형성 가능

　　　2) 문제를 통해 타인과 공유할 수 있는 이야기가 있음 → ³improve relationships
　　　　　TV = 대화하기에 좋은 주제 → 학교의 또래 압박이 있기에, TV를 시청하는 것을 통해 학교에서 친구들과 공유할 수 있는 이야기 주제를 얻을 수 있음

Writing Tip

해당 문제는 TV를 봄으로써 생기는 변화에 대해 떠올릴 수 있는 논리가 많기에, Disagree(동의하지 않음) 주장이 에세이를 쓰기 쉽다.

예시 답변 '동의하지 않음'

　　본론 1 **소주제문** First of all, ¹watching TV allows children to ²relieve their stress.

　　본론 2 **소주제문** Second, children can ³improve their relationships by ¹watching TV.

02 **It is better to** ¹**spend money for vacation and travel than to save it for future.** Do you agree or disagree with the given statement? Use specific reasons and examples to support your answer.

Brainstorming 노트

나의 주장   Agree

1) 문제에 기분 전환 요소가 있음 → ²relieve stress
   요즘 사람들 = 일이 많아 지침 → 휴가/방학 = 기분 전환 요소 → 활기찬 분위기 형성 가능

2) 문제를 통해 타인과 공유할 수 있는 이야기가 있음 → ³improve relationships
   여행을 타인과 함께 갈 수 있음 → 가서 다른 문화나 생각을 공유하고, 시간을 함께 보낼 수 있음

Writing Tip

해당 문제는 휴가나 여행을 떠남으로써 생기는 변화에 대해 떠올릴 수 있는 논리가 많기에, Agree(동의) 주장이 에세이를 쓰기 쉽다.

예시 답변 '동의'

본론 1 **소주제문** First of all, ¹spending money on vacations allows people to ²relieve their stress.

본론 2 **소주제문** Second, people can ³improve their relationships by ¹traveling together during their vacations.

Practice 1   본서 P. 151

01 Do you agree or disagree with the following statement?

In many countries, the school day ¹**begins very early for children, while in others, classes** ²**begin later in the day. Both sides contend that their starting time allows children to study better. Which view do you agree with and why?**

Use specific reasons and examples to support your answer.

(1) Begin very early

Brainstorming 노트

나의 주장   (Begin very early) / Begin later in the day
Early 일찍

1) early start → wake up early = diligent = good habit → ¹⁻¹healthier + productive
   이른 시작 → 일찍 일어남 = 부지런함 = 좋은 습관 → 더 건강해짐 + 생산적임

2) early dismissal → more time = ¹⁻²do hw, extracurricular activities...
   이른 하교 → 더 많은 시간 = 숙제, 학과 외 활동 등을 함

Writing Tip

한국을 포함한 대부분의 나라에서 볼 수 있는 흔한 수업 스케줄이기 때문에 아침에 시작하는 학교생활에 대한 주장을 선택하는 것이 에세이를 쓰기 쉽다. 기본적으로 왜 학교를 아침 일찍 시작하는지 떠올려 보고, 일찍 시작하면 일찍 끝난다는 생각을 해 보며 브레인스토밍해 보자.

예시 답변 '매우 일찍 시작'

본론 1 **소주제문** First of all, ¹early start times enable students to lead ¹⁻¹healthier and more productive lives.

첫 번째로, 일찍 시작하는 시간은 학생들이 더 건강하고 생산적인 삶을 영위할 수 있게 한다.

본론 2 **소주제문** Second, an ¹early start makes earlier dismissal possible, and it will give students more time to ¹⁻²participate in other activities.

두 번째로, 일찍 시작하는 것은 더 일찍 하교하는 것을 가능하게 하고, 그것은 학생들이 다른 활동에 참여할 수 있도록 더 많은 시간을 줄 것이다.

어휘   wake up 일어나다 | diligent **adj** 부지런한 | healthy **adj** 건강한 | productive **adj** 생산적인 | dismissal **n** 해산, 하교 | extracurricular **adj** 학과 외의 | enable **v** ∼할 수 있게 하다 | lead a life 삶을 영위하다 | possible **adj** 가능한 | participate in ∼에 참여하다

(2) Begin later in the day

나의 주장　Begin very early / (Begin later in the day)

Later = not early → wake up later in the day → [2]more sleep
더 늦게 = 일찍이 아님 → 오후에 일어남 → 잠을 더 잠

1) in life → [2-1]better brain + health 삶에서 → 더 좋은 두뇌 + 건강
2) in school → concentrate better → better performance → [2-2]better grades
학교에서 → 집중을 더 잘함 → 성과가 더 좋음 → 더 나은 성적

Writing Tip

begin later in the day의 의미는 '오후에 수업이 시작한다'는 뜻이다. 반대 주장을 학교를 늦게 입학하는 것으로 잘못 해석하는 학생들이 있으므로, 주장을 펼칠 때 문제에 대한 해석을 제대로 하도록 하자. 늦게 일어났을 때의 장점을 생각하며 브레인스토밍해 보도록 하자.

예시 답변 '더 늦게 시작'

본론 1 **소주제문** First of all, [2]later starting times contribute to [2-1]developing students' bodies and brains properly.

첫 번째로, 더 늦은 시작 시간은 학생들의 신체와 두뇌를 적절하게 발달시키는 데 기여한다.

본론 2 **소주제문** Second, students who [2]get enough sleep and are well rested [2-2]perform better in school.

두 번째로, 충분한 수면을 취하고 잘 쉬는 학생들은 학교에서 더 잘 한다.

어휘 concentrate [v] 집중하다 ㅣ performance [n] 성과, 실적 ㅣ grade [n] 성적 ㅣ develop [v] 발달시키다 ㅣ properly [adv] 적절하게 ㅣ rested [adj] 피로가 풀린

02　The university club that you belong to wants to do volunteer work to help people in the community. Which of the following types of volunteer work do you think they should do?
1 [1]Build houses for homeless people　2 [2]Perform daily tasks for elderly people　3 [3]Tutor foreign students in English
Use specific reasons and examples to support your choice.

(1) Build houses for homeless people

나의 주장　(1)/ 2 / 3
1) 노숙자의 입장 → 집이 없음 + 직업을 구하는 것도 어려움 → [1-1]집이 생긴다면, 그들에게 기반이 됨
2) 자원봉사자의 입장 → 집을 지어 보는 것 = [1-2]귀중한 능력/경험이 될 수 있음

Writing Tip

노숙자와 자원봉사자 각각의 입장을 고려하면 두 가지의 논리를 구분하여 떠올릴 수 있다. 노숙자에게 집을 지어 주는 것이 어떤 의미인지, 학생들에게는 어떤 도움이 될지 생각해 보자.

예시 답변 '노숙자들을 위한 집 짓기'

본론 1 **소주제문** First of all, university students should [1]build houses because this will give [1]homeless people a chance to [1-1]have houses.

첫 번째로, 대학생들이 집을 지어야 한다 왜냐하면 이것은 노숙자들에게 집을 가질 수 있는 기회를 주기 때문이다.

본론 2 **소주제문** Second, the volunteers who [1]build the houses [1-2]gain many valuable skills from their work.

두 번째로, 집을 짓는 자원봉사자들은 이 일을 통해 많은 귀중한 능력을 얻는다.

어휘 gain [v] 얻다 ㅣ valuable [adj] 귀중한 ㅣ skill [n] 능력, 기술

(2) Perform daily tasks for elderly people

나의 주장　1 /②/ 3
　　　　　　1) 어르신들의 입장: 건강 + 힘 ↓ → 2-1 도와주는 누군가가 있음
　　　　　　2) 봉사를 하는 학생의 입장: 2-2 어른들에게 배울 수 있는 삶의 지혜

Writing Tip

어르신들과 자원봉사자 각각의 입장을 고려하면 두 가지의 논리를 구분하여 떠올릴 수 있다. 어르신들을 도와줬을 때 어르신들에게 돌아가는 이득과 학생들에게는 어떤 도움이 될지 생각해 보자.

예시 답변 '어르신들의 일과 돕기'

본론 1　소주제문　First of all, 2/2-1 performing daily tasks for elderly people is important because they are often neglected.

본론 2　소주제문　Second, the volunteers can 2-2 learn a lot about life by 2 helping elderly people with their daily tasks.

첫 번째로, 어르신들이 자주 방치되기 때문에 그들의 일과를 도와주는 일은 중요하다.

두 번째로, 자원봉사자들은 어르신들의 일과를 도와줌으로써 삶에 대해 많이 배울 수 있다.

어휘　neglect ⓥ 방치하다

(3) Tutor foreign students in English

Brainstorming 노트

나의 주장　1 / 2 /③
　　　　　　1) 외국어로 가르치며 학생들이 배울 수 있는 점: 제2외국어 → 실생활에 써 볼 수 있음 → 3-1 어휘의 확장
　　　　　　2) 외국인 학생들과 소통하며 학생들이 배울 수 있는 점: 문화의 교류 → 3-2 타 문화에 대한 이해

Writing Tip

외국인 학생을 가르칠 때 언어와 문화가 다르기 때문에, 그 점을 차별적인 점으로 두어 논리를 전개해 본다.

예시 답변 '영어로 외국인 학생들 가르치기'

본론 1　소주제문　First of all, 3 tutoring foreign students in English is a good way to 3-1 learn English.

본론 2　소주제문　Second, the volunteers can 3-2 widen their perspectives by 3 helping foreign students.

첫 번째로, 영어로 외국인 학생들을 가르치는 일은 영어를 배우기에 좋은 방법이다.

두 번째로, 자원봉사자들은 외국인 학생들을 도와주면서 견문을 넓힐 수 있다.

어휘　way ⓝ 방법 ｜ widen ⓥ 넓히다 ｜ perspective ⓝ 견문, 관점

Check-up 2

본서　P. 155

01

Brainstorming 노트

나의 주장　Disagree
　　　　　　1) 문제에 기분 전환 요소가 있음 → relieve stress
　　　　　　　 요즘 아이들 = 일(숙제나 공부)이 많아 지쳐 있음 → TV 보는 것 = 기분 전환 요소 → 학교 내에서 활기찬 분위기 형성 가능
　　　　　　2) 문제를 통해 타인과 공유할 수 있는 이야기가 있음 → improve relationships
　　　　　　　 TV = 대화하기에 좋은 주제 → 학교의 또래 압박이 있기에, TV를 시청하는 것을 통해 학교에서 친구들과 공유할 수 있는 이야기 주제를 얻을 수 있음

본론 1 소주제문 First of all, watching TV allows children to relieve their stress. 객관적 설명 This is because children these days are under a lot of stress as they have to deal with huge workloads. Thus, children need to get rid of stress by watching TV whenever they want. Also, after watching TV, children who are in a positive state of mind can create a vibrant and energetic environment at school.

본론 2 소주제문 Second, children can improve their relationships by watching TV. 객관적 설명 This is due to the fact that TV programs give them good topics to talk about at school. Also, by sharing ideas about TV programs, children can foster social skills. Because of peer pressure, having good relationships with their classmates is important for children.

Writing Tip

본론 1의 객관적 설명은 '아이들에게 TV를 보게 하는 것'에 대한 장점 두 가지 중 하나인 '스트레스 해소'로 귀결될 때 떠올렸던 사실들을 활용하여 객관적인 설명을 적는다. 본론 2도 'TV 보는 것'이 다른 나머지 장점인 '관계 개선'으로 귀결되는 사실들을 풀어낸다.

어휘 deal with ~을 감당[처리]하다 ǀ workload n 업무량 ǀ get rid of ~을 없애다 ǀ positive adj 긍정적인 ǀ state of mind 정신 상태 ǀ create v 만들다 ǀ vibrant adj 활기찬 ǀ energetic adj 에너지 있는 ǀ topic n 주제 ǀ share v 공유하다 ǀ foster v 증진시키다 ǀ social skill n 사회성 ǀ peer n 또래 ǀ pressure n 압박 ǀ classmate n 반 친구

02

나의 주장 **Agree**

1) 문제에 기분 전환 요소가 있음 → relieve stress
   요즘 사람들 = 일이 많아 지침 → 휴가/방학 = 기분 전환 요소 → 활기찬 분위기 형성 가능
2) 문제를 통해 타인과 공유할 수 있는 이야기가 있음 → improve relationships
   여행을 타인과 함께 갈 수 있음 → 가서 다른 문화나 생각을 공유하고, 시간을 함께 보낼 수 있음

본론 1 소주제문 First of all, spending money on vacations allows people to relieve their stress. 객관적 설명 This is because people these days are under a lot of stress as they have to deal with huge workloads. Thus, people need to get rid of stress by investing money in vacations whenever they want. Also, after enjoying their vacations, people who are in a positive state of mind can create a vibrant and energetic environment.

본론 2 소주제문 Second, people can improve their relationships by traveling together during their vacations. 객관적 설명 This is due to the fact that when people spend time together, they can share ideas and understand each other. Also, by traveling together, people can even foster social skills. By investing money in traveling, they can build up stronger trust.

Writing Tip

본론 1과 본론 2의 객관적 설명은 '휴가에 돈을 쓰는 것'에 대한 장점 두 가지 '스트레스 해소'와 '관계 개선'에 귀결될 때 떠올렸던 사실들을 활용하여 객관적인 설명을 적는다.

어휘 be under stress 스트레스를 받다 ǀ deal with ~을 감당[처리]하다 ǀ workload n 업무량 ǀ get rid of ~을 없애다 ǀ invest money in ~에 돈을 투자하다 ǀ enjoy v 즐기다, 즐거운 시간을 보내다 ǀ positive adj 긍정적인 ǀ state of mind 정신 상태 ǀ create v 만들다 ǀ vibrant adj 활기찬 ǀ energetic adj 에너지 있는 ǀ share v 공유하다 ǀ foster v 증진시키다 ǀ social skill n 사교 능력, 사회성 ǀ invest money in ~에 돈을 쓰다 ǀ build up ~을 쌓다 ǀ trust n 신뢰

01

(1) Begin very early

Brainstorming 노트

나의 주장 **Begin very early**

Early 일찍

1) early start → wake up early = diligent = good habit → healthier + productive
   이른 시작 → 일찍 일어남 = 부지런함 = 좋은 습관 → 더 건강해짐 + 생산적임

2) early dismissal → more time = do hw, extracurricular activities...
   이른 하교 → 더 많은 시간 = 숙제, 학과 외 활동 등을 함

예시 답변 '매우 일찍 시작'

본론 1 소주제문 First of all, early start times enable students to lead healthier and more productive lives. 객관적 설명 This is mainly because they need to wake up early and manage time efficiently. Moreover, students will learn how to use their valuable morning hours. As a result, an early start time will encourage students to have an optimal lifestyle.

본론 2 소주제문 Second, an early start makes earlier dismissal possible, and it will give students more time to participate in other activities. 객관적 설명 This is due to the fact that students can participate in activities which require daylight for outdoor activities. In addition, students can spend more time on extracurricular activities, part-time jobs, or hobbies. After-school activities can enrich students' lives by providing them with opportunities to gain valuable academic, social, and professional experience.

첫 번째로, 일찍 시작하는 시간은 학생들이 더 건강하고 생산적인 삶을 영위할 수 있게 한다. 이것은 주로 그들이 일찍 일어나서 시간을 효율적으로 관리할 필요가 있기 때문이다. 게다가, 학생들은 그들의 귀중한 아침 시간을 사용하는 방법을 배울 것이다. 결과적으로, 일찍 시작하는 시간은 학생들이 최적의 생활 방식을 갖도록 격려할 것이다.

두 번째로, 일찍 시작하는 것은 더 일찍 하교하는 것을 가능하게 하고, 그것은 학생들이 다른 활동에 참여할 수 있도록 더 많은 시간을 줄 것이다. 이것은 야외 활동을 위해 햇빛이 필요한 활동에 학생들이 참여할 수 있다는 사실 때문이다. 게다가, 학생들은 학과 외 활동, 아르바이트, 또는 취미에 더 많은 시간을 보낼 수 있다. 방과 후 활동은 학생들에게 가치 있는 학문적, 사회적, 직업적인 경험을 얻을 수 있는 기회를 제공함으로써 학생들의 삶을 풍요롭게 할 수 있다.

어휘 manage V 관리하다 | efficiently adv 효율적으로 | moreover adv 게다가 | valuable adj 귀중한 | as a result 결과적으로 | encourage V 격려하다, 고무하다 | optimal adj 최적의 | lifestyle n 생활 방식 | participate in ~에 참여하다 | require V 필요로 하다 | daylight n 햇빛 | outdoor adj 야외의 | in addition 게다가 | part-time adj 파트타임의, 시간제의 | after-school adj 방과 후의 | enrich V 풍요롭게 하다, 질을 높이다 | opportunity n 기회 | gain V 얻다 | academic adj 학문적인 | professional adj 직업적인

(2) Begin later in the day

Brainstorming 노트

나의 주장 **Begin later in the day**

Later = not early → wake up later in the day → more sleep
더 늦게 = 일찍이 아님 → 오후에 일어남 → 잠을 더 잠

1) in life → better brain + health 삶에서 → 더 좋은 두뇌 + 건강

2) in school → concentrate better → better performance → better grades
   학교에서 → 집중을 더 잘함 → 성과가 더 좋음 → 더 나은 성적

본론 1 **소주제문** First of all, later starting times contribute to developing students' bodies and brains properly. **객관적 설명** This is mainly because later starting times help students get the sleep they need. These days, many teenagers suffer from sleep deprivation. Getting enough sleep is as important to one's health as eating well or exercising.

본론 2 **소주제문** Second, students who get enough sleep and are well rested perform better in school. **객관적 설명** This is due to the fact that many students have difficulty waking up early in the morning and may even doze off during morning classes. When they lack sleep, students are less motivated. They get restless and make errors more often. This can definitely lead to poor academic performance in the long run.

첫 번째로, 더 늦은 시작 시간은 학생들의 신체와 두뇌를 적절하게 발달시키는 데 기여한다. 이것은 주로 늦게 시작하는 시간이 학생들로 하여금 자신이 필요로 하는 수면을 취할 수 있도록 돕기 때문이다. 요즘, 많은 십 대들이 수면 부족으로 고통받고 있다. 충분한 수면을 취하는 것은 잘 먹거나 운동하는 것만큼이나 건강에 중요하다.

두 번째로, 충분한 수면을 취하고 잘 쉬는 학생들은 학교에서 더 잘 한다. 이것은 많은 학생들이 아침에 일찍 일어나는 데 어려움을 겪고 있고 아침 수업 중에 꾸벅꾸벅 졸 수도 있다는 사실 때문이다. 수면이 부족할 때, 학생들은 동기 부여가 덜 된다. 그들은 안절부절 못하고 더 자주 실수를 한다. 이것은 결국 분명히 나쁜 학업 성취로 이어질 수 있다.

Writing Tip

본론 2의 객관적 설명은 '일찍 학교 수업을 시작하는 것', 즉 일찍 일어나는 것이 야기하는 단점을 역설하여 '오후에 학교 수업을 시작하는 것'의 장점에 대한 객관적인 설명을 하는 방식이 있다는 것을 보여 준다.

어휘 suffer from ~로부터 고통받다 | deprivation **n** 부족, 박탈 | have difficulty (in) V-ing ~하는 데 어려움을 겪다 | doze off (꾸벅꾸벅) 졸다, 깜빡 잠이 들다 | lack **v** ~이 부족하다 **n** 부족, 결여 | motivated **adj** 동기 부여가 된 | restless **adj** 가만히 못 있는, 들썩이는 | make errors 실수를 하다 | lead to ~로 이어지다 | poor **adj** 나쁜, 좋지 못한 | in the long run 결국에는

02

(1) Build houses for homeless people

나의 주장 Build houses for homeless people
1) 노숙자의 입장 → 집이 없음 + 직업을 구하는 것도 어려움 → 집이 생긴다면, 그들에게 기반이 됨
2) 자원봉사자의 입장 → 집을 지어 보는 것 = 귀중한 능력/경험이 될 수 있음

본론 1 **소주제문** First of all, university students should build houses because this will give homeless people a chance to have houses. **객관적 설명** This is mainly because due to the tough labor market, many people are having difficulty finding employment, so they are losing their homes. Building houses for homeless people provides them with the foundation that they need.

본론 2 **소주제문** Second, the volunteers who build the houses gain many valuable skills from their work. **객관적 설명** This is solely because they can learn how to repair houses and fix machines.

첫 번째로, 대학생들이 집을 지어야 한다 왜냐하면 이것은 노숙자들에게 집을 가질 수 있는 기회를 주기 때문이다. 이것은 주로 어려운 노동 시장 탓에 취업에 어려움을 겪는 사람들이 많아 집을 잃고 있기 때문이다. 노숙자들을 위한 집을 짓는 것은 그들이 필요로 하는 기반을 제공해 준다.

두 번째로, 집을 짓는 자원봉사자들은 그들의 일로부터 많은 가치 있는 기술들을 얻는다. 이것은 오로지 그들이 집을 수리하고 기계를 고치는 방법을 배울 수 있기 때문이다.

어휘 labor market **n** 노동 시장 | employment **n** 직업 | foundation **n** 기반 | repair **v** 고치다

(2) Perform daily tasks for elderly people

Brainstorming 노트

나의 주장　Perform daily tasks for elderly people

1) 어르신들의 입장: 건강 + 힘 ↓ → 도와주는 누군가가 있음

2) 봉사를 하는 학생의 입장: 어른들에게 배울 수 있는 삶의 지혜

예시 답변 '어르신들의 일과 돕기'

본론 1　소주제문　First of all, performing daily tasks for elderly people is important because they are often neglected. 객관적 설명 This is only because many people fail to take care of their parents due to a lack of the time, money, or motivation.

본론 2　소주제문　Second, the volunteers can learn a lot about life by helping elderly people with their daily tasks. 객관적 설명 This is because older people have the accumulated wisdom of a lifetime.

첫 번째로, 어르신들은 자주 방치되기 때문에 그들의 일과를 도와주는 일은 중요하다. 이것은 단지 많은 사람들이 시간이나 돈, 혹은 동기 부여 부족으로 부모님을 돌보지 못하기 때문이다.

두 번째로, 자원봉사자들은 어르신들의 일과를 도와줌으로써 삶에 대해 많이 배울 수 있다. 이것은 어르신들이 평생 축적된 지혜를 알고 있기 때문이다.

어휘　be unable to do ~할 수 없다 ┃ take care of ~을 돌보다 ┃ lack n 부족 ┃ motivation n 동기 부여 ┃ accumulated adj 축적된 ┃ wisdom n 지혜

(3) Tutor foreign students in English

Brainstorming 노트

나의 주장　Tutor foreign students in English

1) 외국어로 가르치며 학생들이 배울 수 있는 점: 제2외국어 → 실생활에 써 볼 수 있음 → 어휘의 확장

2) 외국인 학생들과 소통하며 학생들이 배울 수 있는 점: 문화의 교류 → 타 문화에 대한 이해

예시 답변 '영어로 외국인 학생들 가르치기'

본론 1　소주제문　First of all, tutoring foreign students in English is a good way to learn English. 객관적 설명 This is mainly because not only foreign students, but volunteers can also expand their English vocabulary beyond what they can learn from textbooks.

본론 2　소주제문　Second, the volunteers can widen their perspectives by helping foreign students. 객관적 설명 This is solely because the volunteers can learn about other cultures they have never experienced before while they are tutoring.

첫 번째로, 영어로 외국인 학생들을 가르치는 일은 영어를 배우기에 좋은 방법이다. 이것은 외국인 학생들뿐만 아니라 자원봉사자들까지도 그들이 교과서에서 배울 수 있는 단어를 넘어서서 영어 어휘력을 확장할 수 있기 때문이다.

두 번째로, 자원봉사자들은 외국인 학생들을 도와주면서 견문을 넓힐 수 있다. 이것은 단지 자원봉사자들이 개인 지도를 하면서 지금까지 한 번도 경험하지 못했던 다른 문화에 대해 배울 수 있기 때문이다.

어휘　not only A but also B A뿐만 아니라 B도 ┃ expand v 확장하다 ┃ vocabulary n 어휘 ┃ textbook n 교과서

Check-up 3

본서　P. 164

01

본론 1 추가 예시의 Brainstorming 노트

1. 상황　　내 여동생

2. 초반　　학교 다닐 적에 밤을 새웠기 때문에 육체적으로 정신적으로 지침

3. 중반	부모님에게 TV 보는 것을 허락 받음. 스트레스 해소 및 관리의 중요성 깨우침
4. 후반	긍정적인 정신 상태로 학업에 집중을 더 잘함

예시 답변 '동의하지 않음'

본론 1 **추가 예시** ¹My sister is the example of this. ²When she was in elementary school, she used to stay up all night to do her homework, so she was exhausted both physically and mentally. ³Then, one day, our parents decided to let her watch TV whenever she wanted, and watching TV allowed her to get away from her stressful daily routine. Moreover, she learned the importance of managing stress. ⁴Thanks to TV, she now concentrates better on her academic matters with her positive state of mind.

본론 2 추가 예시의 Brainstorming 노트

1. 상황	나
2. 초반	유치원 다닐 적, 친구 못 사귐. 혼자 집에서 TV 봄
3. 중반	반 친구와 TV 쇼에 대해 이야기 나누기 시작. 친구를 집으로 초대해서 TV 봄
4. 후반	지금까지 가장 친한 친구들

예시 답변 '동의하지 않음'

본론 2 **추가 예시** ¹The example of this is myself. ²When I was in preschool, I could neither make friends nor mingle easily with my classmates. I used to stay at home and watch TV alone. ³Then, one day, one of my classmates talked about a TV show that I had watched. We started to share opinions about the show, and some other friends even joined our conversation. After school, I even invited them to my house, and we watched the show together. ⁴Until now, they are my best friends.

어휘 stay up all night 밤을 새우다 | exhausted **adj** 지친, 기진맥진한 | physically **adv** 육체적으로 | mentally **adv** 정신적으로 | get away from ~에서 벗어나다 | stressful **adj** 스트레스가 많은 | daily routine **n** 일상 생활 | thanks to ~ 덕분에 | concentrate on ~에 집중하다 | academic **adj** 학업적인 | matter **n** 문제 | positive **adj** 긍정적인 | state of mind 정신 상태 | neither A nor B A도 B도 둘 다 아닌 | mingle **v** (사람들과) 어울리다 | easily **adv** 쉽게 | join **v** 동참하다, 함께하다 | conversation **n** 대화 | invite **v** 초대하다

02

본론 1 추가 예시의 Brainstorming 노트

1. 상황	내 여동생
2. 초반	회사 다닐 적에 밤을 새웠기 때문에 육체적으로 정신적으로 지침
3. 중반	휴가로 스페인 다녀오기로 함. 스트레스 해소 및 관리의 중요성 깨우침
4. 후반	긍정적인 정신 상태로 업무에 집중을 더 잘함

예시 답변 '동의'

본론 1 **추가 예시** ¹My sister is the example of this. ²When she was in working in a company, she used to stay up all night to finish her work, so she was exhausted both physically and mentally. ³Then, one day, she decided to visit Spain for a vacation, and traveling allowed her to get away from her stressful daily routine. Moreover, she learned the importance of managing stress. ⁴Thanks to her vacation time, she now concentrates better on her work with her positive state of mind.

본론 2 추가 예시의 Brainstorming 노트

1. 상황	나
2. 초반	대학 다닐 적, 친구 못 사귐. 집에서 있음
3. 중반	휴가로 친구와 일본 여행 가기로 함. 처음엔 힘들었지만, 점점 의견을 공유하기 시작
4. 후반	여행 후 가장 친한 친구가 됨

예시 답변 '동의'

본론 2 추가 예시 [1]The example of this is myself. [2]When I was in university, I could neither make friends nor mingle easily with others. I used to stay at home. [3]Then, one day, I decided to spend money on a trip to Japan with one of my friends during our vacation. At first, I had difficulty talking to her. However, as we spent time together, we started to share opinions about Japanese culture. [4]After that vacation, we became best friends.

어휘 stay up all night 밤을 새우다 | exhausted **adj** 지친, 기진맥진한 | physically **adv** 육체적으로 | mentally **adv** 정신적으로 | decide **v** ~하기로 하다, 결정하다 | get away from ~에서 벗어나다 | stressful **adj** 스트레스가 많은 | daily routine **n** 일상생활 | thanks to ~ 덕분에 | concentrate on ~에 집중하다 | positive **adj** 긍정적인 | state of mind 정신 상태 | neither A nor B A도 B도 둘 다 아닌 | mingle **v** (사람들과) 어울리다 | easily **adv** 쉽게 | spend **v** (돈·시간을) 쓰다, 들이다

Practice 3

본서 P. 168

01

(1) Begin very early

본론 1 추가 예시의 Brainstorming 노트

1. 상황	내 언니
2. 초반	학교가 늦게 시작해서 맨날 늦잠을 잠
3. 중반	학교에서 수업을 일찍 시작하는 스케줄로 변경
4. 후반	일찍 일어날 뿐만 아니라, 아침 시간을 효율적으로 사용

예시 답변 '매우 일찍 시작'

본론 1 추가 예시 [1]My sister is the example of this. [2]When she was in preschool, her school started at noon. My sister used to sleep in until 11 a.m. This made her sleep late at night. [3]Then, one day, her school changed the schedule since a lot of parents had complained about the late start time. At first, my sister had a hard time waking up early. However, as she adjusted to the new schedule, she learned the value of the morning hours. [4]She now not only wakes up early, but also has breakfast before she goes to school.

내 언니가 이것의 예이다. 언니가 유치원에 다닐 때, 그녀의 학교는 정오에 시작했다. 언니는 오전 11시까지 늦잠을 자곤 했다. 이것은 그녀를 밤늦게 잠들게 했다. 그러던 어느 날, 그녀의 학교가 많은 학부모들이 늦은 시작 시간에 대해 불평했기 때문에 스케줄을 변경했다. 처음에, 언니는 일찍 일어나는 데 어려움을 겪었다. 하지만, 새로운 스케줄에 적응하면서, 그녀는 아침 시간의 가치를 배웠다. 그녀는 이제 일찍 일어날 뿐만 아니라 학교에 가기 전에 아침도 먹는다.

본론 2 추가 예시의 Brainstorming 노트

1. 상황	나
2. 초반	학교 끝나면 숙제하고 자기 바빴음
3. 중반	학교가 수업을 일찍 시작하고 일찍 끝남
4. 후반	수업 후, 축구뿐만 아니라 다양한 방과 후 활동을 시작

본론 2 추가 예시 [1]The example of this is myself. [2]When I was in preschool, I also had later start schedule as my sister did. After school, I came back home at 6 p.m., so I did not have time to hang out with friends. Also, I barely finished my homework and went to bed. [3]Then, one day, the school started early. Earlier dismissal allowed me to participate in after school activities. [4]I joined a soccer team, and I also started to learn English after school. If my school had not changed the schedule, I would not have taken part in other activities.

이것의 예는 나 자신이다. 나도 유치원에 다닐 때, 언니처럼 늦게 시작하는 스케줄이었다. 학교를 마치고, 오후 6시에 집으로 돌아왔기 때문에, 나는 친구들과 어울릴 시간이 없었다. 또한, 나는 숙제를 겨우 끝내고 잠자리에 들었다. 그러던 어느 날, 학교가 일찍 시작했다. 이른 하교 시간은 내가 방과 후 활동에 참여할 수 있게 해 주었다. 나는 축구팀에 들어갔고, 방과 후에 영어도 배우기 시작했다. 만약 우리 학교가 스케줄을 바꾸지 않았다면, 나는 다른 활동에 참여하지 못했을 것이다.

어휘   sleep in 늦잠을 자다 | schedule [n] 스케줄, 일정 | complain [v] 불평하다 | adjust [v] 적응하다 | value [n] 가치 | hang out with ~와 어울리다 | barely [adv] 겨우, 간신히, 가까스로 | dismissal [n] 하교 | participate in ~에 참여하다 | join [v] 가입하다, 합류하다 | take part in ~에 참여하다

(2) Begin later in the day

1. 상황   십 대들 예시
2. 초반   최소 9시간의 수면 필요성
3. 중반   수면에 대한 다른 견해
4. 후반   이른 시간에 잠드는 것은 어린 학생들에게 쉽지 않음

본론 1 추가 예시 [1/2]For example, teens are said to need at least 9 hours of sleep each night to develop their bodies and brains properly. Because they have to wake up early to attend school, they have too little sleep to feel rested and alert. [3]Some people might say that parents should make their kids go to bed early to ensure they get the needed amount of sleep. In some parts of the country, however, the sun doesn't set until about 9 p.m., especially during the summer and it is still too bright to fall asleep. [4]Going to bed while the sun is still out and waking up before it rises is not an easy thing for young students to do.

예를 들어, 십 대들은 신체와 두뇌를 적절히 발달시키기 위해 저녁에 최소 9시간의 수면이 필요하다고 한다. 그들은 등교를 하기 위해 일찍 일어나야 하기 때문에 잠이 너무 부족해서 피로가 풀리고 정신이 맑아질 수가 없다. 어떤 사람들은 부모들이 아이들을 일찍 재워서 그들에게 필요한 수면량을 보장해야 한다고 말할지도 모른다. 하지만 나라의 일부 지역에서는 특히 여름 동안 해가 저녁 9시까지도 지지 않아서 잠들 수 없을 정도로 밝다. 해가 아직 떠 있을 때 잠에 들었다가 다시 뜨기도 전에 일어나는 것은 어린 학생들이 하기엔 쉬운 일이 아니다.

1. 상황   연구 결과 예시
2. 초반   늦게 시작한 학교에 다니는 학생들의 학업 성적이 더 높음
3. 중반   연구 결과에 대한 반응
4. 후반   연구 결과에 따른 결론. 늦게 시작하는 것이 더 나은 성적이라는 결과로 이어짐

본론 2 추가 예시 [1]Recent research conducted by DS has confirmed this. [2]According to the research, students who went to schools which began later in the day were highly

최근 DS가 진행한 연구 결과가 이를 확인했다. 연구에 따르면, 늦게 시작하는 학교에 간 학생들은 하루를 빨리 시작한 학생들보다 더 높은 학업 성취도를 보일

likely to show higher academic performance than those who started earlier. ³The researchers who analyzed this study noted that the former ones outcompeted the latter ones. ⁴As this demonstrates, starting later in the day is the best way for students to show better performance in school.

가능성이 높았다. 이 연구를 분석한 연구원들은 전자가 후자를 앞섰다는 사실에 주목했다. 이것이 보여 주듯이, 늦은 시간에 시작하는 것이 학생들이 학교에서 더 나은 성적을 보여줄 수 있는 가장 좋은 방법이다.

어휘 teen ⓝ 십 대 | attend ⓥ (~에) 다니다, 참석하다 | rested adj 피로가 풀린 | alert adj 정신이 맑은 | ensure ⓥ 보장하다 | set ⓥ (해가) 지다 | fall asleep 잠들다 | rise ⓥ (해가) 뜨다 | research ⓝ 연구 | conduct ⓥ (특정 활동을) 하다 | confirm ⓥ 확인하다 | according to ~에 따르면 | be highly likely to do ~할 가능성이 높다 | analyze ⓥ 분석하다 | note ⓥ 주목하다 | former adj 전자의 | outcompete ⓥ (경쟁에서) 앞서다, 우월하다 | latter adj 후자의 | demonstrate ⓥ 보여 주다, 설명하다

02

(1) Build houses for homeless people

본론 1 추가 예시의 Brainstorming 노트

1. 상황	노숙자에 대한 일반 사실 예시
2. 초반	노숙자가 된 이유와 왜 노숙자로 지내야 하는지 설명
3. 중반	집의 필요성 강조
4. 후반	자원봉사자들이 집을 지어 주면, 노숙자들은 집이 생기고 직업을 가질 수 있음

예시 답변 '노숙자들을 위한 집 짓기'

[본론 1] [추가 예시] ¹The example of this is many homeless people. ²They become homeless because of financial hardships that cause them to take on more debt than they can repay. They eventually lose everything and find themselves living on the street. ³It is impossible to hold down a decent job unless you have a roof over your head, and it is impossible to have a home if you do not have a decent job. ⁴Thus, by having volunteers build them homes, this dilemma can be solved. Having a place to live allows them to get employed and return to more normal lives.

이것의 예는 많은 노숙자들이다. 그들은 그들이 갚을 수 있는 것보다 더 많은 빚을 떠안게 하는 재정적 어려움 때문에 노숙자가 된다. 그들은 결국 모든 것을 잃고 거리에서 살고 있는 자신들을 발견한다. 머리 위에 지붕이 없는 한 괜찮은 직장을 유지하는 것은 불가능하고, 제대로 된 일자리가 없으면 집을 갖는 것은 불가능하다. 그러므로, 자원봉사자들이 그들에게 집을 지어 줌으로써, 이 딜레마는 해결될 수 있다. 살 곳을 갖는 것은 그들이 직장을 얻고 더 평범한 삶으로 돌아갈 수 있게 해 준다.

본론 2 추가 예시의 Brainstorming 노트

1. 상황	나의 친구(노숙자를 위해 집을 지은 친구)
2. 초반	고등학교 다닐 적, 집 짓기 프로젝트에 대해 배움
3. 중반	수리가 필요한 집으로 이사를 하게 됨
4. 후반	봉사 경험으로 집수리를 모두 해냄

예시 답변 '노숙자들을 위한 집 짓기'

[본론 2] [추가 예시] ¹The example of this is my friend who helped to construct houses for the homeless in his hometown. ²Through his volunteer work, he learned how to plan a project and gained various practical skills. ³Then, one day, he moved into a house that needed many repairs. ⁴With what he had learned from his volunteer experience, he was able to complete the work. He planned out the project, purchased

이것의 예는 자신의 고향에 노숙자들을 위한 집을 짓는 것을 도운 내 친구이다. 그는 자원봉사를 통해 프로젝트를 계획하는 법을 배웠고 다양한 실용적 기술들을 얻었다. 그러던 어느 날, 그는 많은 수리가 필요한 집으로 이사했다. 그는 자원봉사 경험을 통해 배운 것으로 그 일을 끝낼 수 있었다. 그는 프로젝트를 계획하고, 필요한 재료를 구입하고, 모든 것을 조립

the materials that he needed, and put everything together. If he had not volunteered to help the homeless, he would never have been able to handle all that work alone.

했다. 만약 그가 자원해서 노숙자들을 돕지 않았다면, 그는 결코 혼자서 그 모든 일을 처리할 수 없었을 것이다.

어휘 financial **adj** 재정적인 | hardship **n** 어려움, 곤란 | take on (책임 등을) 떠안다[떠맡다] | debt **n** 빚 | repay **v** 갚다, 상환하다 | eventually **adv** 결국 | hold down (직업 등을) 유지하다 | decent **adj** 괜찮은, 제대로 된 | volunteer **n** 자원봉사(자) **v** 자원봉사를 하다 | employed **adj** 취직하고 있는 | construct **v** 짓다, 건설하다 | hometown **n** 고향 | practical **adj** 실제적인, 현실적인 | repair **n** 수리 | complete **v** 끝내다, 완수하다 | purchase **v** 구매하다 | material **n** 재료 | put together ~을 조립하다, 만들다 | handle **v** 처리하다, 다루다

(2) Perform daily tasks for elderly people

본론 1 추가 예시의 Brainstorming 노트

1. 상황	어르신들에 대한 예시
2. 초반	어르신들이 왜 도움이 필요한지 설명
3. 중반	어르신들이 어떤 도움을 받을 수 있는지 서술
4. 후반	쉽게 할 수 있는 큰 의미가 있는 일임

예시 답변 '어르신들의 일과 돕기'

본론 1 **추가 예시** 1/2For instance, many adult children of elderly people have moved away to other cities, leaving their parents to survive on their own. This can be very difficult because of common health conditions that can affect their memory and abilities. 3Thus, many elderly people have a hard time dealing with simple jobs like going shopping, cooking meals, and cleaning their homes. 4These are tasks that any university student can easily complete, and their assistance means a lot to the elderly people.

예를 들어서, 많은 어르신들의 성인 자녀들은 그들 스스로 살아남기 위해 그들의 부모들을 남겨 두고 다른 도시로 이주했다. 이는 어르신들의 기억력과 능력에 영향을 미칠 수 있는 평소 건강 상태 때문에 아주 어려울 수 있다. 그래서 다수의 어르신들이 쇼핑이나 요리하기, 집 청소하기 등의 간단한 일을 하는 데 어려움을 겪는다. 이런 것들은 어떤 대학교 학생이라도 쉽게 할 수 있는 일이며, 어르신들에게 그들의 도움은 큰 의미가 있다.

본론 2 추가 예시의 Brainstorming 노트

1. 상황	나의 친구
2. 초반	어느 한 할아버지 옆집에 살았음
3. 중반	할아버지의 심부름을 도와줌
4. 후반	할아버지를 도와주며 귀중한 삶의 교훈을 배움

예시 답변 '어르신들의 일과 돕기'

본론 2 **추가 예시** 1The example of this is my friend. 2She used to live next door to an elderly man whose family had moved away. 3Then, one day, the man asked her to pick up his mail, and eventually she helped him with his chores almost every day. 4During the time they spent together, they would talk about my friend's life and problems. The older man had a lot of useful advice to share since he had already experienced similar situations in his own life. She learned a lot about life by helping him.

이것의 예시는 내 친구다. 그녀는 가족이 멀리 이사 간 한 할아버지 옆집에 살았던 적이 있다. 그러던 어느 날, 그 할아버지께서 친구에게 우편물을 가져다 달라고 부탁하셨고, 결국 친구는 거의 매일 할아버지의 일을 돕게 되었다. 함께 시간을 보내면서 두 사람은 친구의 삶과 문제에 대해 이야기했다. 할아버지께서는 자신의 삶에서 이미 비슷한 상황을 경험해 보셨기에 친구에게 해줄 유용한 조언들이 아주 많으셨다. 할아버지를 도와 드림으로써, 내 친구는 삶에 대해 많은 것을 배웠다.

어휘　move away 이사 가다 ㅣ survive ☑ 생존하다 ㅣ on one's own 스스로, 혼자서 ㅣ common ⓐⓓⓙ 평소의, 보통의 ㅣ affect ☑ 영향을 미치다 ㅣ
ability ⓝ 능력 ㅣ have a hard time V-ing ~하는 데 어려움을 겪다 ㅣ deal with ~을 처리하다 ㅣ complete ☑ 끝내다, 완료하다 ㅣ
assistance ⓝ 도움 ㅣ mean ☑ ~의 의미[가치]가 있다 ㅣ eventually ⓐⓓⓥ 결국, 종내 ㅣ chore ⓝ (정기적으로 하는) 일 ㅣ useful ⓐⓓⓙ 유용한 ㅣ
advice ⓝ 충고 ㅣ share ☑ 공유하다 ㅣ similar ⓐⓓⓙ 비슷한

(3) Tutor foreign students in English

본론 1 추가 예시의 Brainstorming 노트

1. 상황	제2외국어 학습자
2. 초반	외국어를 배울 때 한계
3. 중반	실제로 외국어를 사용할 때의 차이
4. 후반	개인 지도 교사와 소통을 하며 얻을 수 있는 언어적 장점

예시 답변 '영어로 외국인 학생들 가르치기'

본론 1 **추가 예시** [1/2]For example, one of the main complaints of second language learners is that their books and classes only provide them with vocabulary that is useful for everyday conversation. [3]University professors and students speak at a different level on topics that are rarely found in language books. The students often have difficulty understanding their lectures and assigned readings because there are so many terms they do not know. [4]Thus, they can ask their tutors questions about unfamiliar words and practice using those terms while they are studying.

예를 들어, 제2외국어 학습자의 가장 큰 불만 중 하나가 교과서와 수업이 일상 대화에 유용한 단어들만 제공한다는 점이다. 대학교 교수나 학생들은 언어 학습책에서 거의 나오지 않는 주제에 대해 다른 레벨로 이야기한다. 학생들은 모르는 용어가 너무 많기 때문에 강의나 할당된 읽기 과제를 이해하는 데 자주 어려움을 겪는다. 그래서 개인 지도 교사에게 모르는 단어에 대해 질문하고, 공부하는 동안 이 단어들을 사용하는 법을 연습할 수 있다.

본론 2 추가 예시의 Brainstorming 노트

1. 상황	나의 친구(교육을 전공한 내 친구)
2. 초반	언어 연구실에서 근무하며 외국인 학생들을 가르침
3. 중반	졸업 후 외국에 가서 영어를 가르침
4. 후반	외국 경험이 많음

예시 답변 '영어로 외국인 학생들 가르치기'

본론 2 **추가 예시** [1]The example of this is my friend, majoring in education. [2]She worked in a language lab to practice, so she got to tutor students from many different countries while she worked there, and she became good friends with some of them. [3]She enjoyed the experience so much that she decided to teach English overseas after she graduated. [4]My friend now has lived in many countries and has had many interesting experiences overseas.

교육을 전공한 내 친구가 이것의 예시이다. 그녀는 실습을 위해 언어 연구실에서 일했는데, 그곳에서 일하면서 다양한 나라의 학생들을 많이 가르치게 되었고, 일부 학생들과 좋은 친구가 되었다. 영어를 가르친 경험이 너무 좋았기에 친구는 졸업한 뒤 외국에 가서 영어를 가르치기로 결심했다. 이제 친구는 많은 나라에 살아봤고, 외국에서 흥미로운 경험을 많이 했다.

어휘　main ⓐⓓⓙ 가장 큰, 주된 ㅣ complaint ⓝ 불평 ㅣ useful ⓐⓓⓙ 유용한 ㅣ everyday ⓐⓓⓙ 일상의 ㅣ conversation ⓝ 대화 ㅣ rarely ⓐⓓⓥ 거의[좀처럼]
~하지 않는 ㅣ assign ☑ 할당하다 ㅣ term ⓝ 용어 ㅣ tutor ⓝ 개인 지도 교사 ☑ 가르치다 ㅣ unfamiliar ⓐⓓⓙ 익숙하지 않은, 낯선 ㅣ major in
~을 전공하다 ㅣ lab ⓝ 연구소, 실험실 (= laboratory) ㅣ overseas ⓐⓓⓥ 외국에, 해외에 ㅣ graduate ☑ 졸업하다

01 중앙 정부에서 환경을 보호하기 위해 세 가지 전략을 개발했지만, 한 가지 전략밖에 시행할 수 없다. 다음 중 어떤 전략을 정부가 선택 해야 한다고 생각하는가?

· 수력이나 풍력과 같은 대체 에너지원으로 바꾸기 · 대기업들의 환경 오염을 막는 규제를 통과시키고 집행하기 · 인간의 활동으로부 터 야생종들과 서식지 보존하기

구체적인 이유와 예시를 들어 당신의 선택을 뒷받침하시오.

Writing Tip

세 가지 선택지가 주어지는 Choice(선택형) 문제가 나오면, 자신이 선택한 주장에 차별성을 주어야 한다는 생각을 하며 브레인스토밍을 해야 한다. 예를 들어, 어떤 주장을 선택해도 '환경을 보호할 수 있기 때문에'라는 주장이 결론으로 나오면 차별성이 없어진다. 그렇기 때문에 자신이 잘 알고 있 는 주장을 선택하는 것이 가장 중요하다.

(1) Switch to alternative energy resources like water or wind power

Brainstorming 노트

나의 주장	Switch to alternative energy resources like water or wind power
	1) 석탄과 천연가스 → 이산화탄소&다른 가스 증가 = 온도 증가, 해수면 상승 → 지구 온난화에 기여
	2) 화석 연료 = 제한적임, 형성되는 데 오래 걸림 → 미래에 고갈됨 → 보존되어야 함

본론 1 추가 예시의 Brainstorming 노트

1. 상황	지구 온난화를 겪고 있는 장소
2. 초반	해수면 상승으로 인한 해양 도시와 섬나라의 위험
3. 중반	정부의 노력
4. 후반	지구 온난화 현상을 늦춤

본론 2 추가 예시의 Brainstorming 노트

1. 상황	화석 연료를 대체하는 에너지원
2. 초반	화석 연료로 만들어지는 플라스틱
3. 중반	자원 보존 필요
4. 후반	수력과 풍력 같은 대체 에너지원 이용하면 화석 연료 보존 가능

예시 답변 '수력이나 풍력과 같은 대체 에너지원으로 바꾸기'

서론 It is important to consider three strategies to protect the environment. This is an interesting question because everyone's opinion can differ. In my opinion, I think switching to alternative energy resources like water or wind power can be the best solution because of several reasons.

본론 1 소주제문 First of all, burning coal and natural gas contributes to global warming, so the government should switch power production to alternative energy sources like water and wind power. 객관적 설명 This is mainly because the most serious threat to the world is global warming. Using coal, oil, and natural gas fills the air with carbon dioxide and other gases that trap heat in our atmosphere. As the amounts of these gases increase, global temperatures rise, icecaps melt, and oceans get deeper, and the consequences will

환경을 보호할 수 있는 세 가지 전략을 고려하는 것은 중요하다. 모든 사람들의 의견은 다를 수 있기 때문에 이 문제는 흥미롭다. 내 생각에는, 나는 여러 가지 이 유들 때문에 수력이나 풍력과 같은 대체 에너지원으 로 바꾸는 것이 최선의 해결책일 수 있다고 생각한다.

첫 번째로는, 석탄과 천연가스를 태우는 것은 지구 온 난화에 기여하기 때문에 정부는 전력 생산을 수력과 풍력 같은 대체 에너지원으로 전환해야 한다. 이것은 주로 세계에 대한 가장 심각한 위협이 지구 온난화이 기 때문이다. 석탄, 석유, 천연가스를 사용하면 대기 에 열을 가두는 이산화탄소와 다른 가스들로 공기를 채운다. 이 가스들의 양이 늘어날수록 세계 기온이 높 아지고, 빙하는 녹게 되어 해수면이 상승하며, 그 결 과는 결국 극단적일 것이다. 예를 들어서, 만약 이러

eventually be drastic. 추가 예시 For instance, if this continues, many coastal cities and some island nations will disappear underwater. If our government switches power production to alternative energy sources like wind and water power, then we will burn less fossil fuel and global warming will slow down.

본론 2 소주제문 Second, fossil fuels are scarce resources that need to be conserved by using alternative energy resources. 객관적 설명 This is due to the fact that the fossil fuels that most countries use to produce their energy will run out. The amounts of coal, oil, and natural gas contained in the ground are limited, and these substances take millions of years to form. If we do not slow down our use of these fuels, they will be used up very soon. 추가 예시 For example, all of the various kinds of plastic that people use are made from the fossil fuel petroleum, so once that is used up there will be no more new plastic. If we use alternative energy resources like water and wind, we will be able to use fossil fuels for plastic production for much longer.

결론 In conclusion, the government should switch to alternative energy because of the reasons I mentioned above.

한 일이 계속된다면 많은 해양 도시들과 몇몇의 섬나라들이 바다 밑으로 사라질 것이다. 우리 정부가 전력 생산을 풍력 및 수력 같은 대체 에너지원으로 바꾼다면, 화석 연료를 덜 태우게 될 것이고 지구 온난화 현상이 잦아들 것이다.

두 번째로는, 화석 연료는 대체 에너지 자원을 사용함으로써 보존될 필요가 있는 부족한 자원이다. 이것은 대부분의 국가들이 에너지를 생산하기 위해 사용하는 화석 연료가 고갈될 것이라는 사실 때문이다. 땅에 포함된 석탄, 석유, 천연가스의 양은 제한되어 있고 이러한 물질이 형성되기까지 수백만 년이 걸린다. 만약 우리가 이 연료들의 사용을 자제하지 않는다면, 그것들은 곧 소모될 것이다. 예를 들어, 사람들이 사용하는 모든 종류의 플라스틱은 화석 연료 석유와 같은 자원으로 만들어진다. 그래서 이 자원은 한번 다 써버리면 더 이상 새로운 플라스틱이 없을 것이다. 물과 바람과 같은 대체 에너지원을 이용하면 플라스틱 생산을 위한 화석 연료를 훨씬 더 오래 이용할 수 있을 것이다.

결론적으로, 내가 위에서 언급한 이유들 때문에 정부는 대체 에너지원으로 바꿔야 한다.

어휘 national adj 국가의 ㅣ strategy n 전략 ㅣ protect v 보호하다 ㅣ environment n 환경 ㅣ implement v 시행하다 ㅣ switch v 바꾸다 ㅣ alternative adj 대안의 n 대안 ㅣ energy resource n 에너지원 ㅣ water power n 수력 ㅣ wind power n 풍력 ㅣ pass v 통과시키다 ㅣ enforce v 시행하다, 실시하다 ㅣ regulation n 규제 ㅣ prevent v 막다, 방지하다 ㅣ pollute v 오염시키다 ㅣ preserve v 보존[보호]하다, 지키다 ㅣ wildlife adj 야생 생물의 ㅣ species n 종 ㅣ habitat n 서식지 ㅣ burn v 태우다 ㅣ coal n 석탄 ㅣ natural gas n 천연가스 ㅣ contribute to ~에 기여하다 ㅣ global warming n 지구 온난화 ㅣ production n 생산 ㅣ source n 원천 ㅣ serious adj 심각한 ㅣ threat n 위협 ㅣ oil n 석유 ㅣ fill v 채우다 ㅣ carbon dioxide n 이산화탄소 ㅣ trap v 가두다 ㅣ heat n 열기 ㅣ atmosphere n 대기 ㅣ temperature n 기온 ㅣ icecap n 만년설 ㅣ melt v 녹다 ㅣ consequence n 결과 ㅣ eventually adv 결국 ㅣ drastic adj 극단적인 ㅣ coastal adj 해안의 ㅣ disappear v 사라지다 ㅣ underwater adv 물속으로 adj 물속의, 수중의 ㅣ fossil fuel n 화석 연료 ㅣ slow down (속도를) 늦추다 ㅣ scarce adj 부족한 ㅣ conserve v 보존하다, 아끼다, 아껴 쓰다 ㅣ run out 고갈되다 ㅣ contain v 보유하다, 함유하다 ㅣ substance n 물질 ㅣ petroleum n 석유 ㅣ use up ~을 다 써버리다

(2) Pass and enforce regulations that prevent large companies from polluting

Brainstorming 노트

나의 주장	Pass and enforce regulations that prevent large companies from polluting
	1) 대기업의 오염 유발 → 화학 물질 배출 → 공기, 물 오염 → 우리에게 직접적 영향을 미침
	2) 정부의 노력 → 자국 내 기업 규제 → 자국 내 오염 축소

본론 1 추가 예시의 Brainstorming 노트

1. 상황	대기업에서 배출하는 대표적인 오염
2. 초반	농약 회사가 강에 폐기물 배출
3. 중반	사람들 건강 악화, 물고기 폐사
4. 후반	공장 폐쇄 후 문제 해소

본론 2 추가 예시의 Brainstorming 노트

1. 상황	1970년대 뉴욕 시민과 정부

2. 초반　　오염으로 인해 건강 악화

3. 중반　　정부에서 문제 파악, 책임 기업 처벌 및 환경 보호국 설립

4. 후반　　법안 통과. 실수 반복 방지 노력

예시 답변 '대기업들의 환경 오염을 막는 규제를 통과시키고 집행하기'

서론 It is important to consider three strategies to protect the environment. This is an interesting question because everyone's opinion can differ. In my opinion, I think passing and enforcing regulations that prevent large companies from pollution can be the best solution because of several reasons.

본론 1 **소주제문** First of all, pollution that is created and released by large companies that are based or operate in our country affects us directly. **객관적 설명** This is mainly because companies around the world pollute the environment, and their pollutants will eventually affect people in other countries. However, the companies that release poisonous chemicals into the air and water in our own country can damage local people's health immediately. **추가 예시** For example, there was a pesticide factory near my town that dumped its waste into the river. People who swam in the water would get sick, and you couldn't eat the fish. After the factory was forced to close, the problem went away.

본론 2 **소주제문** Second, our government can actually achieve the goal of reducing pollution within its own borders. **객관적 설명** This is due to the fact that it can control the behavior of companies operating locally, whereas it has no such influence over companies in other countries. **추가 예시** For example, people that lived in one neighborhood in New York were getting sick from pollution in the 1970s. In response, the government created the Environmental Protection Agency (EPA) to investigate the problem, penalize the companies that were responsible, and clean up the mess. Since then, the EPA has passed many laws that regulate pollution and punish companies that violate those laws. This has prevented many companies from repeating the same mistakes that were made in the past.

결론 In conclusion, the government should regulate large companies because of the reasons I mentioned above.

환경을 보호할 수 있는 세 가지 전략을 고려하는 것은 중요하다. 모든 사람들의 의견은 다를 수 있기 때문에 이 문제는 흥미롭다. 내 생각에는, 나는 여러 가지 이유들 때문에 대기업들의 환경 오염을 막는 규제를 통과시키고 집행하는 것이 최선의 해결책이라고 생각한다.

첫 번째로, 우리나라에 본사를 두거나 운영하는 대기업들이 만들어 내고 배출하는 오염이 우리에게 직접적인 영향을 끼친다. 이것은 주로 전 세계의 회사들이 환경을 오염시키고, 그들의 오염 물질은 결국 다른 나라 사람들에게 영향을 미칠 것이기 때문이다. 그러나, 우리나라에서 공기와 물에 독성 화학 물질을 방출하는 회사들은 즉시 현지 사람들의 건강을 해칠 수 있다. 예를 들면, 우리 도시 근방에 강에 폐기물을 버린 농약 회사가 있었다. 이 강에서 수영했던 사람들은 건강이 나빠졌고, 물고기는 먹을 수 없었다. 그 공장이 강제로 폐쇄된 이후 문제는 사라졌다.

두 번째로는, 우리 정부는 자국의 국경 내에서 오염을 줄이겠다는 목표를 실제로 달성할 수 있다. 이것은 정부가 현지에서 운영되는 회사의 행동을 통제할 수 있지만, 다른 나라의 회사에 영향을 미치지 않는다는 사실 때문이다. 예를 들어, 1970년대에 뉴욕의 한 동네에 살았던 사람들은 오염으로 인해 건강이 나빠졌다. 이에 대응하여, 정부에서는 문제를 수사하고 책임이 있는 회사들을 처벌하며, 엉망인 상황을 바로잡기 위해 환경 보호국(EPA)을 설립했다. 그 이후 환경 보호국은 환경 오염을 규제하며 이 법을 위반하는 회사들을 처벌하는 법안을 다수 통과시켰다. 이는 과거에 저질러졌던 실수를 많은 회사들이 반복하지 않도록 막았다.

결론적으로, 내가 위에서 언급한 이유들 때문에 정부는 대기업을 규제해야 한다.

어휘　strategy ⓝ 전략 | protect ⓥ 보호하다 | environment ⓝ 환경 | pass ⓥ 통과시키다 | enforce ⓥ 시행하다, 실시하다 | regulation ⓝ 규제 | prevent ⓥ 막다, 방지하다 | pollution ⓝ 오염 | release ⓥ 배출[방출]하다 | based ⓐⓓⓙ 기반을 둔 | operate ⓥ 운영하다, 가동하다 | affect ⓥ 영향을 미치다 | directly ⓐⓓⓥ 직접적으로 | pollutant ⓝ 오염 물질, 오염원 | eventually ⓐⓓⓥ 결국 | poisonous ⓐⓓⓙ 유독한 | chemical ⓝ 화학 물질 | damage ⓥ 손상을 입히다 | pesticide ⓝ 농약 | dump ⓥ 버리다 | force ⓥ 강제로 ~하게 하다 | go away 사라지다 | achieve ⓥ 성취하다 | border ⓝ 국경 | control ⓥ 통제하다 | behavior ⓝ 행동 | have an influence over ~에 영향을 미치다 | in response 이에 대응하여 | investigate ⓥ 조사하다 | penalize ⓥ 처벌하다 | responsible ⓐⓓⓙ 책임이 있는 | mess ⓝ 엉망인 상황 | punish ⓥ 벌을 주다 | violate ⓥ 위반하다 | repeat ⓥ 반복하다 | mistake ⓝ 실수

(3) Preserve wildlife species and their habitats from human activities

Brainstorming 노트

나의 주장   Preserve wildlife species and their habitats from human activities
1) 동물 종 = 먹이 사슬로 서로 연결 = 생태계에서 중요한 역할을 함 → 모든 동물 종 보호 필요
2) 서식지 → 인간의 동물 서식지 파괴 = 동물의 멸종 → 서식지 보호 필요

본론 1 추가 예시의 Brainstorming 노트

1. 상황   모기
2. 초반   질병을 확산시키는 요인인 모기를 멸종시키기 위해 노력
3. 중반   먹이 사슬 내 피식자(모기) 멸종은 포식자(박쥐, 새)의 멸종을 야기
4. 후반   결국은 인간에게 부정적 영향을 미침

본론 2 추가 예시의 Brainstorming 노트

1. 상황   열대 우림
2. 초반   치열한 종들의 경쟁이 이루어지는 곳
3. 중반   인간의 벌목으로 인해 종들의 생존이 위협받음
4. 후반   종의 멸종은 인간의 잘못이라는 과학자의 의견

예시 답변 '인간의 활동으로부터 야생종들과 서식지 보존하기'

서론 It is important to consider three strategies to protect the environment. This is an interesting question because everyone's opinion can differ. In my opinion, I think preserving wildlife species and their habitats from human activities can be the best solution because of several reasons.

본론 1 소주제문 First of all, protecting every single animal species is important because the world's food chains are like an interconnected web. 객관적 설명 This is mainly because even if a species seems unimportant to humans or causes us problems, it still has an important role to play in the ecosystem. 추가 예시 For example, people find mosquitoes extremely annoying, and they cause serious diseases that kill thousands of people every year, so people have tried to eliminate them for centuries. However, if we killed all of the mosquitoes, animals such as bats and birds that depend on them for their food would die out. The animals that eat them would also suffer, and eventually we would feel the negative effects in our lives too.

본론 2 소주제문 Second, humans have caused many species to go extinct, so we must protect endangered habitats. 객관적 설명 This is due to the fact that the majority of extinct species have died out because humans destroyed their habitats. Many organisms require very specific conditions to survive, and even small disturbances will hurt them. 추가 예시 The example of this is rainforest. In the rainforest, competition between species is already very fierce. When humans cut

환경을 보호할 수 있는 세 가지 전략을 고려하는 것은 중요하다. 모든 사람들의 의견은 다를 수 있기 때문에 이 문제는 흥미롭다. 내 생각에는, 나는 여러 가지 이유 때문에 인간의 활동으로부터 야생종들과 서식지를 보존하는 것이 최선의 해결책이라고 생각한다.

첫 번째로는, 세계의 먹이 사슬이 마치 상호 연결된 거미줄과 같기 때문에 모든 동물 종 하나하나를 보호하는 것은 중요하다. 이것은 주로 어떤 종이 인간에게 중요하지 않게 보이거나 우리에게 문제를 일으키더라도, 그것은 여전히 생태계에서 중요한 역할을 하기 때문이다. 예를 들어, 사람들은 모기를 매우 짜증스럽게 생각하며 모기는 매년 수천 명의 사람을 사망하게 하는 심각한 질병을 옮긴다. 그래서 사람들은 수 세기 동안 모기를 멸종시키려 해 왔다. 그러나 만약 우리가 모든 모기를 죽인다면 먹이를 위해 모기에 의존하는 박쥐나 새 등의 동물들은 죽게 될 것이다. 박쥐와 새를 먹는 동물들 또한 고통받을 것이고, 결국 우리도 우리의 삶에서 부정적 영향을 느끼게 될 것이다.

두 번째로는, 인간은 많은 종들을 멸종시켰기 때문에 우리는 멸종 위기에 처한 서식지를 보호해야 한다. 이것은 인간이 멸종된 종들의 서식지를 파괴했기 때문에 그들 중 대다수가 멸종했다는 사실 때문이다. 많은 유기체들은 생존하기 위해 매우 특정한 조건을 필요로 하고, 심지어 작은 변화도 그들을 다치게 할 것이다. 이것의 예시는 열대 우림이다. 열대 우림에서, 종들 사이의 경쟁이 이미 매우 치열하다. 인간이 숲의

down the forest, these organisms have no way to survive in their new, barren environment, so they simply vanish. That is why many scientists believe that organisms are going extinct before we can discover them, and it is our fault.

나무를 자르면 이 생물들은 헐벗은 새로운 환경에서 생존할 수가 없어 그저 사라지게 된다. 그래서 많은 과학자들은 우리가 발견하기도 전에 생물들이 멸종하고 있다고 믿으며, 이건 인간의 잘못이라고 본다.

`결론` In conclusion, the government should preserve animals and their habitats because of the reasons I mentioned above.

결론적으로, 내가 위에서 언급한 이유들 때문에 정부는 동물들과 그들의 서식지를 보존해야 한다.

어휘 strategy `n` 전략 | protect `v` 보호하다 | environment `n` 환경 | preserve `v` 보존[보호]하다, 지키다 | wildlife `adj` 야생 생물의 | species `n` 종 | habitat `n` 서식지 | food chain `n` 먹이 사슬 | interconnected `adj` 상호 연결된 | web `n` 거미줄 | unimportant `adj` 중요하지 않은 | ecosystem `n` 생태계 | mosquito `n` 모기 | disease `n` 질병 | eliminate `v` 없애다, 박멸하다 | bat `n` 박쥐 | depend on ~에 의존하다 | die out 멸종되다 | suffer `v` 고통받다 | negative `adj` 부정적인 | effect `n` 결과, 영향 | extinct `adj` 멸종된 | endangered `adj` 멸종 위기에 처한 | majority `n` 다수, 대다수 | destroy `v` 파괴하다 | organism `n` 유기체, 생물 | require `v` 필수로 하다 | specific `adj` 구체적인 | survive `v` 생존하다 | disturbance `n` 방해 | hurt `v` 다치게 하다 | rainforest `n` 열대 우림 | competition `n` 경쟁 | fierce `adj` 치열한 | barren `adj` 척박한, 황량한 | vanish `v` 사라지다 | fault `n` 잘못

02 당신은 다음 진술에 동의하는가, 아니면 동의하지 않는가? **스포츠 참여는 젊은 사람들에게 삶에 대한 가치 있는 교훈을 가르쳐 줄 수 있다.** 구체적인 이유와 예시를 들어 당신의 답변을 뒷받침하시오.

(1) Agree

`Brainstorming 노트`

나의 주장	**Agree**
	스포츠 참여
	1) 가치 있는 교훈 1 → 새로운 사람들 + 공통의 목표 → 팀 협동을 알려줌
	2) 가치 있는 교훈 2 → 노력했지만 실패 → 실패 승복 → 동기 부여로 전환

`본론 1 추가 예시의 Brainstorming 노트`

1. 상황	아이들
2. 초반	스포츠 참여를 통한 낯선 사람들과 함께 훈련해야 하는 환경
3. 중반	상대를 동등하게 대해야 하고 함께 어울려야 함을 배움
4. 후반	삶에 대한 가치가 있는 교훈

`본론 2 추가 예시의 Brainstorming 노트`

1. 상황	나
2. 초반	어릴 적 지역 야구팀에서 야구를 했는데, 질 때가 있었음
3. 중반	경기에서의 승패는 있고, 그것은 열심히 하는 것에 달려 있다는 감독님의 조언
4. 후반	스포츠는 실패도 극복해야 한다는 것을 알려줌. 또 다른 가치 있는 교훈

`예시 답변 '동의'`

`서론` It is important to consider whether participating in sports can teach young people valuable lessons about life or not. This is an interesting question because everyone's opinion can differ. In my opinion, I agree with the given statement because of several reasons.

스포츠 참여가 젊은 사람들에게 삶에 대한 가치 있는 교훈을 가르쳐 줄 수 있는지 없는지 고려하는 것은 중요하다. 모든 사람들의 의견은 다를 수 있기 때문에 이 문제는 흥미롭다. 내 생각에는, 나는 여러 가지 이유들 때문에 주어진 진술에 동의한다.

`본론 1` `소주제문` First of all, participating in sports teaches young people how to work together as a team to achieve a

첫 번째로는, 스포츠 참여는 젊은 사람들에게 공통의 목표를 성취하기 위해 팀으로서 어떻게 함께 힘을 합

common goal. 객관적 설명 This is because when children join a sports team, they are put together in a group mostly made up of people whom they have never met before, and this creates new experiences. 추가 예시 For example, as they train and practice with these strangers, they learn that even if they don't like someone, they still must treat them as an equal. They must get along with each other, or they cannot succeed. Sports teach children to be tolerant and accepting of others, which is clearly a valuable lesson for life.

본론 2 소주제문 Second, participating in sports teaches young people how to accept defeat and use it as motivation to keep improving. 객관적 설명 This is due to the fact that participants have to accept the hard fact that even their best effort will sometimes not pay off immediately—but they also learn that continued effort can pay off at a later time. 추가 예시 The example of this is myself. When I was little, I played little league baseball, and we lost our first official game. Many of the children wanted to quit, but our coach told us that you cannot always win. One team must always lose, but that is not a reason to quit. Train harder and play harder, and you may win the next time. Sports teach children that everyone has to overcome failures, which is another valuable lesson for life.

결론 In conclusion, I agree that sports have a positive effect on young people's life because of the reasons I mentioned above.

쳐야 하는지를 가르쳐 준다. 이것은 아이들이 스포츠 팀에 들어가면 지금까지 한 번도 만난 적 없는 사람들로 주로 이루어진 그룹에 들어가게 되고, 이것은 새로운 경험을 만들어 주기 때문이다. 예를 들어서, 아이들은 이 낯선 사람들과 함께 훈련하고 연습하면서 누군가를 좋아하지 않더라도 상대를 동등하게 대해야 한다는 점을 배운다. 서로 함께 어울리지 못한다면 성공할 수 없다. 스포츠는 아이들에게 서로를 참아 주고 수용하도록 가르쳐 주며, 이는 명백히 삶에 대한 가치 있는 교훈이다.

두 번째로는, 스포츠 참여는 젊은 사람들에게 계속 발전하기 위해 패배를 받아들이고 그것을 동기 부여로 삼는 법을 가르쳐 준다. 이것은 참가자들이 자신의 최선의 노력도 때로는 즉시 결실을 맺지 못할 거라는 힘든 사실을 받아들여야 함에도 불구하고, 지속적인 노력은 나중에 결실을 맺을 수 있다는 것 또한 알게 된다는 사실 때문이다. 이것의 예시는 나 자신이다. 나는 어렸을 때 작은 지역 야구팀에서 야구를 했는데, 우리는 첫 번째 공식 경기에서 졌다. 많은 아이들이 그만두고 싶어 했지만, 감독님은 우리에게 항상 이길 수는 없다고 말해 주셨다. (둘 중) 한 팀은 언제나 져야만 하지만 이것이 야구를 그만둘 이유는 아니다. 더 열심히 연습하고 더 열심히 하면 다음번에는 이길 수도 있다. 스포츠는 아이들에게 모두가 실패를 극복해야 한다는 점을 가르쳐 주며, 이것도 삶에 대한 또 다른 가치 있는 교훈이다.

결론적으로, 나는 내가 위에서 언급한 이유들 때문에 스포츠가 젊은이들의 삶에 긍정적인 영향을 끼친다는 것에 동의한다.

어휘 participate in ~에 참여하다 | valuable adj 귀중한 | lesson n 교훈 | achieve v 성취하다 | common adj 공통의 | put together 합하다 | be made up of ~로 이루어지다 | train v 훈련하다 | practice v 연습하다 | stranger n 모르는 사람, 이방인 | treat v 대하다 | equal n 동등한 사람 | get along with ~와 어울리다 | succeed v 성공하다 | tolerant adj 관대한 | accepting adj 수용하는 | defeat n 패배 | motivation n 동기 부여 | improve v 발전하다, 향상하다 | effort n 노력 | pay off 결실을 맺다 | immediately adv 즉시 | official adj 공식의 | quit v 그만두다 | overcome v 극복하다 | failure n 실패 | have an effect on ~에 영향을 미치다 | positive adj 긍정적인

(2) Disagree

Brainstorming 노트

나의 주장	Disagree
	1) 시간 측면 → 스포츠 시간 ↑= 공부 시간 ↓ → 시간 낭비
	2) 성격 측면 → 이겨야 한다고 배움 → 경쟁적으로 바뀜

본론 1 추가 예시의 Brainstorming 노트

1. 상황	아이들
2. 초반	연습 및 대회 준비 필요
3. 중반	공부에 쓸 시간이 적어짐. 좋은 교육 기회 박탈
4. 후반	경쟁이 더 중요하다는 가르침. 가치 있는 교훈이 아님

예시 답변 '동의하지 않음'

서론 It is important to consider whether participating in sports can teach young people valuable lessons about life or not. This is an interesting question because everyone's opinion can differ. In my opinion, I disagree with the given statement because of several reasons.

본론 1 **소주제문** First of all, participating in sports uses up a lot of time that children could spend on more important things like studying. **객관적 설명** This is because participating in sports requires that children spend many hours every day practicing. They also have to travel to other schools and cities for competitions. **추가 예시** This means that they have very little time to study or do their homework. Exercise is important, but participating in sports prevents children from getting a good education. This teaches the children that athletics are more important than their education, which is not a valuable life lesson.

본론 2 **소주제문** Second, sports make young people competitive. **객관적 설명** This is due to the fact that participating in sports teaches children that they must defeat other people to be successful. **추가 예시** The example of this is myself. When I was little, I played on my school's soccer team. Our coaches taught us that we had to bend the rules in order to win the game. This meant that we had to play rough like adult athletes and try to hurt people on the other team without getting a penalty. When people learn this lesson young, as adults they often try to ruin their competition instead of just trying to win by being better. This is not a valuable life lesson.

결론 In conclusion, I disagree that sports have a positive effect on young people's life because of the reasons I mentioned above.

스포츠 참여가 젊은 사람들에게 삶에 대한 가치 있는 교훈을 가르쳐 줄 수 있는지 없는지 고려하는 것은 중요하다. 모든 사람들의 의견은 다를 수 있기 때문에 이 문제는 흥미롭다. 내 생각에는, 나는 여러 가지 이유들 때문에 주어진 진술에 동의하지 않는다.

첫 번째로는, 스포츠에 참여하는 일은 아이들이 공부와 같은 더 중요한 일에 쓸 시간을 많이 잡아먹는다. 이것은 스포츠 참여가 아이들이 연습을 하며 매일같이 많은 시간을 보내는 것을 필요로 하기 때문이다. 아이들은 또한 대회를 위해 다른 학교나 도시로 가기도 해야 한다. 이는 아이들이 공부나 숙제를 할 시간이 아주 적다는 의미이다. 운동은 중요하지만 스포츠 참여는 아이들이 좋은 교육을 받는 것을 막는다. 이는 아이들에게 운동 경기가 교육보다 더 중요하다고 가르치며, 이는 가치 있는 삶의 교훈이 아니다.

두 번째로는, 스포츠는 젊은이들을 경쟁적으로 만든다. 이것은 스포츠 참여가 아이들에게 성공하기 위해서는 다른 이들을 이겨야만 한다고 가르치는 사실 때문이다. 이것의 예시는 나 자신이다. 나는 어릴 적 학교 축구팀에 있었다. 감독님은 우리에게 경기에서 우승하기 위해 규칙을 악용해야 한다고 가르치셨다. 이 말은 우리가 어른 선수들처럼 거칠게 축구를 해야 하고, 페널티를 받지 않으면서 상대 팀 선수를 다치게 하려고 해야 한다는 의미였다. 사람들이 어렸을 때 이런 교훈을 배우면, 어른으로서 그들은 종종 더 나아짐으로써 이기려고 하는 대신에 그들의 경쟁을 망가뜨리려고 한다. 이것은 가치 있는 삶의 교훈이 아니다.

결론적으로, 나는 내가 위에서 언급한 이유들 때문에 스포츠가 젊은이들의 삶에 긍정적인 영향을 끼친다는 것에 동의하지 않는다.

어휘 participate in ~에 참여하다 Ⅰ valuable **adj** 귀중한 Ⅰ lesson **n** 교훈 Ⅰ use up ~을 다 써버리다 Ⅰ spend **v** 소비하다 Ⅰ require **v** 요구하다, 필요로 하다 Ⅰ competition **n** 대회, 경쟁 Ⅰ exercise **n** 운동 Ⅰ prevent A from V-ing A가 ~하는 것을 막다 Ⅰ athletics **n** 운동 경기 Ⅰ education **n** 교육 Ⅰ competitive **adj** 경쟁적인 Ⅰ defeat **v** 이기다, 패배시키다 Ⅰ get ahead 앞서다, 성공하다 Ⅰ bend **v** (규칙을) 악용하다, 구부리다, 강요하다 Ⅰ rough **adj** 거친 Ⅰ athlete **n** 운동선수 Ⅰ hurt **v** 다치게 하다 Ⅰ penalty **n** 페널티 Ⅰ ruin **v** 망치다 Ⅰ have an effect on ~에 영향을 미치다 Ⅰ positive **adj** 긍정적인

Actual Test 1

본서 | P. 186

Question 1

Reading

Gulf sturgeons are large fish that grow to 2.5 meters long and weigh up to 90 kilograms. They spend the winter in the Gulf of Mexico, and in the summer they swim up coastal rivers in the United States, particularly in Florida. While in the rivers, they frequently leap 2 meters out of the water and crash down again. It is unclear why they do this, but many reasons have been suggested.

First, sturgeons may be leaping out of the water in order to catch and eat flying insects. A wide variety of flying insects can be found near bodies of water in Florida in the summer. They are usually present at dawn and dusk, which is when sturgeons usually leap. Therefore, it seems likely that they are jumping to catch these insects, much like other fish like trout.

Second, sturgeons may be jumping out of the water to remove parasites from their bodies. Since they are fish, sturgeons do not have any limbs they can use to remove parasites from their skin. When they leap out of the water, they usually turn on their sides to maximize their impact when they land. Striking the water with such force must have a purpose, and it would probably knock off many small parasites.

Third, sturgeons may be displaying aggression against humans when they jump out of the water. Many people have been struck by leaping Gulf sturgeons. They are large fish, and they have armor plates on their bodies that can cause serious injuries. Most of their jumping happens during the tourist season, so they may be attacking the tourists. Maybe they think the humans are invading their territory or they feel threatened by the boats.

걸프 철갑상어는 길이가 2.5미터까지 자라며 무게가 90킬로그램까지 나갈 수 있는 거대한 물고기이다. 이들은 멕시코 만에서 겨울을 보내고 여름에는 미국, 특히 플로리다 지역 연안의 강가에 헤엄쳐 올라온다. 강가에 서식하는 동안 이들은 자주 물 밖으로 2미터 위까지 뛰어올랐다가 다시 밑으로 잠수한다. 이들이 왜 이런 행동을 하는지는 불분명하지만, 많은 이유가 제시되었다.

첫 번째로, 철갑상어들은 날아다니는 곤충을 잡아먹기 위해 물에서 뛰어오르는 것일 수도 있다. 여름에 플로리다의 물가 근처에서 다양한 종의 날아다니는 곤충을 발견할 수 있다. 곤충들은 보통 새벽이나 해가 질 때 볼 수 있으며, 이 시기가 보통 철갑상어들이 물에서 뛰어오르는 때이다. 그러므로 철갑상어들도 송어 같은 다른 물고기들처럼 곤충을 잡기 위해 뛰어오른 것으로 보인다.

두 번째로, 철갑상어들은 몸에서 기생충을 없애기 위해 물에서 뛰어오르는 것일 수도 있다. 이들은 물고기이기 때문에 피부에서 기생충들을 제거하는 데 쓸 사지가 없다. 철갑상어들은 물에서 뛰어오르면 다시 수면으로 떨어질 때의 효과를 최대화하려고 대개 옆으로 몸을 돌린다. 큰 힘으로 물에 몸을 던지는 데는 분명히 목적이 있을 것이며, 이는 아마 많은 수의 작은 기생충을 떨어낼 것이다.

세 번째로, 철갑상어들은 물에서 뛰어오를 때 인간을 향한 공격성을 표출하는 것일 수도 있다. 많은 사람들이 뛰어오르는 걸프 철갑상어들에게 당했다. 이들은 거대한 물고기이며, 몸에는 심각한 상해를 야기할 수 있는 뼈로 된 판이 있다. 이들의 뛰어오르는 행동은 대부분 관광 시즌에 일어나기에 관광객들을 공격하는 것일 수도 있다. 인간들이 자신의 영역을 침범한다고 생각했거나 보트 때문에 위협을 느꼈을 수 있다.

Actual Test 1

어휘　gulf sturgeon n 걸프 철갑상어 | weigh v 무게가 나가다, 무게를 재다 | coastal adj 해안의, 연안의 | particularly adv 특히 | frequently adv 자주, 흔히 | leap v 뛰어오르다 | crash down 떨어져 내리다 | unclear adj 명확하지 않은 | insect n 곤충 | a variety of 다양한 | present adj 있는, 존재하는 | dawn n 새벽, 동틀 무렵 | dusk n 황혼, 땅거미 | trout n 송어 | remove v 제거하다 | parasite n 기생충 | limb n 사지 | maximize v 최대화하다 | impact n 충격 | land v 내려앉다, 착륙하다 | strike v 치다, 때리다 | force n 힘 | knock off ~을 해치우다 | display v 보이다 | aggression n 공격성 | armor plate 장갑판 | serious adj 심각한 | injury n 부상 | attack v 공격하다 | invade v 침략하다 | territory n 구역, 영토 | threatened adj 위협을 당한

The leaping of Gulf sturgeons is an interesting and mysterious behavior, and many theories have been suggested to explain it. The current favorite theory of scientists is that it is a form of communication. The reading lists three other possible reasons for this behavior, but they are unlikely and not based on facts.

First, the reading suggests that the sturgeons may be leaping out of the water to catch flying insects, which many fish like trout do. However, this does not fit the eating habits of Gulf sturgeons. These fish feed mostly in the ocean during the winter, and they rarely eat anything during the summer. Moreover, they do not eat insects and are actually bottom feeders that eat shellfish, shrimp, and other invertebrates that live on the ocean floor.

Second, the reading suggests that they may be trying to remove parasites that are clinging to their bodies. Some fish do this, but most of the parasites that affect the Gulf sturgeon are internal parasites, so jumping out of the water would not remove them. In addition, Gulf sturgeons on fish farms that are completely free of external parasites still jump out of the water.

Third, the reading suggests that the sturgeons may actually be attacking humans when they leap. While they have definitely caused some serious injuries to people in boats, their jumping is not related to human activity. Indeed, Gulf sturgeons frequently leap out of the water whether or not there are people around. So these incidents are not examples of fish attacks, but rather accidental collisions.

걸프 철갑상어의 도약은 흥미롭고 신기한 행동이고, 많은 이론이 이 행동을 설명하기 위해 제시되었습니다. 현재 과학자들이 가장 지지하는 이론은 이것이 소통의 한 형태라는 겁니다. 읽기 지문에서는 이 행동에 대한 세 가지 다른 가능한 이유를 열거하지만, 신빙성이 별로 없으며 사실에 기반한 것이 아닙니다.

첫 번째로, 지문은 철갑상어들이 날아다니는 곤충을 잡으려고 송어와 같은 많은 물고기들처럼 물에서 뛰어오를 수도 있다고 제안합니다. 그러나 이는 걸프 철갑상어의 식습관과 맞지 않습니다. 이 물고기는 겨울 동안 바다에서 주로 먹이를 먹고, 여름에는 거의 먹지 않아요. 게다가, 곤충을 먹지 않으며 사실 바다 바닥에 사는 조개, 새우, 그리고 다른 무척추동물을 먹으며 강이나 바다 바닥에서 먹이를 찾는 물고기들입니다.

두 번째로, 지문은 철갑상어들이 몸에 붙은 기생충을 제거하려는 것일 수도 있다고 제안합니다. 일부 물고기가 이러한 행동을 하지만, 걸프 철갑상어에게 영향을 주는 대부분의 기생충은 몸 내부의 기생충들이므로 물에서 뛰어오르는 것은 기생충을 제거하지 않을 것입니다. 그리고 외부 기생충에서 완전히 자유로운 양식장의 걸프 철갑상어들도 여전히 물에서 뛰어오릅니다.

세 번째로, 지문은 철갑상어들이 뛰어오를 때 실제로 사람을 공격하는 것일 수도 있다고 제안합니다. 이들이 보트에 탄 사람들에게 심각한 부상을 입힌 적이 있는 건 분명히 사실이지만, 뛰어오르는 행동이 인간의 활동에 관계가 있는 건 아닙니다. 실제로 걸프 철갑상어들은 주변에 사람이 있든 없든 자주 물에서 뛰어오릅니다. 그래서 이 사건은 물고기 공격의 예시라기보다 우연한 충돌입니다.

어휘   interesting adj 흥미로운 ㅣ mysterious adj 신기한 ㅣ behavior n 행동 ㅣ theory n 이론 ㅣ explain v 설명하다 ㅣ current adj 현재의, 지금의 ㅣ communication n 소통 ㅣ unlikely adj 있을 것 같지 않은 ㅣ be based on ~에 기반을 두다 ㅣ fit v 맞다 ㅣ eating habit n 식습관 ㅣ feed v 먹이를 먹다 ㅣ bottom feeder n 강[호수/바다]바닥에서 먹이를 찾는 물고기 ㅣ shellfish n 조개, 갑각류 ㅣ invertebrate n 무척추동물 ㅣ cling v 매달리다, 달라붙다 ㅣ internal adj 내부의 ㅣ fish farm n 양식장 ㅣ external adj 외부의 ㅣ definitely adv 분명히 ㅣ related to ~와 관련이 있는 ㅣ indeed adv 실제로, 사실 ㅣ incident n 일, 사건 ㅣ accidental adj 우연한, 사고의 ㅣ collision n 충돌

읽기 지문의 요점에 대해 강의에서 어떻게 반박하는지 설명하면서 강의에서 제시한 요점을 요약하시오.

Both the reading and the listening discuss the leaping behavior of Gulf sturgeons. The reading argues that there are three possible explanations for this behavior. On the other hand, the lecturer disagrees with the reading's arguments.

First, the passage says that the sturgeons may be leaping out the water to catch flying insects like trout and other fish do. They usually leap at dawn and dusk when the insects are present. However, the professor contradicts the argument by stating that sturgeons rarely eat in the summer, which is when

읽기 지문과 듣기 강의 모두 걸프 철갑상어의 도약 행동에 대해 논한다. 읽기 지문은 이러한 행동에 대해 세 가지 가능한 설명이 있다고 주장한다. 반면, 강연자는 읽기 지문의 주장에 동의하지 않는다.

첫 번째로는, 지문은 철갑상어들이 송어나 다른 물고기들이 하는 것처럼 날아다니는 곤충을 잡기 위해 물 밖으로 뛰어오르는 건지도 모른다고 말한다. 그들은 보통 곤충들이 있는 새벽과 해 질 녘에 뛴다. 그러나, 교수는 그 철갑상어들이 보통 도약하는 때인 여름에는

they usually leap.

Second, the writer mentions that sturgeons may be trying to remove parasites by leaping out of the water. In contrast, the speaker refutes this idea by arguing that most of the parasites that affect sturgeons are internal, and this technique only works for external parasites.

Third, the author goes on to say that the sturgeons may be trying to attack humans when they leap. On the other hand, the listening makes the last opposing point to this claim. The professor contends that these collisions appear to be accidental.

거의 먹지 않는다고 말함으로써 그 주장을 반박한다.

두 번째로는, 글쓴이는 철갑상어들이 물 밖으로 뛰어 오름으로써 기생충을 제거하려고 할 수도 있다고 언급한다. 이와는 대조적으로, 강연자는 철갑상어들에 영향을 미치는 대부분의 기생충은 내부 기생충이며, 이 기술은 외부 기생충에게만 효과가 있다고 주장함으로써 이 생각을 반박한다.

세 번째로는, 글쓴이는 계속해서 철갑상어들이 도약할 때 인간을 공격하려 할 수도 있다고 말한다. 반면에, 듣기 강의는 이 주장에 대한 마지막 반대 주장을 한다. 교수는 이 충돌들이 우발적인 것으로 보인다고 주장한다.

어휘 rarely **adv** 거의 ~않는, 드물게 ㅣ affect **v** 영향을 주다 ㅣ technique **n** 기술 ㅣ appear **v** ~처럼 보이다, ~인 것 같다

Question 2 당신은 다음 진술에 동의하는가, 아니면 동의하지 않는가? **대학에서는 유명한 교수를 채용하는 대신 그 돈을 도서관이나 컴퓨터실 등의 학생 시설을 개선하는 데 써야 한다.** 구체적인 이유와 예시를 들어 당신의 답변을 뒷받침하시오.

예시 답변 '동의'

It is important to consider whether universities should spend their money on improving their student facilities instead of hiring famous professors. This is an interesting question because everyone's opinion can differ. In my opinion, I agree with the given statement because of several reasons.

First of all, student facilities give students convenience. This is because students can access whatever materials they want and whenever they want them in computer labs. Moreover, students can even attend online lectures via computers. This has replaced a conventional method of learning, and thanks to the computer lab, students can deal with their academic matters by themselves even without a professor's guidance. The example of this is my sister. Her school used to have outdated computers in computer labs, so many students did not utilize the labs. Then, one day, it changed little by little after the head of the university decided to build more computer labs with new computers. A substantial amount of online lectures were uploaded, and many students started visiting the labs in order to get their homework done and take the online courses.

Second, having improved student facilities allows students to socialize. This is due to the fact that when students have places to gather together, they will have more chances to share moments leading to a sincere conversation later. Moreover, students can spend time with not only students, but also professors. Sometimes, professors hold conferences in school libraries, and this will enable students to ask questions related to academic matters. This is why schools should provide more public spaces by improving school facilities. Recent research

대학이 유명 교수를 채용하는 대신 학생 시설을 개선하는 데 돈을 써야 하는지 아닌지 고려하는 것은 중요하다. 모든 사람들의 의견은 다를 수 있기 때문에 이 문제는 흥미롭다. 내 생각에는, 나는 여러 가지 이유들 때문에 주어진 진술에 동의한다.

첫 번째로, 학생 시설은 학생들에게 편의를 제공한다. 이것은 학생들이 컴퓨터실에서 그들이 원하는 어떤 자료든지 그리고 그것을 언제 원하든지 접근할 수 있기 때문이다. 게다가, 학생들은 컴퓨터를 통해 온라인 강의를 들을 수도 있다. 이것은 기존의 학습 방법을 대체했고, 컴퓨터실 덕분에 학생들은 심지어 교수님의 지도 없이도 스스로 학업 문제를 해결할 수 있다. 이것의 예는 내 여동생이다. 그녀의 학교에는 컴퓨터실에 구식 컴퓨터를 가지고 있었기 때문에 많은 학생들이 컴퓨터실을 이용하지 않았다. 그러던 어느 날, 대학 총장이 새로운 컴퓨터와 함께 더 많은 컴퓨터실을 짓기로 결정한 후 조금씩 달라졌다. 상당한 양의 온라인 강의가 업로드 되었고, 많은 학생들이 숙제를 끝내고 온라인 강좌를 듣기 위해 컴퓨터실을 방문하기 시작했다.

두 번째로, 개선된 학생 시설을 갖는 것은 학생들이 사회성을 갖도록 한다. 이것은 학생들이 함께 모이는 자리가 생기면 나중에 진술한 대화로 이어지는 순간을 공유할 수 있는 기회가 많아질 거라는 사실 때문이다. 게다가, 학생들은 학생들뿐만 아니라 교수들과도 시간을 보낼 수 있다. 때때로, 교수들은 학교 도서관에서 학회를 열고, 이것은 학생들이 학문적인 문제와 관련된 질문을 할 수 있게 할 것이다. 이것이 학교

conducted by DS, one of the most prestigious research centers, has confirmed this. According to the research, students who went to schools which spent money on student centers and libraries tended to be more sociable and friendlier than those who did not. The researchers who analyzed this study noted that the former ones outcompeted the latter ones in every aspect of their lives.

In conclusion, I agree that universities should invest their money in improving their student facilities instead of hiring famous professors because of the reasons I mentioned above.

가 학교 시설을 개선함으로써 더 많은 공공 공간을 제공해야 하는 이유이다. 가장 권위 있는 연구센터 중 하나인 DS가 최근 실시한 연구 결과로 이를 확인할 수 있었다. 연구에 따르면, 학생 회관과 도서관에 돈을 쓰는 학교에 다니는 학생들은 그렇지 않은 학생들보다 더 사교적이고 친근한 경향이 있었다. 이 연구를 분석한 연구원들은 그들의 삶의 모든 면에서 전자가 후자를 능가한다는 것에 주목했다.

결론적으로, 나는 내가 위에서 언급한 이유들 때문에 대학들이 유명한 교수들을 고용하는 대신에 그들의 돈을 그들의 학생 시설을 개선하는 데 투자해야 한다는 것에 동의한다.

어휘 spend ⓥ (돈·시간을) 쓰다 | improve ⓥ 향상하다 | facility ⓝ 시설 | instead of ~ 대신에 | hire ⓥ 채용하다 | convenience ⓝ 편의, 편리함 | access ⓥ 접근하다 | lab ⓝ 실험실 (= laboratory) | online lecture 온라인 강의 | via ⓟⓡⓔⓟ ~을 통해 | replace ⓥ 대체하다 | conventional ⓐⓓⓙ 기존의, 관습적인 | method ⓝ 방법 | thanks to ~ 덕분에 | deal with ~을 해결하다, 처리하다 | academic ⓐⓓⓙ 학업의 | matter ⓝ 문제 | by oneself 스스로, 혼자서 | guidance ⓝ 지도 | outdated ⓐⓓⓙ 구식의 | utilize ⓥ 이용[활용]하다 | head ⓝ (학교의) 교장 | substantial ⓐⓓⓙ 상당한 | socialize ⓥ (사람들과) 어울리다, 사회적으로 활동하다 | due to ~ 때문에 | gather ⓥ 모이다 | share ⓥ 공유하다 | lead to ~로 이어지다 | sincere ⓐⓓⓙ 진실된 | conversation ⓝ 대화 | not only A but also B A뿐만 아니라 B도 | conference ⓝ 학회 | related to ~와 관련이 있는 | recent ⓐⓓⓙ 최근의 | conduct ⓥ (특정한 활동을) 하다 | prestigious ⓐⓓⓙ 권위 있는 | confirm ⓥ 확인하다 | sociable ⓐⓓⓙ 사교적인 | friendly ⓐⓓⓙ 친근한 | analyze ⓥ 분석하다 | note ⓥ 주목하다 | former ⓐⓓⓙ 전자의 | outcompete ⓥ 능가하다 | latter ⓐⓓⓙ 후자의 | aspect ⓝ 면

예시 답변 '동의하지 않음'

It is important to consider whether universities should spend their money on improving their student facilities instead of hiring famous professors. This is an interesting question because everyone's opinion can differ. In my opinion, I disagree with the given statement because of several reasons.

First of all, famous professors are able to provide a quality education to their students. This is mainly because it is not easy to become famous as a professor, so such people are usually very well qualified. By having well-known professors, students can not only learn valuable skills, but also a thinking ability. The example of this is my sister. When she was in university, her school did not invest money in hiring famous professors. My sister wondered where her tuition fees were spent. Then, one day, her classmates and she decided to write a petition over their quality of education they were receiving, so her university started to hire renowned professors. My sister is now learning from professors who have the latest knowledge and provide a quality education and satisfied with her curriculum.

Second, famous professors will attract more students to attend a university. This is due to the fact that most honors students want to take classes taught by well-known professors. The example of this is myself. When I was a student, my university hired a famous political science professor to teach at the

대학이 유명 교수를 채용하는 대신 학생 시설을 개선하는 데 돈을 써야 하는지 아닌지 고려하는 것은 중요하다. 모든 사람들의 의견은 다를 수 있기 때문에 이 문제는 흥미롭다. 내 생각에는, 나는 여러 가지 이유들 때문에 주어진 진술에 동의하지 않는다.

첫 번째로, 유명한 교수들은 학생들에게 양질의 교육을 제공할 수 있다. 이것은 주로 교수로서 유명해지는 것이 쉽지 않으므로, 그러한 사람들은 보통 매우 좋은 자격을 가지고 있다는 것 때문이다. 잘 알려진 교수들을 보유함으로써, 학생들은 유용한 기술뿐만 아니라 사고력도 배울 수 있다. 이것의 예는 내 여동생이다. 그녀가 대학에 다닐 때, 그녀의 학교는 유명한 교수들을 고용하는 데 돈을 투자하지 않았다. 내 여동생은 그녀의 학비가 어디에 쓰였는지 궁금했다. 그러던 어느 날, 그녀의 반 친구들과 그녀는 그들이 받고 있던 교육의 질에 대해 탄원서를 작성하기로 결심했고, 그래서 그녀의 대학은 유명한 교수들을 고용하기 시작했다. 내 여동생은 지금 최신 지식을 가지고 양질의 교육을 제공하는 교수들에게 배우고 있고 교육 과정에 만족해한다.

두 번째로, 유명한 교수들은 더 많은 학생들을 대학에 다니도록 불러 모을 수 있다. 이것은 대부분의 우등생들은 유명한 교수들이 가르치는 수업에 참석하기를 원한다는 사실 때문이다. 이것의 예는 나 자신이다.

school. I worked part-time in the admissions office at the time, and student applications doubled after his hiring was announced. His classes always had to be in lecture halls to accommodate the number of students that wanted to attend his lectures. Although he may have only taught there for a few semesters, hiring him definitely made the university more popular.

In conclusion, I disagree that universities should invest their money in improving their student facilities instead of hiring famous professors because of the reasons I mentioned above.

내가 학생이었을 때, 우리 대학교에서는 유명한 정치학 교수님을 채용했다. 나는 당시 대학 입학처에서 파트타임으로 일하고 있었는데, 이 교수님의 채용이 알려지자 학생들의 지원서가 두 배로 늘었다. 그분의 수업은 수업을 듣고 싶어 하는 다수의 학생들을 수용하기 위해 항상 강당에서 진행해야 했다. 이 교수님은 몇 학기밖에 학교에 계시지 않았지만, 그분을 채용한 일은 분명히 우리 학교를 더 인기 있게 만들었다.

결론적으로, 나는 내가 위에서 언급한 이유들 때문에 대학들이 유명한 교수들을 고용하는 대신에 그들의 돈을 그들의 학생 시설을 개선하는 데 투자해야 한다는 것에 동의하지 않는다.

어휘 attract ⓥ 끌어들이다, 끌어모으다 | attend ⓥ (학교에) 가다 | honors student ⓝ 우등생 | well-known adj 유명한 | political science ⓝ 정치학 | work part time 파트타임[시간제]으로 일하다 | admission ⓝ 입학 | application ⓝ 지원서 | double ⓥ 두 배로 되다 | announce ⓥ 발표하다 | accommodate ⓥ 수용하다 | semester ⓝ 학기 | popular adj 인기 있는

Actual Test 2

본서 | P. 190

Question 1

Reading

The European eel is a type of long-bodied fish that spawns in the ocean and then swims inland to grow to adulthood in lakes and rivers. Although it was once an important staple food in some parts of Europe, its popularity has declined. However, its numbers have also continued to plummet, which means that factors other than overfishing must be responsible. The following are three factors that may be contributing to the eels' decline.

First, the construction of hydroelectric dams throughout Europe may be blocking them from reaching their home waters. Since eels are born in the ocean, they must swim upstream to reach the freshwater they need to grow to adult size. Young eels are tiny fish, so when they encounter a structure like a dam, they have no way to get past it. If they cannot grow to become adults, then they will never reproduce, and the cycle repeats. This pattern would lead to a rapid and dramatic population loss.

Second, parasitic worms introduced from Asia may be reducing their numbers. Parasitic worms from Taiwan were introduced to eel farms in Europe, and they quickly destroyed the farms. Young parasites escaped into the rivers, where they were eaten by crustaceans and fish that the eels eat. Once in the eels, the parasites lay eggs in their swim bladders. This makes it difficult for the eels to swim, and it often kills them.

유럽 장어는 바다에서 부화하여 내륙으로 헤엄쳐 들어가 호수와 강에서 성체로 자라나는 몸이 긴 물고기의 한 종류이다. 유럽의 일부 지역에서 중요한 주식이었던 때가 있었지만, 장어의 인기는 줄어들었다. 그러나 장어의 숫자는 계속해서 급감했고, 이는 장어 숫자 하락에 책임이 있는 요인은 남획만이 아니라는 뜻이다. 다음은 장어들의 감소에 원인을 미쳤을 수 있는 세 요소이다.

첫째, 유럽 전역에서 일어난 수력 발전 댐 건설이 장어들이 원래 살던 곳으로 돌아가려는 것을 막고 있을지도 모른다. 장어는 바다에서 태어나기 때문에, 성체로 자라기 위한 민물로 가려면 상류로 헤엄쳐 올라가야 한다. 어린 장어는 크기가 아주 작은 물고기이기 때문에 댐과 같은 구조물을 맞닥뜨리면 지나갈 방법이 없다. 성체로 자라나지 못하면, 번식을 할 수 없게 될 것이고, 이 순환은 반복될 것이다. 이 패턴은 장어 개체 수가 빠르게, 그리고 극적으로 하락하는 것으로 이어질 것이다.

둘째, 아시아에서 들어온 기생충이 장어의 숫자를 감소시키고 있을지도 모른다. 대만에서 온 기생충은 유럽의 장어 양식장으로 들어왔고, 빠르게 양식장들을 파괴했다. 어린 기생충들이 강으로 탈출했고, 이곳에서 장어들이 먹는 갑각류와 다른 물고기들에게 잡아먹힌 것이다. 장어의 몸 안에 들어가게 되면, 기생충은 장어의 부레 안에 알을 낳는다. 이는 장어가 잘 헤엄치지 못하게 해서 장어를 종종 죽게 만든다.

Actual Test 2 77

Third, the conditions in the eels' breeding place may have changed and led to population decline. European eels swim to a region in the Atlantic Ocean called the Sargasso Sea to spawn. Unfortunately, scientists do not know exactly where in this region they reproduce. The only reason that scientists know that eel reproduction happens there is because the adults go in and young return. It is possible that they are somehow being affected by factors like pollution and predation there.

셋째, 장어 번식 장소의 환경이 바뀌어 개체 수 감소로 이어졌을 수 있다. 유럽 장어는 대서양에 있는 사르가소 해라고 불리는 곳에 알을 낳으러 헤엄쳐 간다. 불행히도, 과학자들은 장어가 이 지역의 정확히 어디에서 번식하는지 알지 못한다. 과학자들이 이곳에서 장어 번식이 일어난다는 것을 아는 유일한 이유는, 성체들이 이곳에 가고 어린 장어들이 돌아오기 때문이다. 장어들이 그곳의 오염이나 포식 등의 요인 때문에 어떻게든 영향을 받고 있다는 것은 가능한 일이다.

어휘   eel **n** 장어 ㅣ spawn **v** 알을 낳다 ㅣ inland **adv** 내륙으로 ㅣ adulthood **n** 성인, 성년 ㅣ staple food 주식 ㅣ popularity **n** 인기 ㅣ decline **v** 감소하다, 하락하다 **n** 감소 ㅣ plummet **v** 곤두박질치다, 급락하다 ㅣ factor **n** 요인 ㅣ overfish **v** 남획하다 ㅣ responsible **adj** 책임이 있는 ㅣ contribute to ~의 한 원인이 되다, ~에 기여하다 ㅣ construction **n** 건설, 공사 ㅣ hydroelectric dam 수력 발전 댐 ㅣ block **v** 막다 ㅣ upstream **adv** 상류로 ㅣ freshwater **n** 민물 ㅣ encounter **v** 맞닥뜨리다 ㅣ structure **n** 구조물 ㅣ get past ~의 곁을 지나가다 ㅣ reproduce **v** 번식하다 ㅣ cycle **n** 순환 ㅣ repeat **v** 반복되다, 반복하다 ㅣ rapid **adj** 빠른 ㅣ dramatic **adj** 극적인 ㅣ population **n** 개체 수 ㅣ loss **n** 손실 ㅣ parasitic worm 기생충 ㅣ introduce **v** 도입하다 ㅣ reduce **v** 줄이다, 낮추다 ㅣ parasite **n** 기생충 ㅣ escape **v** 탈출하다 ㅣ crustacean **n** 갑각류 ㅣ lay **v** (알을) 낳다 ㅣ swim bladder **n** 부레 ㅣ breeding **n** 번식 ㅣ region **n** 지역 ㅣ unfortunately **adv** 안타깝게도 ㅣ affect **v** 영향을 미치다 ㅣ pollution **n** 오염 ㅣ predation **n** 포식

Listening

The population of European eels has been in rapid decline for decades. Although no one has been able to determine which factors are chiefly responsible for their disappearance, many have been suggested. The author of the reading explained three popular theories for their decline, but each of those problems has its own fairly straightforward solution.

First, the author discusses how hydroelectric dams are preventing the eels from swimming upriver to their home waters. Since this interferes with their reproductive cycle, it could easily cause a rapid decline in numbers. Well… there is a simple way to help the eels which is to install special tubes and fish ladders that allow them to bypass the dams. When they use these paths, they can still go upstream to the areas where they mature.

Second, the author states that the eels have been infected with parasites from Asia. It's true that these parasitic worms infest the eels' swim bladders which can harm or kill them. However, since these parasites appear to infect the fattest eels, one way to protect the eels would be to limit their diet. If the eels stop eating the organisms that make them fat, they may also stop eating the parasites.

Third, the author points out that the conditions in their breeding place may have changed for the worse. But even though scientists do not know exactly where the eels breed, all they need to do is to design an electronic tracking device that can be attached to adult eels. It might not be an easy task, but if they invent an effective tracking machine, they can definitely locate the breeding grounds and figure out what is happening there.

유럽 장어의 개체 수는 수십 년 동안 감소해 왔습니다. 유럽 장어가 사라지는 데 가장 큰 책임이 있는 요인들이 무엇인지 누구도 알아내지 못했지만, 많은 가설이 제시되었습니다. 읽기 지문의 저자는 장어 개체 수 감소에 대한 세 가지 유명한 이론들을 설명했지만, 이 문제들에는 각각 상당히 간단한 해결책이 있습니다.

먼저, 글쓴이는 수력 발전 댐이 장어가 원래 살던 곳으로 돌아가기 위해 상류로 헤엄치는 것을 막고 있다고 논합니다. 이것이 장어의 번식 주기를 방해하기 때문에 장어의 숫자를 빠르게 하락시킬 수 있다는 것이죠. 음… 장어가 댐을 우회해서 갈 수 있도록 특별 관과 물고기 사다리를 설치하는 것이 장어를 돕는 간단한 방법이 될 수 있어요. 이 길을 이용하면 장어는 이들이 성장할 수 있는 지역으로 헤엄쳐 올라갈 수 있습니다.

둘째, 글쓴이는 장어들이 아시아에서 온 기생충에 감염되었다고 말합니다. 이 기생충이 장어의 부레에 들끓으며 장어를 다치게 하거나 죽게 하는 것이 사실입니다. 그러나, 이 기생충들은 살찐 장어를 감염시키는 듯하니, 장어를 보호하는 한 가지 방법은 이들의 식습관을 제한하는 것입니다. 만약 장어가 이들을 살찌게 하는 생물을 먹는 일을 그만둔다면, 기생충을 먹는 일 또한 그만두게 될지 모릅니다.

셋째, 글쓴이는 장어가 번식하는 장소의 환경이 더 나빠졌을지도 모른다고 지적합니다. 그러나 장어가 정확히 어디에서 번식하는지 과학자들이 모르긴 하지만, 그들은 그저 어른 장어에게 달 수 있는 전자 추적 장치를 고안하기만 하면 됩니다. 그것은 쉬운 일이 아닐지도 모르나, 그들이 효과적인 추적 장치를 만들면,

어휘 decade n 10년 | determine v 알아내다 | chiefly adv 주로 | disappearance n 실종, 없어짐 | fairly adv 상당히 | straightforward adj 간단한 | solution n 해결책 | prevent v 막다 | upriver adv 강 위로 | interfere v 방해하다 | reproductive adj 번식의, 생식의 | install v 설치하다 | tube n 관 | ladder n 사다리 | bypass v 우회하다 | path n 길 | mature v 성숙하다, 완전히 자라다 | infected adj 감염된, 오염된 | infest v 들끓다, 우글거리다 | harm v 다치게 하다 | protect v 보호하다 | limit v 제한하다 | diet n 식습관, 음식물 | organism n 생물 | condition n 조건, 환경 | design v 고안하다 | tracking device n 추적 장치 | attach v 부착하다 | invent v 발명하다 | effective adj 효과적인 | definitively adv 명확하게 | locate v 위치를 알아내다 | figure out ~을 알아내다

읽기 지문의 요점에 대해 강의에서 어떻게 반박하는지 설명하면서 강의에서 제시한 요점을 요약하시오.

예시 요약문

Both the reading and the listening discuss the rapidly declining population of European eels. The reading argues that there are three theories about factors that may be contributing to their decline. On the other hand, the lecturer disagrees with the reading's arguments.

First, the passage says that the increase in hydroelectric dams in Europe may be preventing the eels from reaching the areas where they grow to adulthood and keeping them from breeding. However, the professor contradicts the argument by stating that this could easily be solved by installing special paths for fish that allow them to bypass the dams.

Second, the writer mentions that parasitic worms from Asia that were introduced to Europe may be to blame. The worms infest the eels' swim bladders and eventually kill them. In contrast, the speaker refutes this idea by arguing that controlling the eels' diet may protect them because parasites infect fat eels.

Third, the author goes on to say that changing conditions in the eels' breeding area may be affecting the population. On the other hand, the listening makes the last opposing point to this claim. The professor contends that making an electronic tracking device can solve this problem by locating where the eels breed.

읽기 지문과 듣기 강의 모두 유럽 장어의 급속한 개체 수 감소에 대해 논한다. 읽기 지문은 그들의 감소에 기여할 수 있는 요인들에 대해 세 가지 이론이 있다고 주장한다. 반면, 강연자는 읽기 지문의 주장에 동의하지 않는다.

첫 번째로는, 지문은 유럽의 수력 발전 댐의 증가는 장어가 성체로 자라는 지역에 도달하는 것을 막고 번식을 못 하게 할 수도 있다고 말한다. 그러나, 교수는 이것은 물고기들이 댐을 우회할 수 있도록 하는 특별한 길을 설치함으로써 쉽게 해결될 수 있다고 말함으로써 그 주장을 반박한다.

두 번째로는, 글쓴이는 유럽에 유입된 아시아 기생충이 원인일 수 있다고 언급한다. 그 기생충들은 장어의 부레를 감염시키고 결국 장어들을 죽인다. 이와는 대조적으로, 강연자는 기생충들이 살찐 장어를 감염시키기 때문에 장어의 식습관을 통제하는 것이 장어를 보호할 수 있다고 주장함으로써 이 생각을 반박한다.

세 번째로는, 글쓴이는 계속해서 장어의 번식 지역의 환경 변화가 개체군에 영향을 미칠 수 있다고 말한다. 반면에, 듣기 강의는 이 주장에 대한 마지막 반대 주장을 한다. 교수는 전자 추적 장치를 만들면 장어가 번식하는 곳을 찾을 수 있어 이 문제를 해결할 수 있다고 주장한다.

어휘 rapidly adv 빠르게 | increase n 증가 | reach v 도달하다 | keep A from V-ing A가 ~하지 못하게 막다 | solve v 해결하다 | blame v ~의 탓으로 돌리다 | control v 통제하다

Question 2 많은 중고등학교 학생들이 학교가 끝나고 나면 더 생산적으로 사용할 수 있는, 감독받지 않는 자유 시간을 보낸다. 그 시간을 보내기 위해 당신은 그들에게 다음 중 어떤 활동을 추천할 것인가?
• 파트타임 일을 통해 실질적인 경험 쌓기 • 조직된 팀에서 경쟁적으로 스포츠 하기 • 지역 사회에서 봉사 활동 하기
구체적인 이유와 예시를 들어 당신의 선택을 뒷받침하시오.

예시 답변 '파트타임 일을 통해 실질적인 경험 쌓기'

It is important to consider the most productive activity that students can do during their unsupervised free time. This is

학생들이 감독받지 않는 자유 시간 동안 할 수 있는 가장 생산적인 활동을 고려하는 것은 중요하다. 모든

an interesting question because everyone's opinion can differ. In my opinion, I believe gaining practical experience through a part-time job is the best choice because of several reasons.

First of all, working part-time will provide students the opportunity to gain skills and knowledge that they cannot learn in school. This is because the education that students gain in the classroom is very important, but it is also focused on basic knowledge. According to a study, even high school students with good grades are not prepared to work in real jobs. If a student gets a part time job, he or she will be forced to develop skills and learn things that are specific to the working world and may be helpful in his or her future career. Thus, using free time for a part-time job can help him or her in ways that school cannot.

Second, working part-time will show students what being an adult is really like. This is due to the fact that they can learn a sense of responsibility while working. The example of this is my best friend. When she was little, my friend's parents gave her a large allowance, and she didn't have to do any chores. After she graduated from university, she got her first job, but she had no idea how to handle herself. She had never had to work for money, manage her own finances, or pay taxes. As a result, she made many mistakes and got into a lot of debt. Had she worked part-time when she was as a student, she already would have had first-hand knowledge about those things. She recovered, but she could have been better prepared.

In conclusion, students should work a part-time job because of the reasons I mentioned above.

사람들의 의견은 다를 수 있기 때문에 이 문제는 흥미롭다. 내 생각에는, 나는 여러 가지 이유들 때문에 파트타임 일을 통해 실질적인 경험을 얻는 것이 최상의 선택이라고 생각한다.

첫 번째로, 파트타임으로 일하는 것은 학생들이 학교에서는 배울 수 없는 기술과 지식을 습득할 수 있는 기회를 제공할 것이다. 이것은 학생들이 수업에서 받는 교육은 아주 중요하지만, 그것은 또한 기본 지식에 집중되어 있기 때문이다. 한 연구에 따르면, 좋은 성적의 고등학생들마저 진짜 일자리에서 일할 준비는 되어 있지 않다고 한다. 만약 학생이 파트타임 일을 하게 되면, 기술을 발전시키고 직장에 한정된 그리고 어쩌면 미래의 직업에 도움이 될지도 모르는 것을 배울 수밖에 없을 것이다. 그러므로, 파트타임 일을 위해 자유 시간을 사용하는 것은 학교가 가르쳐 줄 수 없는 방식으로 학생을 도와줄 수 있다.

두 번째로, 파트타임으로 일하면 성인이 되는 것이 진짜 무엇인지 학생에게 보여줄 것이다. 이것은 그들이 일하는 동안 책임감을 배울 수 있다는 사실 때문이다. 이것의 예는 나의 가장 친한 친구이다. 그녀가 어렸을 때, 친구의 부모님은 친구에게 용돈을 많이 주셨고, 친구는 아무런 작은 일도 하지 않아도 되었다. 대학에서 졸업한 뒤 친구는 첫 직장을 구했는데, 자기 자신을 어떻게 관리해야 하는지 전혀 알지 못했다. 돈을 벌기 위해 일해 본 적도 없었고, 재정을 관리하는 법도, 세금을 내는 법도 몰랐다. 그 결과, 실수를 많이 했고 빚을 많이 졌다. 친구가 학생이었을 때 파트타임 일을 했더라면, 이러한 일들에 대해 직접적인 지식을 이미 갖고 있었을 것이다. 친구는 상황에서 회복했지만, 더 준비되어 있을 수도 있었다.

결론적으로, 내가 위에서 언급한 이유들 때문에 학생들은 파트타임 일을 해야 한다.

어휘 secondary school ⓝ 중/고등학교 | unsupervised ⓐⓓⓙ 감독받지 않는, 자율의 | productively ⓐⓓⓥ 생산적으로 | recommend ⓥ 추천하다 | fill time 시간을 채우다[때우다] | gain ⓥ 얻다 | practical ⓐⓓⓙ 현실적인, 실질적인 | competitively ⓐⓓⓥ 경쟁적으로 | organized ⓐⓓⓙ 조직된 | volunteer work ⓝ 자원봉사 | community ⓝ 지역 사회 | opportunity ⓝ 기회 | knowledge ⓝ 지식 | education ⓝ 교육 | focus ⓥ 집중시키다, 집중하다 | basic ⓐⓓⓙ 기본적인 | grade ⓝ 성적 | prepare ⓥ 준비하다 | force ⓥ 어쩔 수 없이 ~하게 만들다 | develop ⓥ 발달하다, 개발하다 | skill ⓝ 기술 | specific ⓐⓓⓙ 한정된, 구체적인 | career ⓝ 직업 | responsibility ⓝ 책임감 | allowance ⓝ 용돈 | chore ⓝ 자질구레한 일, 심부름 | graduate ⓥ 졸업하다 | handle ⓥ 다루다 | manage ⓥ 관리하다 | finance ⓝ 재정 | tax ⓝ 세금 | as a result 그 결과 | make mistakes 실수를 하다 | earn ⓥ 얻다, 받다 | debt ⓝ 빚 | first-hand ⓐⓓⓙ 직접적인, 직접 경험한 | recover ⓥ 회복하다

예시 답변 '조직된 팀에서 경쟁적으로 스포츠 하기'

It is important to consider the most productive activity that students can do during their unsupervised free time. This is an interesting question because everyone's opinion can differ. In my opinion, I believe playing sports competitively on an organized team is the best choice because of several reasons.

학생들이 감독받지 않는 자유 시간 동안 할 수 있는 가장 생산적인 활동을 고려하는 것은 중요하다. 모든 사람들의 의견은 다를 수 있기 때문에 이 문제는 흥미롭다. 내 생각에는, 나는 여러 가지 이유들 때문에 조직된 팀에서 스포츠를 경쟁적으로 하는 것이 최상의

First of all, playing sports competitively on a team will teach students the importance of regular exercise, which is something severely neglected by too many people. This is because most adults don't exercise enough since they never learned how to maintain an exercise schedule when they were younger. For example, when young people play a sport like football, they also have to practice together, which means working out in the gym and exercising outside before and after practice. If they do not exercise like that, then they are not able to compete. Here, they learn that exercising is important. As they want to play well and even win, they will be motivated to exercise regularly, and that habit will carry over into adulthood.

Second, playing sports competitively will show the young how to be valuable members of a team and teach them how to cooperate with others. This is due to the fact that students must spend time in preparing and making effort to win together while playing sports, and they end up building up trust. The example of this is my friend who often played sports when he was in middle school. Even though he participated in some physical activities such as lifting at a gym, he never played any competitive sports. Since his activities were just focused on his own satisfaction, he had trouble when he started working as an adult. He didn't understand that he should support his coworkers and make sacrifices for the good of everyone else. He eventually learned his lesson, but if he had played sports on a team, he would have already understood that.

In conclusion, students should take part in sports because of the reasons I mentioned above.

선택이라고 생각한다.

첫 번째로, 팀에 소속되어 경쟁적인 스포츠를 하는 것은 많은 이들에게 몹시 간과된 규칙적인 운동의 중요성을 학생들에게 가르쳐 줄 것이다. 이것은 대부분의 성인이 어렸을 때 운동 스케줄을 유지하는 방법을 한 번도 배운 적이 없어 충분히 운동을 하고 있지 않기 때문이다. 예를 들어, 청소년들이 축구와 같은 스포츠를 할 때, 그들은 또한 함께 연습해야 한다. 이것은 체육관에서 운동하고 연습하기 전과 후에 밖에서 운동하는 것을 의미한다. 만약 그들이 그렇게 운동을 하지 않는다면, 그들은 경쟁할 수 없다. 여기서, 그들은 운동이 중요하다는 것을 배운다. 그들이 경기를 잘하고 심지어 이기고 싶어하기 때문에, 그들은 규칙적으로 운동하도록 동기 부여가 될 것이고, 그 습관은 성인이 될 때까지 계속될 것이다.

두 번째로, 스포츠를 경쟁적으로 하는 것은 청소년들에게 한 팀의 귀중한 멤버가 되는 법을 알려 주고 다른 이들과 협동하는 법을 가르쳐 줄 것이다. 이것은 스포츠를 하는 동안, 학생들은 함께 준비하고 승리하기 위해 노력을 기울이는 데에 시간을 보내야 해서, 결국 신뢰를 쌓게 된다는 사실 때문이다. 이것의 예는 중학교 때 운동을 자주 했던 내 친구이다. 그는 체육관에서 무게를 들어 올리는 것과 같은 신체 운동을 하긴 했지만, 경쟁적인 운동을 해 본 적이 전혀 없었다. 그의 활동은 자기만족에만 집중되어 있어 있었기 때문에, 친구는 성인이 되어 일을 하기 시작했을 때 어려움을 겪었다. 모두의 이익을 위해 동료를 지원해야 하고, 희생을 해야 한다는 것을 이해하지 못했던 것이다. 결국 친구는 이러한 교훈을 배우게 되었지만, 만약 팀에서 스포츠를 했었더라면 이미 이 사실을 알고 있었을 것이다.

결론적으로, 내가 위에서 언급한 이유들 때문에 학생들은 스포츠에 참여해야 한다.

어휘 importance n 중요성 | regular adj 규칙적인 | severely adv 몹시, 심하게 | neglected adj 간과된, 등한시된 | maintain v 유지하다 | practice v 연습하다 n 연습 | work out 운동하다 | match n 경기, 시합 | compete v 경쟁하다 | motivate v 동기를 부여하다 | carry over 이어지다, 가져가다 | adulthood n 성인, 성년 | valuable adj 귀중한 | cooperate v 협동하다 | end up V-ing 결국 ~하게 되다 | trust n 신뢰 | succeed v 성공하다 | satisfaction n 만족 | have trouble 어려움을 겪다, 고생하다 | support v 지원하다, 지지하다 | coworker n 동료 | sacrifice n 희생 | lesson n 교훈 | take part in ~에 참여하다

예시 답변 '지역 사회에서 봉사 활동 하기'

It is important to consider the most productive activity that students can do during their unsupervised free time. This is an interesting question because everyone's opinion can differ. In my opinion, I believe participating in volunteer work in their community is the best choice.

First of all, doing volunteer work in the community will teach

학생들이 감독받지 않는 자유 시간 동안 할 수 있는 가장 생산적인 활동을 고려하는 것은 중요하다. 모든 사람들의 의견은 다를 수 있기 때문에 이 문제는 흥미롭다. 내 생각에는, 나는 여러 가지 이유들 때문에 지역 사회에서 봉사 활동에 참여하는 것이 최상의 선택이라고 생각한다.

students how to be contributing members of society. This is because by doing volunteer work, students will learn how much people need help and how important it is for there to be people ready to provide that help. According to a university study, the majority of people who depend upon volunteer services never did volunteer work when they were stable and independent. That is because they did not understand how important it was to help others until they were actually the ones who needed help.

Second, doing volunteer work in the community will show the young the importance of caring for others. This is because there are many people who need others' help. The example of this is my friend. He rarely visited his grandparents when he was a student because he was so busy. Later, he found out that his grandmother had been unable to care for herself because she was ill. She had depended on a volunteer service to send people to help her with daily chores. He had been too busy worrying about his own needs to realize that his own family member needed assistance. If he had done volunteer work, then he would have seen the signs and could have done a lot more for her.

In conclusion, students should engage in volunteering because of the reasons I mentioned above.

첫 번째로, 지역 사회에서 봉사 활동을 하는 것은 학생들에게 사회에 기여하는 구성원이 되는 법을 가르쳐 줄 것이다. 이것은 봉사 활동을 하면서 학생들은 사람들이 얼마나 도움을 필요로 하는지, 그리고 그 도움을 제공하기 위해 그 자리에 사람들이 있다는 것이 얼마나 중요한지 배우게 될 것이기 때문이다. 한 대학 연구에 따르면, 봉사 서비스에 의존하는 사람들 대다수는 자신들이 안정적이었고 독립적이었을 때 봉사 활동을 해본 적이 한 번도 없다고 한다. 왜냐하면 사실 자신들이 도움을 필요로 하는 입장이 되기 전까지 다른 이를 돕는 것이 얼마나 중요한지 이해하지 못했기 때문이다.

두 번째로, 지역 사회에서 봉사 활동을 하는 것은 청소년들에게 다른 이들을 돌보는 것의 중요성을 가르쳐 줄 것이다. 이것은 다른 이의 도움을 필요로 하는 사람들이 많기 때문이다. 이것의 예는 내 친구이다. 그는 학생이었을 때 너무 바빠서 조부모님을 거의 뵈러 가지 않았다. 나중에 친구는 할머니께서 아프셔서 자기 자신을 돌볼 수 없다는 사실을 알게 되었다. 할머니께서는 일상의 잡다한 일을 돕기 위해 봉사 활동 서비스에서 보내주는 사람들에게 의지하고 계셨다. 친구는 자기 자신을 걱정하느라 바빠 자신의 가족이 도움을 필요로 한다는 것을 깨닫지 못했다. 만약 봉사 활동을 해봤다면 그러한 조짐을 보고 할머니를 위해 더 많은 것을 해드렸을 것이다.

결론적으로, 내가 위에서 언급한 이유들 때문에 학생들은 봉사에 참여해야 한다.

어휘 participate in ~에 참여하다 | contributing adj 기여하는 | society n 사회 | majority n 대다수 | depend upon[on] ~에 의지하다 | stable adj 안정된, 안정적인 | independent adj 독립적인 | care for ~를 보살피다, 돌보다 | rarely adv 드물게, 좀처럼 ~하지 않는 | unable adj ~할 수 없는 | ill adj 아픈 | realize v 깨닫다 | assistance n 도움, 지원 | sign n 조짐, 징후 | engage in ~에 참여[관여]하다

PAGODA TOEFL 70+ Writing

PAGODA TOEFL 70+ Writing